THE PUZZLE POST

BRILLIANT PUZZLES!

WORKOUT CHALLENGE

ARCTURUS

1 MINUTE NUMBER CRUNCH

Beginner							Answer
385	− 187	1/2 of this	1/9 of this	x 6	− 4	÷ 2	+ 17

Intermediate							Answer
543	+ 1/3 of this	÷ 2	− 106	Square root of this	x 1.25	÷ 0.5	5/8 of this

Advanced							Answer
171	÷ 9	Squared	− 59	x 2.5	Product of its 3 digits	3/7 of this	÷ 0.75

Did You Know?:

The eye's cornea is the only part of the body that does not have a blood supply: Each of your eyes contains 120 million rods and seven million cones. They are the light and colour receptors that enable you to see.

HIGH-SPEED CROSSWORD

Across

1 Frozen dessert made with fruit juice (6)
7 Lifting device (8)
8 Branch (3)
9 Missing (6)
10 Domain (4)
11 Beer mug (5)
13 Person who requires medical care (7)
15 Suffocate (7)
17 Back parts of human feet (5)
21 Put away papers (4)
22 Feeling of ill-will arousing active hostility (6)
23 Type, kind (3)
24 Disease caused by lack of thiamine (4-4)
25 Deep ravine (6)

Down

1 Frightens (6)
2 Thing which is created again (6)
3 Native American tent (5)
4 Having no personal preference (7)
5 Mild cathartic (8)
6 Dignified and sombre in manner (6)
12 Invulnerable to fear (8)
14 After the expected or usual time (7)
16 Damsel (6)
18 Without effort (6)
19 Nauseate (6)
20 Belonging to a city (5)

IQ WORKOUT

Which is the odd one out?

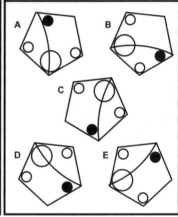

A B C D E

CODEWORD CONUNDRUM

A B C D E F G H I J K L M
N O P Q R S T U V W X Y Z

Reference Box

1	2	3	4	5	6 O	7	8	9	10	11	12	13
14 N	15	16	17	18	19	20	21	22	23	24	25	26 C

DOUBLE FUN SUDOKU

TASTY TEASER

		3	4	2	1			
	2		6		3	9	4	
	5	9		3				
1		8		7		6		
5		9				8		7
	3		5		6			1
		2		8	6			
4	8	1		5		2		
		3	7	4	1			

BRAIN BUSTER

			6					9
4	5	6		2				3
				8	5			1
	3					9		
7	8						4	6
		2					5	
1			5	7				
5				9		7	3	4
2					3			

SPIDOKU

Each of the eight segments of the spider's web should be filled with a different number from 1 to 8, in such a way that every ring also contains a different number from 1 to 8.

LOGI-SIX

Every row and column of this grid should contain one each of the letters A, B, C, D, E and F. Each of the six shapes (marked by thicker lines) should also contain one each of the letters A, B, C, D, E and F. Can you complete the grid?

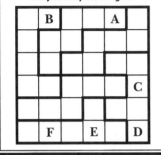

HIGH-SPEED CROSSWORD

Across
1 Steve ___, US actor and comedian (6)
5 Harmony of people's opinions (6)
8 Tangerine/grapefruit hybrid (4)
9 Wards off (6)
10 Counters used to represent money when gambling (5)
11 Sticky paste (4)
12 Arabian ruler (4)
13 Frogmen (6)
15 Baby's bed (4)
17 Face (4)
19 Disorderly (6)
20 Roman god of war (4)
21 Industrious (4)
22 Cow's milk-gland (5)
24 Joined by treaty or agreement (6)
25 Give sanction to (4)
26 Shifty deceptive person (6)
27 Money dealer (6)

Down
2 Sharp-cornered (7)
3 Two times (5)
4 Decree ___, stage in divorce proceedings (4)
5 Velocity of a plane (8)
6 Evergreen conifer (7)
7 Be worthy of (7)
14 Trespasser (8)
15 Decree (7)
16 Playing music in a public place for money (7)
18 Malady (7)
21 Colour of wood or earth (5)
23 Coat with plaster (4)

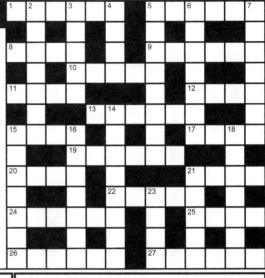

WORDSEARCH WORKOUT

```
V Y V X E E Y U Z P E J M
G N I W S H X Q O G V R P
R G R M B O S S A N O V A
A R V L V H T X H F O C Z
G W I Y C B K P E L R L Z
T D U V O K O E H I G A A
I I L P D B R A Z M P S J
M C J O D F V F S P O S L
E A O R O P Q R Y R B I U
F Q A S X C N O B O E C O
U H J I V E G C L V B T S
S Y N E A U B U U I M P T
I N R E D O M B E S I T I
O L A D O M E A S E J B O
N P Y D L V F N L D M Z I
```

JAZZ

ACID
AFRO-CUBAN
BEBOP
BLUES
BOSSA NOVA
CLASSIC
COOL
FREE-FORM
FUSION
GROOVE
HARD BOP
IMPROVISED
JIVE
MODAL
MODERN
POST-BOP
RAGTIME
SOUL JAZZ
SPIEL
SWING

DOUBLE **FUN** SUDOKU

TASTY TEASER

	9			8	7		3	
		8			5	1		
1	7	4				2	8	5
	5			3	4			
4			9		1			2
		7	8			6		
7	2	6				9	4	1
	9	7			3			
	4		2	6			5	

BRAIN BUSTER

6							3	
					7	8		
9	5			1				
		7			8		1	
1	4			6			8	3
	9		4			2		
			3				6	1
		4	5					
	2							9

MATCHSTICK MAGIC

Move two matchsticks to turn this L-shape upside-down.

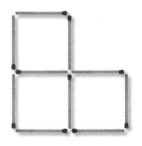

BRAIN TEASER

Which day comes two days after the day before the day three days after the day before the day which comes two days after Sunday?

? ___ ?

DOMINO PLACEMENT

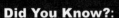

A standard set of 28 dominoes has been laid out as shown. Can you draw in the edges of them all? The check-box is provided as an aid and the domino already placed will help.

Did You Know?:
Haitian witch doctors use plant-based drugs which give a person the appearance of being dead. When subsequently revived, the person appears to be in a zombie-like trance.

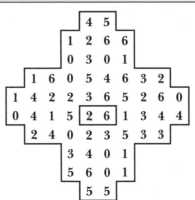

4	5
1	2	6	6
0	3	0	1
1	6	0	5	4	6	3	2
1	4	2	2	3	6	5	2	6	0
0	4	1	5	2	6	1	3	4	4
2	4	0	2	3	5	3	3
3	4	0	1
5	6	0	1
5	5

0-0	0-1	0-2	0-3	0-4	0-5	0-6

1-1	1-2	1-3	1-4	1-5	1-6	2-2

2-3	2-4	2-5	2-6	3-3	3-4	3-5
		✓				

3-6	4-4	4-5	4-6	5-5	5-6	6-6

CODEWORD CONUNDRUM

Reference Box

1	2 A	3	4	5	6	7	8 T	9	10	11 C	12	13
14	15	16	17	18	19	20	21	22	23	24	25	26

A B C D E F G H I J K L M
N O P Q R S T U V W X Y Z

DOUBLE **FUN** SUDOKU

TASTY TEASER

		8		6		2		
	3	2			7	4	6	
1		6	2			5		3
			1	3			4	2
	1						5	
7	2			8	9			
8		4			6	3		9
	9	1	5			6	7	
		7		4		8		

BRAIN BUSTER

1			3		5			6
	5			4			2	
		8	1		9	3		
6	3						4	2
		2				9		
4	9						7	1
		1	6		2	7		
	2			5			1	
7			4		8			5

PYRAMID PLUS

Every brick in this pyramid contains a number which is the sum of the two numbers below it, so that F=A+B, etc.
Just work out the missing numbers!

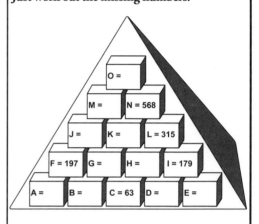

O =
M =   N = 568
J =   K =   L = 315
F = 197   G =   H =   I = 179
A =   B =   C = 63   D =   E =

WORK IT OUT

In the grid below, what number should replace the question mark?

5	61	1	22	52	32	2
16	32	34	45	33	34	12
41	4	14	41	1	46	4
43	73	?	9	5	59	54
53	83	35	58	42	3	95
67	6	43	45	35	52	88
42	8	77	47	99	41	12

HIGH-SPEED CROSSWORD

Across
1 Heroic tale (4)
3 Inoffensive (8)
9 General idea (7)
10 Upper body (5)
11 Former members of the armed forces (2-10)
14 Caustic washing solution (3)
16 Culpability (5)
17 Small amount (3)
18 Device used for finding websites (6,6)
21 Expect (5)
22 Short hairs left unshaven (7)
23 Drench, soak (8)
24 Precious stones (4)

Down
1 In a covert manner (8)
2 Group containing one or more species (5)
4 Painting, sculpture, etc (3)
5 One's native language (6,6)
6 Determined (7)
7 Receptacle for a coin (4)
8 Kitchen appliance (12)
12 Celtic language (5)
13 State of inactivity (8)
15 Graceful (7)
19 Permeate (5)
20 Nocturnal flying mammals (4)
22 Occupied a chair (3)

1 MINUTE NUMBER CRUNCH

Beginner								Answer
49	1/7 of this	+ 26	÷ 3	− 7	Squared	− 15	x 8	

Intermediate								Answer
66	+ 149	÷ 5	x 7	x 4	5/7 of this	3/4 of this	+ 297	

Advanced								Answer
238	5/14 of this	240% of this	5/6 of this	9/10 of this	7/9 of this	x 4	+ 787	

Did You Know?:
The reason a dog's sense of smell is so much more acute than that of a human is because a dog's olfactory membrane is 40 times larger in area. Some species of shark can detect the smell of other fish in concentrations as low as one part in ten billion.

HIGH-SPEED CROSSWORD

Across

1 Sophisticated, smooth (5)
4 Deviate (7)
8 Body of salt water (3)
9 Close-fitting trousers of heavy denim (5)
10 Capital of Ghana (5)
11 Spectacles that protect the eyes from glare (10)
13 Embedded (6)
15 Disease of the skin (6)
18 Overly sweet (10)
22 Discourage (5)
23 Shopping centre (5)
24 Slippery fish (3)
25 More than is needed (7)
26 Run off to marry (5)

Down

1 Resides temporarily (8)
2 Natives of Kuwait or Qatar, for example (5)
3 Concentrated extract (7)
4 Hang freely (6)
5 Successful attempts at scoring (5)
6 Pass from the body (7)
7 Examine hastily (4)
12 Turtle's shell (8)
14 Disperse (7)
16 Deprive of the use of a limb (7)
17 Young cattle (6)
19 Marine colonial polyp which masses in a variety of shapes, forming reefs (5)
20 Greek muse of lyric poetry (5)
21 Sums up (4)

IQ WORKOUT
Draw in the hands on the final clock.

1 MINUTE
NUMBER CRUNCH

Beginner								Answer
194	+ 42	50% of this	− 78	20% of this	x 14	− 4	1/4 of this	

Intermediate								Answer
414	5/9 of this	x 0.9	x 5	2/3 of this	+ 1/3 of this	÷ 20	x 3	

Advanced								Answer
161	4/7 of this	+ 749	x 3	+ 2/3 of this	÷ 5	+ 92	− 719	

Did You Know?:
The sand grouse, a bird native to parts of Africa, the Middle East and Central Asia, often carries water long distances to its nested young. It does this by soaking its feathers in water and carrying the liquid back to the nest.

WORDSEARCH WORKOUT

```
T A I C I L E F H N H R V
T E A R O S E W M B A E D
A X M A R H S A F R R H A
P L F D E N M A N I L T M
S U B U L A X A T D O O W
Q T J E I O K O E E F M A
J P A R R I G T G R S N D
V A Y N R T A I A O H E N
B M C P D G I W A A O E U
J U A K S A D N J M T U B
I P S T W C R Q E J S Q I
I N F H I O G D J E I E R
C I G A M W O N S L L R O
K C S P W V R D D L K V L
S N B F K I C E B E R G F
```

ROSE VARIETIES

ALBERTINE	JACK WOOD
ASHRAM	KIFTSGATE
BRIDE	MAIGOLD
BUSH	MYRIAM
DENMAN	PAPRIKA
DWARF	QUEEN MOTHER
ELLE	SHOT SILK
FELICIA	SNOW MAGIC
FLORIBUNDA	STANDARD
ICEBERG	TEA ROSE

DOUBLE **FUN** SUDOKU

TASTY TEASER

					8	3	4	2
8		1		2			5	
6			9	3		7		1
	9			6	7			
	8	7				4	6	
			5	4			9	
5		4		7	3			8
	7			5		2		6
9	2	3	1					

BRAIN BUSTER

	9	4		5			7	2
		8				4		
	7		4		9		6	
			7		8			
		1				9		
			9		5			
	6		2		1		5	
		2				1		
3	9		7			6	8	

WHATEVER NEXT?
In the diagram below, which letter should replace the question mark?

F
E M
51
? W
C

BRAIN **TEASER**

Simplify

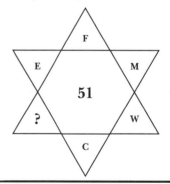

$$\frac{22}{\frac{2}{3} - \frac{1}{2}}$$

Mind Over Matter

Given that the letters are valued 1-26 according to their places in the alphabet, can you crack the mystery code to reveal the missing letter?

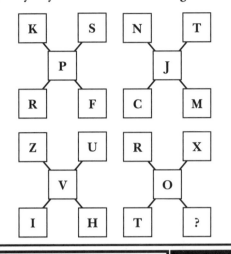

K	S		N	T
	P			J
R	F		C	M
Z	U		R	X
	V			O
I	H		T	?

DOUBLE FUN SUDOKU

TASTY TEASER

8			4					6
5	1		2				8	4
2		6			7	1		3
	9	4		5	3			
		7				3		
			1	8		9	6	
4		2	6			5		9
7	5				9		3	2
9				2				8

BRAIN BUSTER

2			1					8
	4	9						
	5	7		2				
					3	6		4
	2		5		7			
6		5	8					
			7			9	1	
						5	4	
3				4				7

CODEWORD CONUNDRUM

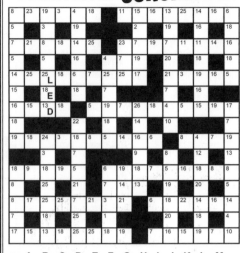

A	B	C	D	E	F	G	H	I	J	K	L	M
N	O	P	Q	R	S	T	U	V	W	X	Y	Z

Reference Box

1	2	3	4	5	6	7	8	9	10	11	12	13 D
14	15	16	17	18 E	19	20	21	22	23	24	25 L	26

FUTOSHIKI

Fill the grid so that every horizontal row and vertical column contains the numbers 1-5. The 'greater than' or 'less than' signs indicate where a number is larger or smaller than that in the neighbouring square.

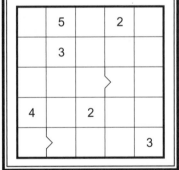

HIGH-SPEED CROSSWORD

Across
1 Several parallel layers of material (6)
7 Unit of sound in a word (8)
8 Flat, thin circle (4)
10 Truthful (6)
11 Burglar's booty (4)
12 Throw out (5)
13 Competition (7)
17 Salad vegetable (7)
19 Motorcycle rider (5)
21 Mythical Greek hero who fought against Troy in the Iliad (4)
23 Drill used to shape or enlarge holes (6)
25 Disorderly outburst or tumult (2-2)
26 Explosive compound (8)
27 Compulsory force or threat (6)

Down
1 Relating to the stars or constellations (8)
2 Hurry (4)
3 Daisy-like flower (5)
4 Military unit (7)
5 Taxis (4)
6 Forever (6)
9 Secret or hidden (6)
14 Saucepan stand (6)
15 Devious, not straightforward (8)
16 Harsh or corrosive in tone (7)
18 Takes delight in (6)
20 Assigned to a station (5)
22 Medical 'photograph' (1-3)
24 Memorisation by repetition (4)

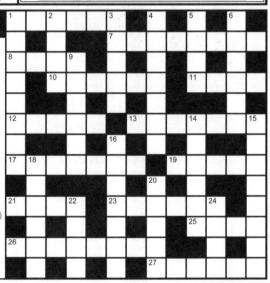

1 MINUTE NUMBER CRUNCH

Beginner							Answer
184	1/4 of this	+ 18	1/4 of this	+ 18	1/2 of this	+ 18	3/7 of this

Intermediate							Answer
16	Squared	+ 429	4/5 of this	50% of this	x 3	+ 36	− 377

Advanced							Answer
324	x 6	7/18 of this	÷ 18	+ 2/7 of this	+ 7/18 of this	x 13	20% of this

Did You Know?:
Elephants are the only mammals that can't jump. Although an elephant's foot contains muscles and bones, these are too tightly packed together to give the springing movement necessary to allow the animal to jump.

BATTLESHIP BOUT

Can you place the vessels into the diagram? Some parts of vessels or sea squares have already been filled in. A number to the right or below a row or column refers to the number of occupied squares in that row or column.

Any vessel may be positioned horizontally or vertically, but no part of a vessel touches part of any other vessel, either horizontally, vertically or diagonally.

Empty Area of Sea: ≈

Aircraft Carrier:

Battleships:

Cruisers:

Submarines:

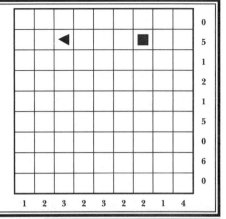

Did You Know?:
'As rare as hen's teeth' – so the saying goes. But the ancestors of the birds did have teeth and sometimes a genetic throwback can produce hens with teeth.

HIGH-SPEED CROSSWORD

Across

1 Vehicle of extraterrestrial origin (6,6)
9 Remove a lid (5)
10 Abrogate (5)
11 Dashed (3)
12 Espresso coffee with milk (5)
13 Fortune (7)
14 Crumple (6)
16 Two-footed animals (6)
20 Name of one of Santa's reindeer (7)
22 Enchant (5)
24 Notice of intent to pay (inits) (3)
25 Blue ___, flag indicating a ship is ready to sail (5)
26 Holy book (5)
27 Successfully completed (12)

Down

2 Lawful, legitimate (5)
3 Make an impact on (7)
4 Reduces to powder (6)
5 John Quincy ___, sixth President of the United States (5)
6 Scheme in an underhand manner (7)
7 Large gathering of people (5)
8 Open to everyone (6)
15 Stretchy fabric (7)
17 Male demon believed to lie on sleeping persons (7)
18 Season of the year (6)
19 Nuptial (6)
20 Province of Indonesia (5)
21 Rebound after hitting (5)
23 Stroll, saunter (5)

IQ WORKOUT

What number should replace the question mark?

7	6	5	23
9	2	8	7
6	14	2	22
4	8	7	?

? _____ ?

WORDWHEEL

Using only the letters in the Wordwheel, you have ten minutes to find as many words as possible, none of which may be plurals, foreign words or proper nouns. Each word must be of three letters or more, all must contain the central letter and letters can only be used once in every word. There is at least one nine-letter word in the wheel.

Nine-letter word(s):

_____

SUM CIRCLE

Fill the three empty circles with the symbols +, – and x in some order, to make a sum which totals the number in the centre. Each symbol must be used once and calculations are made in the direction of travel (clockwise).

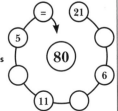

WORDSEARCH WORKOUT

```
S D O L M E S W E I V W W
U R U E E C E Z L S R S Q
Z A T B X T C R G Z P E U
W C I G W R O A F Q I A M
J T N U Z O B H A Y X H M
H S G I C P W K B Y T V I
A O C D D R S S H E W U W
R P F E D I O W O N A L D
E U A A N A U P L R L C M
M Z Q R O E U E I U K N H
A A L Y T O R S D O I D G
C R W D R M R Y A J N R I
L U G G A G E Y Y H G T E
E G A Y O V G N I P M A C
X W T O U R I S T I W K B
```

HOLIDAYMAKER

AIRPORT
APARTMENT
BEACH
CAMERA
CAMPING
DUTY-FREE
GROUP
GUIDE
HOLIDAY
HOTEL
JOURNEY
LUGGAGE
MAPS
OUTING
POSTCARD
SCENERY
TOURIST
VIEWS
VOYAGE
WALKING

DOUBLE **FUN** SUDOKU

TASTY TEASER

5	8			3			2	1
4				2				5
		6	4		5	8		
9	2		5		1		6	4
		5	3		6	2		
6	3		9		2		5	7
	1	2		4	7			
7			6					3
8	6			9			1	2

BRAIN BUSTER

4			7		6			8
	1		2		9			
	6		1		8		3	
	2	7				5	6	
9								7
	3	8				2	9	
	5		4		2		1	
		9		1		6		
6			9		3			5

1 MINUTE NUMBER CRUNCH ➤

Beginner								Answer
59	+ 13	1/3 of this	+ 26	2/5 of this	+ 7	2/3 of this	+ 59	

Intermediate								Answer
329	− 24	÷ 5	+ 99	4/5 of this	x 3	5/6 of this	÷ 16	

Advanced								Answer
257	Add to its reverse	− 638	5/7 of this	+ 3/5 of this	+ 3/4 of this	x 4	3/8 of this	

Did You Know?:
Honeybees communicate by dancing and waggling their tails. The information passed from bee to bee usually concerns the whereabouts of food sources.

HIGH-SPEED CROSSWORD

Across
1 Dense woodland (6)
4 Safe (6)
7 Basement (6)
9 Callous (9)
11 Asian plant widely cultivated for its oily beans (4)
14 State of being torn or burst open (7)
15 Expectorated (4)
16 Hard fruits (4)
17 Having a cowed, dejected or guilty look (7)
18 Reverberate (4)
21 Beneficiary (9)
23 Hind portion of a side of bacon (6)
24 Socially awkward (6)
25 Written message addressed to a person or organisation (6)

Down
1 Realities (5)
2 Pass along (5)
3 Former hereditary monarch of Iran (4)
4 Encircling (11)
5 Call to engage in a contest (9)
6 Ova (4)
8 Held accountable (11)
10 Grab hastily (6)
12 Be resistant to (6)
13 Rheumatic (9)
19 Heavenly body (5)
20 Proprietor (5)
21 One step of a ladder (4)
22 Narration (4)

IQ WORKOUT

Which circle is nearest in content to A?

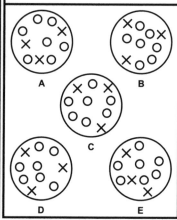

CODEWORD CONUNDRUM

A B C D E F G H I J K L M
N O P Q R S T U V W X Y Z

Reference Box

1	2	3	4	5	6	7	8	9	10	11	12	13
E									P			
14	15	16	17	18	19	20	21	22	23	24	25	26
		R										

DOUBLE **FUN** SUDOKU

TASTY TEASER

		5	8		6	3		
1		7						9
		6	7	5			2	4
				4	8		6	5
	3		6		9		8	
6	1		2	7				
8	2			3	4	5		
4					2			1
	3	1		2	9			

BRAIN BUSTER

	5	2				3	8	
7		9		1		2		4
	9		5		2		4	
		6				5		
	2		7		6		1	
9		5		2		8		1
	8	4				7	6	

SPIDOKU

Each of the eight segments of the spider's web should be filled with a different number from 1 to 8, in such a way that every ring also contains a different number from 1 to 8.

LOGI-SIX

Every row and column of this grid should contain one each of the letters A, B, C, D, E and F. Each of the six shapes (marked by thicker lines) should also contain one each of the letters A, B, C, D, E and F. Can you complete the grid?

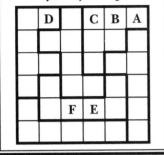

D		C	B	A	
	F	E			

HIGH-SPEED CROSSWORD

Across
1 Tympanic membrane (7)
8 Land area, especially of a farm (7)
9 Man devoted to the pursuit of pleasure (7)
10 Have as a logical consequence (6)
12 Roundabout way (6)
14 Ice-covered waters surrounding the North Pole (6,5)
19 Moving in a single direction (3-3)
22 Digestive fluid (6)
25 Be at an angle (7)
26 Stays in place (7)
27 Not devious (7)

Down
1 Spotted (6)
2 Nuclear plant (7)
3 Spiritual leader (5)
4 Ancient South American civilisation (4)
5 Animal (5)
6 Consignment (5)
7 Earlier in time (6)
11 Everyone except the clergy (5)
12 Falls (5)
13 Definite article (3)
15 Female of domestic cattle (3)
16 Inanely foolish (7)
17 Regulate (6)
18 Sanctuaries (6)
20 Liquid used to stimulate evacuation (5)
21 Month with 30 days (5)
23 Berkshire town, famous for its racecourse (5)
24 Travel permit (4)

WORDSEARCH WORKOUT

```
N D K X A N K E V Y X A V
E C Z T O N T H E T O W N
V E I M A R G U E R I T E
A V I C V Q A A O L L Q G
E H N N E L A G W H E I P
H C T I N L V X T J S N X
O A O P U A W S L I Z P A
T B T P E U T L C D M S O
R A H I Q A E S U F H E V
E R E P C P Y B A B Y R C
S E H C S T A H P O T V F
O T O D Y S P Y G A O R G
L T O M Z K W J V M M I C
C G D Z I G I G V G M A A
B T S C R O O G E A Y H U
```

MUSICALS

ANNIE
AVENUE Q
CABARET
CATS
CLOSER TO HEAVEN
CRY BABY
EVITA
GIGI
GODSPELL
GYPSY
HAIR
INTO THE HOODS
MARGUERITE
ON THE TOWN
PIPPIN
RAGTIME
SCROOGE
SHOUT!
TOMMY
TOP HAT

DOUBLE FUN SUDOKU

TASTY TEASER

			6	7	2			
	4	7		9			3	8
9		1				6		
8				3	4	9	5	
		9	7		4	6		
4	1	2	9					3
	3				9			1
2	6		3		7	8		
		4	5	7				

BRAIN BUSTER

			5			2		
6		3	9	4				
9								
	9	7			2		8	
4				9				6
	1		7			3	9	
								1
			6	5	9			3
	7				8			

MATCHSTICK MAGIC

Remove six matchsticks to leave two squares.

BRAIN TEASER

What number should replace the question mark?

7	8	9
4	6	8
1	?	7

1 MINUTE NUMBER CRUNCH

| Beginner | | | | | | | | Answer |
| 48 | ÷ 6 | + 99 | Reverse the digits | − 501 | 25% of this | + 8 | 1/2 of this | |

| Intermediate | | | | | | | | Answer |
| 924 | ÷ 3 | + 16 | ÷ 9 | x 4 | 3/8 of this | + 1/6 of this | − 39 | |

| Advanced | | | | | | | | Answer |
| 571 | x 2 | + 691 | 2/3 of this | 1/2 of this | − 447 | 275% of this | x 7 | |

Did You Know?:

The tarantula wasp will paralyse a tarantula spider before laying its eggs in the spider's live body. The larvae from the hatching eggs then consume the spider.

CODEWORD CONUNDRUM

17	25	21	13	16	■	1	25	24	18	17	6	10	25	16
25	■	23	■	13	■	23	■	18	■	20	■	■	■	24
1	25	4	26	3	20	18	13	9	■	7	24	13	13	18
20	■	19	25	2	■	5	■	12	■	24	■	2	■	17
2	20	20	5	23	13	■	8	13	16	13	2	25	15	13
23	■	■	■	13	■	2	■	2	■	15	■	9	■	■
8	1	24	8	8	■	13	18	11	26	■	8 F	24 U	18 N	16
23	■	5	■	9	■	22	■	23	■	19	■	2	■	13
17	2	24	14	■	3	24	2	18	■	20	11	13	2	15
■	■	1	■	9	■	11	■	21	■	1	■	■	■	13
3	2	13	25	15	6	13	16	■	8	25	1	15	13	2
25	■	1	■	20	■	18	■	8	■	9	23	2	■	21
9	10	13	17	5	■	25	13	2	20	9	10	25	17	13
23	■	■	■	13	■	15	■	13	■	13	■	17	■	18
17	1	20	24	16	23	13	9	15	■	9	12	13	25	15

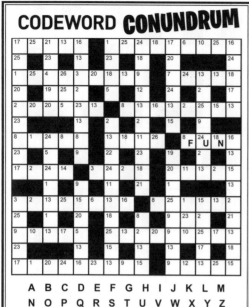

A B C D E F G H I J K L M

N O P Q R S T U V W X Y Z

Reference Box

1	2	3	4	5	6	7	8 F	9	10	11	12	13
14	15	16	17	18 N	19	20	21	22	23	24 U	25	26

DOUBLE FUN SUDOKU

TASTY TEASER

2	7	3						6
				8	9	7		
	1				3	5	2	
7		5		2	8			9
		6	4		5	3		
1			7	9		4		8
	5	8	9				1	
		7	1	6				
6						9	4	3

BRAIN BUSTER

	8			2		5		
2					3	6	8	
4		9						1
			7				1	8
9	3				8			
6						1		4
	2	1	4					3
		5		7			9	

PYRAMID PLUS

Every brick in this pyramid contains a number which is the sum of the two numbers below it, so that F=A+B, etc.
Just work out the missing numbers!

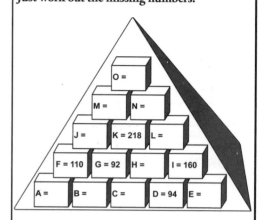

O =
M =
N =
J =
K = 218
L =
F = 110
G = 92
H =
I = 160
A =
B =
C =
D = 94
E =

WORK IT OUT

In the grid below, what number should replace the question mark?

23	25	9	4	22	23	30
16	18	3	8	6	22	12
8	7	8	4	18	13	6
33	10	13	11	4	15	5
12	2	13	29	12	1	4
1	15	26	31	19	16	14
5	21	26	11	?	8	27

HIGH-SPEED CROSSWORD

Across
4 Investigate (7)
8 Fossilised resin (5)
9 Inflammatory disease of the joints (9)
10 Mythological giant (5)
11 Large sleeping room containing several beds (9)
13 Assembly possessing high legislative powers (6)
16 Deteriorate (6)
20 Make up something artificial or untrue (9)
23 Measure (5)
24 Drink, a mixture of lager and cider (9)
25 Circles (5)
26 Detect with the senses (7)

Down
1 Fortresses (7)
2 Decline to vote (7)
3 Product name (5)
4 Whole (6)
5 Covered and often columned entrance to a building (7)
6 Get the better of (5)
7 Literary composition (5)
12 Strong-scented perennial herb (3)
14 Period of time (3)
15 Ancient Greek or Roman warship (7)
17 Congealing (7)
18 Nurture (7)
19 Robin Hood's beloved Maid (6)
20 Welded together (5)
21 Small vessels for travel on water (5)
22 ___ board, used to shape fingernails (5)

1	■	2	■	3	■	4		5		6		7
8					■		■		■		■	
	■		■	9								
10					■		■		■		■	
	■		■	11							12	
	■		■	■	■		■		■	■		■
13	14			15		■	16			17		18
■		■	■		■	19	■	■	■		■	
20		21						22	■		■	
	■		■		■		■	23				
24									■		■	
	■		■		■		■	25				
26							■		■		■	

1 MINUTE NUMBER CRUNCH

Beginner								Answer
92	1/2 of this	x 3	– 24	1/2 of this	+ 13	2/7 of this	+ 320	

Intermediate								Answer
396	+ 2/3 of this	4/11 of this	5/12 of this	x 0.33	x 9	x 2	5/18 of this	

Advanced								Answer
72	7/12 of this	300% of this	11/14 of this	÷ 0.3	10/11 of this	94% of this	2/3 of this	

Did You Know?:
Neanderthals looked much like modern humans, although they were shorter, stockier and stronger, particularly in the arms and hands. Their skulls show that their foreheads sloped backwards, and their brains were slightly larger than those of modern humans.

HIGH-SPEED CROSSWORD

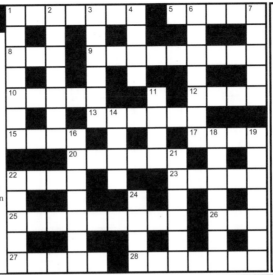

Across
1 Small mild-flavoured onion (7)
5 Golf course by the sea (5)
8 Rented out (3)
9 Feeling of longing for something past (9)
10 Censure severely (5)
12 Fencing sword (4)
13 Military personnel (6)
15 Move in large numbers (4)
17 Cigarette end (4)
20 Song of devotion or loyalty (6)
22 Sprockets (4)
23 Harsh or corrosive in tone (5)
25 Conduct, manner (9)
26 Nickname of US president Eisenhower (3)
27 Weak cry of a young bird (5)
28 Believe to be true (7)

Down
1 Importune (7)
2 With legs stretched far apart (7)
3 Songbird, the male of which has a red breast and forehead (6)
4 Elephant's ivory 'horn' (4)
6 Malady (7)
7 Quench (5)
11 Inlet (4)
14 Moulders (4)
16 Knead (7)
18 Rotary engine (7)
19 Financial obligation unlikely to be repaid (3,4)
21 Former name of the Indian city of Chennai (6)
22 Three-dimensional (5)
24 Common sense, intellect (4)

SUMMING UP

In the square below, change the positions of six numbers, one per horizontal row, vertical column and long diagonal line of six smaller squares, in such a way that the numbers in each row, column and long diagonal line total exactly 96. Any number may appear more than once in a row, column or line.

14	9	10	23	14	14
25	26	18	21	30	4
22	9	12	28	21	10
21	9	30	4	17	24
9	8	6	11	32	6
14	23	26	2	10	14

DOMINO PLACEMENT

A standard set of 28 dominoes has been laid out as shown. Can you draw in the edges of them all? The check-box is provided as an aid and the domino already placed will help.

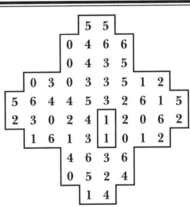

0-0	0-1	0-2	0-3	0-4	0-5	0-6

1-1	1-2	1-3	1-4	1-5	1-6	2-2
✓						

2-3	2-4	2-5	2-6	3-3	3-4	3-5

3-6	4-4	4-5	4-6	5-5	5-6	6-6

Did You Know?:
During the 1915 Locust Plague, which affected mainly the (then) country of Palestine, a law was hurriedly passed stating that all males between 15 and 65 years old must each collect 20 kilos of locust larvae for destruction, or face a fine.

WORDSEARCH WORKOUT

```
F L L O T A M R E P E R G
I S O T T S A A T R T R Q
S S K W E C R P L A I N M
S B Y P A S S I M I S R F
U L A N T Z H D X R E K Q
R C Y R N C T S R I J S A
E O E H Y Z D I C E T Y J
N A I W W C O A A E T N V
M M M H W V L R P R K V P
D M I R R G A P I A T A X
Y L K E Y N E M G V C S L
L N S P T J T Y P C E T Z
A E D N A L S I O E H R R
R F O G A L E P I H C R A
E O O K M O O R A V I N E
```

GEOGRAPHICAL FEATURES

ARCHIPELAGO
ATOLL
CANYON
CAPE
FISSURE
GLACIER
HILL
ISLAND
LAKE
MARSH
MOOR
PLAIN
PRAIRIE
RAPIDS
RAVINE
RESERVOIR
RIVER
STEPPE
STRAIT
STREAM

DOUBLE FUN SUDOKU

TASTY TEASER

9			3		5			6
7		1	8		6	2		9
	6			7			4	
	7		4	6	3		1	
5		3				6		8
	1		7	5	8		3	
	9			3			2	
4		7	1		2	5		3
3		6		7				4

BRAIN BUSTER

1								8
	2	1		7	4			
6	7		9			1	2	
5			8				1	
		6		3				
1			5				9	
7	5		4			9	8	
	4	5		1	6			
6								3

WHATEVER NEXT?

In the diagram below, which number should replace the question mark?

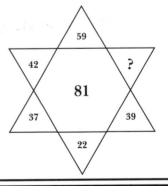

BRAIN TEASER

Starting at midnight, snow fell 1.5 cm every six hours. If there was already 2.25 cm of snow at midnight, what was the thickness of the snow at 9.00 am?

Mind Over Matter

Given that the letters are valued 1-26 according to their places in the alphabet, can you crack the mystery code to reveal the missing letter?

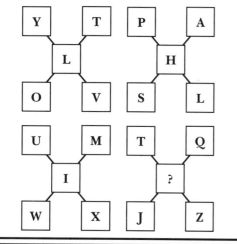

Y	T	P	A
	L	H	
O	V	S	L
U	M	T	Q
	I	?	
W	X	J	Z

DOUBLE **FUN** SUDOKU

TASTY TEASER

	2		3				6	7
1		9	6					
7			4	5		3	2	
6		2	1				9	
		1	7		8	4		
	5			6	2			8
	7	5		9	3			1
				4	8			5
8	4			7		3		

BRAIN BUSTER

							7	5
		8	2			1	4	
	3	5		2				
		9			5			
	6		4			2		
	7			3				
	6			8	9			
1	2		6	4				
5	4							

CODEWORD **CONUNDRUM**

A	B	C	D	E	F	G	H	I	J	K	L	M
N	O	P	Q	R	S	T	U	V	W	X	Y	Z

Reference Box

1	2	3	4	5 R	6	7	8	9	10	11	12	13
14	15	16	17	18	19	20	21	22 A	23	24 M	25	26

FUTOSHIKI

Fill the grid so that every horizontal row and vertical column contains the numbers 1-5. The 'greater than' or 'less than' signs indicate where a number is larger or smaller than that in the neighbouring square.

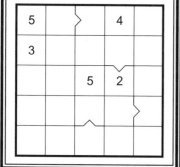

HIGH-SPEED CROSSWORD

Across
1 Discord (6)
3 Domesticated llama (6)
7 Not mentally confused (5-6)
10 Monocle (8)
11 Panache (4)
13 Causes emotional distress (5)
14 Engraving or carving in relief (5)
18 Similar (4)
19 Murder (8)
21 Nocturnal songbird (11)
22 Tray for serving food or drinks (6)
23 Influence by gentle urging (6)

Down
1 Clandestine (6)
2 Cultivated rural area (8)
4 Deposit of valuable ore (4)
5 No particular person (6)
6 Wild animal (5)
8 Angular distance above the horizon (9)
9 Italian for 'the sweet life' (5,4)
12 Large estate in Spanish-speaking countries (8)
15 Daily news publications (6)
16 Number indicated by the Roman XL (5)
17 Go back on one's promise (6)
20 Moulding, in the form of the letter S (4)

1 MINUTE NUMBER CRUNCH

Beginner								Answer
165	− 3	÷ 3	+ 9	÷ 7	Squared	− 65	25% of this	

Intermediate								Answer
563	+ 298	2/3 of this	50% of this	− 125	x 3	÷ 18	Cube root of this	

Advanced								Answer
575	3/23 of this	Squared	÷ 625	x 83	x 4	5/18 of this	− 7/10 of this	

Did You Know?:

When threatened, the bombardier beetle shoots hot chemicals from its abdomen. The spray contains p-benzoquinones, compounds well known for their irritant properties.

1 MINUTE NUMBER CRUNCH

Beginner								Answer
79	− 17	1/2 of this	x 3	+ 17	1/2 of this	+ 17	1/2 of this	

Intermediate								Answer
749	+ 582	Cube root of this	x 14	1/2 of this	4/11 of this	x 3	5/12 of this	

Advanced								Answer
6726	+ 2880	5/6 of this	220% of this	− 8764	+ 1/3 of this	1/2 of this	Add to its reverse	

Did You Know?:
The Earth is approximately 90 million miles distant from the Sun. The average Earth surface temperature is 14°C, whereas the average surface temperature of the Sun is 5,800°C.

HIGH-SPEED CROSSWORD

Across
1 Appeased, placated (8)
5 Bath powder (4)
8 Pre-dinner drink (8)
10 Jumble (7)
11 Range of mountains (5)
12 Identification of the nature or cause of a phenomenon (9)
15 Immune (9)
18 Relating to sound (5)
19 Upstart (7)
22 Giving instruction (8)
23 Offensively unpleasant odour (4)
24 Shoot-out (8)

Down
1 Flatfish with distinctive orange spots (6)
2 Reduces to ashes (8)
3 Pal, chum (6)
4 Large-scale (4)
6 Cousin's mother (4)
7 Juicy fruit, such as lemon, orange, etc (6)
9 Large metal or pottery vessel (6)
13 Aim, purpose (6)
14 Casting off (8)
15 Door knocker (6)
16 List of fixed charges (6)
17 Nothing (6)
20 Cable (4)
21 Official literary language of Pakistan (4)

PARTITIONS

Draw walls to partition the grid into areas (some are already drawn in). Each area must contain two circles, area sizes must match those numbers shown next to the grid and each '+' must be linked to at least two walls.

3, 3, 6, 6, 7

WORDWHEEL

Using only the letters in the Wordwheel, you have ten minutes to find as many words as possible, none of which may be plurals, foreign words or proper nouns. Each word must be of three letters or more, all must contain the central letter and letters can only be used once in every word. There is at least one nine-letter word in the wheel.

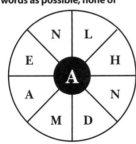

Nine-letter word(s):

_____

SUM CIRCLE

Fill the three empty circles with the symbols +, − and x in some order, to make a sum which totals the number in the centre. Each symbol must be used once and calculations are made in the direction of travel (clockwise).

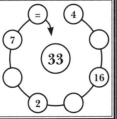

WORDSEARCH WORKOUT

```
H X H S E A N E D R A G B
O I Y W V G W V D O O R S
X N K O I N V W Q E P W E
J B E D R O O M G M D C T
C J P N D S G N R O Y V I
A S N I L R U P Y R S B S
V T F W D O R Z O T E R R
I S Q O L O Y O U A Q S E
T I M K V F F Y M R X B V
Y O Q T Z T T S S B Y A O
I J J C I R R S R O O L F
W A L L S U Q L D K I S P
V Q E Z G S W N W A T E R
A S Y A Z S E G A R A G F
M D L Q D Y G K X S P J G
```

HOUSE BUILDING

BEAMS
BEDROOM
CAVITY
DOORS
DRIVE
FLOORS
GARAGE
GARDEN
JOISTS
LOUNGE

MORTAR
OVERSITE
PATIO
PURLINS
ROOF TILES
ROOF TRUSS
SLABS
WALLS
WATER
WINDOWS

DOUBLE FUN SUDOKU

TASTY TEASER

		8			6	3	7	
		3		2	7		4	
9	1				3			5
	7	1		8				3
4			2		5			6
6				3		2	8	
7			1				9	8
	2		6	5		7		
1	8	4			9			

BRAIN BUSTER

4			5					
				3		2	1	
		8					7	
		3	4					5
8	4			7		9	3	
6					9	1		
	1					6		
	3	7		8				
					2			9

1 MINUTE NUMBER CRUNCH ▶

Beginner								Answer
60	20% of this	x 2	1/8 of this	x 33	+ 7	÷ 2	+ 17	

Intermediate								Answer
51	÷ 3	+ 93	3/10 of this	÷ 11	Cubed	x 2	4/9 of this	

Advanced								Answer
76	Squared	5/8 of this	7/10 of this	2/7 of this	+ 82	3/4 of this	7/9 of this	

Did You Know?:

'Red tide' is a build-up of toxins produced by marine algae. Filter-feeding shellfish such as oysters can be affected and, when eaten, can pass on the toxins to humans. Eating the contaminated shellfish can be fatal.

HIGH-SPEED CROSSWORD

Across

1 Substitute on hand (5-2)
7 Red salad fruit (6)
9 Remoulded car tyre (7)
10 Noise made by a sheep (5)
11 Divisible by two (4)
12 Flat (5)
16 Fenland (5)
17 German composer (1685-1750) (4)
21 Thread for cleaning between the teeth (5)
22 Person who accepts the world as it literally is (7)
23 Gas found in air (6)
24 Item of jewellery (7)

Down

1 Contract, abridge (7)
2 One more (7)
3 Quantity of twelve items (5)
4 Shoemaker (7)
5 Capital of Oregon, USA (5)
6 Division of the year (5)
8 Antagonist (9)
13 Female spirit of Irish folklore, whose wailing warns of death (7)
14 Pasta 'cushions' (7)
15 Cod-like fish of the Atlantic (7)
18 Currently in progress (5)
19 Capital city of Japan (5)
20 Commissioned military officer (5)

IQ WORKOUT

Which is the odd one out?

7426
6183
3248
9455
2573
8162

CODEWORD CONUNDRUM

A B C D E F G H I J K L M
N O P Q R S T U V W X Y Z

Reference Box

1	2	3	4	5	6	7	8	9	10	11	12	13
									L			
14	15	16	17	18	19	20	21	22	23	24	25	26
				I			**T**					

DOUBLE FUN SUDOKU

TASTY TEASER

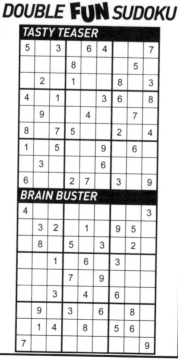

BRAIN BUSTER

SPIDOKU

Each of the eight segments of the spider's web should be filled with a different number from 1 to 8, in such a way that every ring also contains a different number from 1 to 8.

LOGI-SIX

Every row and column of this grid should contain one each of the letters A, B, C, D, E and F. Each of the six shapes (marked by thicker lines) should also contain one each of the letters A, B, C, D, E and F. Can you complete the grid?

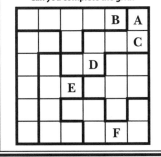

HIGH-SPEED CROSSWORD

Across

1 Compliment (6)
4 Opaque form of quartz (6)
9 Currant bun (7)
10 Childish talk (7)
11 Articles of commerce (5)
12 Hidden storage space (5)
14 Careless speed (5)
15 Retch (5)
17 Place at intervals (5)
18 Gruelling (7)
20 Building (7)
21 Drool (6)
22 Refuse to accept or acknowledge (6)

Down

1 Thick (often creamy) soup (6)
2 Huge South American snake (8)
3 Paving stones (5)
5 Bring forward (7)
6 Treaty (4)
7 Be in awe of (6)
8 Claimed back (11)
13 Having the ability or power to construct (8)
14 Brave woman (7)
15 One of four playing-card suits (6)
16 Solve crime (6)
17 Grin (5)
19 Facts given (4)

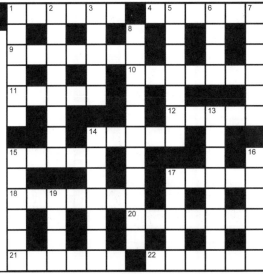

WORDSEARCH WORKOUT

```
K N V Q S U D P Q L G R O
A O P G U W Q U A R R Y J
D I Q X O E E Q U I R K Y
R T Q U L U R A T A Q S G
E A U R E B R U Z O Y B E
T T I E Y N D D L H S V L
R O Z V R T C Q U O I O G
A U Z L Y E I H U S U C N
U Q I I N R N L Q E Q S A
Q S N S E Q Q U A Q E O R
Z U G K X U A F T U S N D
I Z A C O C R L C E Q U A
I U M I K V I U D A N Q U
Q J N U N U Q U A S H R Q
F X C Q Q T Q N O Y D Y Q
```

Q WORDS

QATAR	QUEEN
QUACK	QUENCH
QUADRANGLE	QUERULOUS
QUAINT	QUEUE
QUAKER	QUICKSILVER
QUALITY	QUILT
QUARRY	QUIRKY
QUARTER	QUIZZING
QUASH	QUOIN
QUEASY	QUOTATION

DOUBLE FUN SUDOKU

TASTY TEASER

	3	4			7		6	
					3	1		4
1	7			8	6	5		
	1				9	4		2
5			7		4			3
2		9	5				8	
		7	3	1			2	6
8		5	9					
	2		6			7	9	

BRAIN BUSTER

8		3				1		4
			4		9			
7	4						8	9
	1	5		8	4			
		6		3				
	9	2		7	5			
2	1					6	3	
	1		6					
4		7			9		2	

MATCHSTICK MAGIC

Remove six matchsticks to leave three squares.

BRAIN TEASER

What number should replace the question mark?

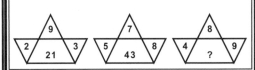

SIMPLE AS

A, B, C ?

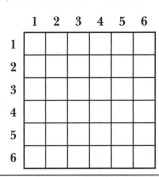

Did You Know?:

In ancient times, it was thought that malaria was spread through the air, which is how malaria was named; from the Latin *mal* and *aria*, meaning 'bad air'.

Each of the small squares in the grid below contains either A, B or C. Each row, column, and diagonal line of six squares has exactly two of each letter. Can you tell the letter in each square?

Across

1 The Bs are next to each other
2 The Cs are between the As
3 No two letters the same are directly next to each other
4 No two letters the same are directly next to each other
5 The As are between the Cs
6 The As are between the Cs

Down

1 The Cs are next to each other
2 Each A is directly next to and below a C
3 The As are lower than the Cs
4 The Bs are next to each other
5 The As are lower than the Cs
6 The As are between the Bs

CODEWORD CONUNDRUM

| A | B | C | D | E | F | G | H | I | J | K | L | M |
| N | O | P | Q | R | S | T | U | V | W | X | Y | Z |

Reference Box

| 1 | 2 | 3 E | 4 | 5 | 6 D | 7 | 8 | 9 | 10 | 11 | 12 | 13 |
| 14 | 15 | 16 | 17 | 18 R | 19 | 20 | 21 | 22 | 23 | 24 | 25 | 26 |

DOUBLE FUN SUDOKU

TASTY TEASER

3		5	8					9
		3			1	5		
8	1		9	2		4		
1			6			5	7	
	4		5		8		3	
	7	6			4			2
	8		1	3		9	7	
	2	4			6			
7				9	8		6	

BRAIN BUSTER

3	2						9	5
		8	3	5			7	4
			9					
2		7			1			
		4				2		
		2			4		1	
			2					
5	1			6	9	7		
6	4						2	9

PYRAMID PLUS

Every brick in this pyramid contains a number which is the sum of the two numbers below it, so that F=A+B, etc. Just work out the missing numbers!

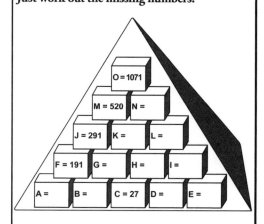

O = 1071

M = 520, N =

J = 291, K =, L =

F = 191, G =, H =, I =

A =, B =, C = 27, D =, E =

WORK IT OUT

In the grid below, what number should replace the question mark?

17	2	43	52	4	1	3
7	21	22	11	7	15	49
12	16	32	9	18	15	40
27	11	?	5	31	51	9
5	42	5	3	11	16	80
36	17	10	1	65	28	15
23	25	30	37	11	28	28

HIGH-SPEED CROSSWORD

Across
1 Bedtime beverage (5)
4 Accidentally slid or fell (7)
8 Accuse of a wrong (7)
9 Wilt (5)
10 Commercial exchange (5)
11 Morally strict (7)
12 Excessive pride (6)
13 Baby's shoe (6)
16 Kitchen utensil used for spreading (7)
18 Comb projection (5)
20 Surrey town in which the Derby is run (5)
21 First letter of a name (7)
22 Glands near to the kidneys (7)
23 With vehemence (5)

Down
1 Graph (5)
2 Opening move (7,6)
3 Sustenance (7)
4 Ice cream dish (6)
5 Principal river of Pakistan (5)
6 Cinema worker (13)
7 Exhaust, use up (7)
12 Internal organs collectively (7)
14 Fast-running African flightless bird (7)
15 Having spokes (6)
17 Cause to lose one's nerve (5)
19 Craggy, mountainous (5)

1 MINUTE NUMBER CRUNCH

Beginner								Answer
83	− 49	50% of this	x 3	+ 19	1/10 of this	x 40	1/4 of this	

Intermediate								Answer
601	− 190	÷ 3	+ 89	x 4	3/8 of this	Double it	− 199	

Advanced								Answer
166	x 4	7/8 of this	− 494	+ 2/3 of this	+ 4/5 of this	x 4	5/6 of this	

Did You Know?:

The narrow, tall old houses of Amsterdam were the result of a tax being imposed on the width of house frontages. To avoid the tax, houses were built as narrow as practically possible.

HIGH-SPEED CROSSWORD

Across

1 Falling short of some prescribed norm (11)
9 Greek letter (5)
10 Low-breed dog (3)
11 Stave off (5)
12 Streams continuously (5)
13 Rise in the air and float, as if in defiance of gravity (8)
16 Without shoes (8)
18 Existing (5)
21 Out of condition (5)
22 Seventh letter of the Greek alphabet (3)
23 Pain sometimes experienced by divers (5)
24 Social group which includes professional and business people (6,5)

Down

2 Faze (7)
3 Act passed by a legislative body (7)
4 Computer application program that uses the client's web browser to provide a user interface (6)
5 Undersized person (5)
6 Right-hand page of a book (5)
7 Innovator, pioneer (11)
8 Type of embroidery (5-6)
14 Denial (7)
15 Research scientists (slang) (7)
17 Retaliate (6)
19 Native of Basra, for example (5)
20 Fix securely (5)

SUMMING UP

In the square below, change the positions of six numbers, one per horizontal row, vertical column and long diagonal line of six smaller squares, in such a way that the numbers in each row, column and long diagonal line total exactly 130. Any number may appear more than once in a row, column or line.

25	8	10	28	43	21
30	21	25	15	25	21
27	32	3	17	10	23
18	34	25	25	21	16
15	27	23	32	11	12
22	13	26	20	29	27

1 MINUTE NUMBER CRUNCH

Beginner								Answer
95	− 6	x 2	+ 4	1/7 of this	÷ 2	x 6	+ 14	

Intermediate								Answer
221	÷ 13	x 4	3/4 of this	÷ 3	+ 64	Square root of this	x 14	

Advanced								Answer
47	x 9	− 219	275% of this	2/3 of this	x 6	− 1/6 of this	3/10 of this	

Did You Know?:

In the UK, cars are driven on the left whereas in most countries they are driven on the right. Some notable exceptions include Australia, New Zealand, Indonesia and Japan – all countries where people drive on the left.

WORDSEARCH WORKOUT

```
N G S D N O M L A S A L T
U I V Z R A G E N I V N I
T Q M I N T S A U C E D D
M E C U A S O T A M O T T
E S P S C U P Y C R X Q R
G U L G F G L H E R B S U
E T F I X A S G S A H I O
O J A Q T R A S G C S C L
B S I U Q N M E A I D T F
M A C E O S E S B R W Z N
C B M P L Y C L A E T P I
D H U X B K X U E M K Y A
J O I P Q G C P T R F Q L
S W Z Z M N L I O U V O P
M O M A D R A C P T V H F
```

LARDER CONTENTS

ALMONDS
CARDAMOM
CUMIN
HERBS
LENTILS
MACE
MINT SAUCE
NUTMEG
OREGANO
PICKLE
PLAIN FLOUR
PULSES
SALT
SOUP
SUGAR
TEABAGS
TOMATO SAUCE
TURMERIC
VINEGAR
YEAST

DOUBLE FUN SUDOKU

TASTY TEASER

	2		9		5		1	
4				1				3
	1	7	8		4	5	2	
1			5	7	6			8
	6	9				1	7	
8			2	9	1			5
	3	4	6		9	8	5	
2				5				9
	9		1		7		3	

BRAIN BUSTER

6								3
		5	3	1				
3		5	8		7	2		1
5		1	2		8	4		9
		8				1		
2		4	3		9	8		5
4		2	7		6	3		8
			4	8	2			
7								2

WHATEVER NEXT?

In the diagram below, which number should replace the question mark?

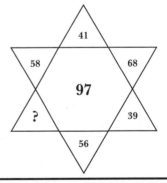

41
58
68
97
?
39
56

BRAIN TEASER

You have 13 diamond cards.

A 2 3 4
5 6 7 8 9
10 J Q K

What are the chances of drawing out K Q J 10 in that order?

Mind Over Matter

Given that the letters are valued 1-26 according to their places in the alphabet, can you crack the mystery code to reveal the missing letter?

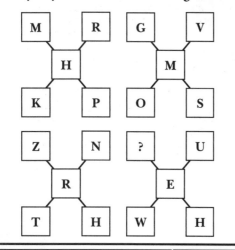

M	R	G	V
H			M
K	P	O	S
Z	N	?	U
R			E
T	H	W	H

DOUBLE **FUN** SUDOKU

TASTY TEASER

7				5	8	9		
9	8	2	4					
	3			9			1	6
	9		4			6		8
	2		5		3		7	
4		5		9			2	
1	4		6					8
					1	7	6	4
		8	2	3				5

BRAIN BUSTER

6			3		8			5
	4	1		6	8			
	7			2			1	
	2	7				4	6	
3								7
	9	8				2	3	
	8			1			7	
	1	5		2	9			
9			7		4			8

CODEWORD CONUNDRUM

A B C D E F G H I J K L M
N O P Q R S T U V W X Y Z

Reference Box

1	2	3	4	5	6	7	8	9 L	10	11	12	13
14	15	16	17	18 T	19	20	21	22 O	23	24	25	26

FUTOSHIKI

Fill the grid so that every horizontal row and vertical column contains the numbers 1-5. The 'greater than' or 'less than' signs indicate where a number is larger or smaller than that in the neighbouring square.

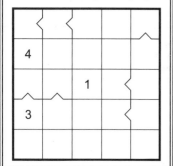

HIGH-SPEED CROSSWORD

Across
1 Frame supporting the body of a car (7)
6 Large monkey (3)
8 Closer to the centre (5)
9 Protects from impact (7)
10 Perform as if in a play (5)
11 Clasp (8)
13 Cruel dictator (6)
15 Self-effacing (6)
18 Consisting of more than one part (8)
19 Beach, strand (5)
21 Most noticeable or important (7)
22 In that place (5)
23 First note in the tonic sol-fa scale (3)
24 Instructor (7)

Down
2 Transportation of goods by truck (7)
3 Full set of bones (8)
4 Title given to a nun (6)
5 Gambling stake (4)
6 Bring about (7)
7 Conceited, self-centred person (7)
12 Thin Mexican pancake (8)
13 Having spots or patches of colour (7)
14 Furtiveness (7)
16 Peace and quiet (7)
17 Piece of material inset to enlarge a garment (6)
20 Child of Adam and Eve (4)

1 MINUTE NUMBER CRUNCH

Beginner							Answer
66	– 17	1/7 of this	x 5	3/5 of this	x 4	+ 6	2/3 of this

Intermediate							Answer
90	x 1.5	4/15 of this	Square root of this	+ 8	+ 49	– 47	x 2.5

Advanced							Answer
841	Add its square root to this	÷ 1.25	x 3	– 5/6 of this	9/29 of this	+ 5/9 of this	+ 224

Did You Know?:
New York's famous Wall Street got its name from when pigs ran wild on Manhattan Island, necessitating the building of a wall by farmers in order to protect their grain fields.

DOMINO PLACEMENT

Did You Know?:
The story about storks bringing babies originated in medieval Europe. People noticed that the number of storks roosting and the number of babies being born appeared to coincide, and the myth grew out of this observation.

A standard set of 28 dominoes has been laid out as shown. Can you draw in the edges of them all? The check-box is provided as an aid and the domino already placed will help.

```
            1  2
         0  3  6  6
         4  5  0  4
   1  1  1  3  4  6  2  5
0  0  0  6  2  4  0  5  5  6
0  3  3  1  4 [1  5] 3  4  1
   2  5  2  2  0  2  1  2
         5  4  6  6
         3  6  4  3
            5  3
```

0-0	0-1	0-2	0-3	0-4	0-5	0-6

1-1	1-2	1-3	1-4	1-5	1-6	2-2
				✓		

2-3	2-4	2-5	2-6	3-3	3-4	3-5

3-6	4-4	4-5	4-6	5-5	5-6	6-6

HIGH-SPEED CROSSWORD

Across
1 Bugle call sounded at funerals (4,4)
5 In a competent manner (4)
9 Extremely cold (7)
10 Kingly, majestic (5)
11 Political unit in power (10)
14 Small gentle horses (6)
15 Made warm (6)
17 Remain afloat in the same position while swimming (5,5)
20 Presentation, briefly (5)
21 Liquidiser (7)
22 Agile (4)
23 Excessive or insincere praise (8)

Down
1 Manufacturer of popular toy bricks (4)
2 Make a pretence (4)
3 Popular houseplant (12)
4 Precious metal (6)
6 French stick loaf (8)
7 Christmas-time (8)
8 Son who rules during the absence or incapacity of a sovereign (6,6)
12 On a higher floor (8)
13 Forebear (8)
16 Play boisterously (6)
18 Edge tool used to cut and shape wood (4)
19 Address God, usually with a plea (4)

IQ WORKOUT

Which circle would continue the sequence?

A   B

C   D

WORDWHEEL

Using only the letters in the Wordwheel, you have ten minutes to find as many words as possible, none of which may be plurals, foreign words or proper nouns. Each word must be of three letters or more, all must contain the central letter and letters can only be used once in every word. There is at least one nine-letter word in the wheel.

Nine-letter word(s):

_____

SUM CIRCLE

Fill the three empty circles with the symbols +, – and x in some order, to make a sum which totals the number in the centre. Each symbol must be used once and calculations are made in the direction of travel (clockwise).

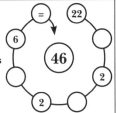

WORDSEARCH WORKOUT

```
I  I  N  I  C  C  U  P  G  H  L  T  B
M  A  S  C  A  G  N  I  A  L  M  X  U
G  O  U  N  O  D  Z  N  E  K  U  L  O
P  U  U  Q  B  O  D  C  C  C  O  C  Y
U  V  I  Z  I  E  R  H  O  N  A  U  K
C  S  J  L  L  U  H  G  A  I  C  I  S
V  T  R  D  P  B  N  D  M  D  D  T  V
R  E  E  F  G  V  R  B  N  R  U  T  O
B  X  I  Z  Z  O  O  Z  E  E  T  E  K
W  T  G  F  I  R  Q  V  T  P  R  Z  I
N  A  C  G  O  B  Q  M  T  M  A  I  A
Z  V  G  D  L  K  N  F  I  U  Z  N  H
H  S  I  N  C  X  O  N  R  H  O  O  C
A  N  A  T  E  M  S  R  B  P  M  D  T
Q  S  S  U  A  R  T  S  P  G  Q  Z  F
```

OPERA COMPOSERS

BERLIOZ
BIZET
BORODIN
BRITTEN
DONIZETTI
GIORDANO
GLUCK
GOUNOD
HANDEL
HUMPERDINCK

MASCAGNI
MOZART
PROKOFIEV
PUCCINI
PURCELL
SMETANA
STRAUSS
TCHAIKOVSKY
VERDI
WAGNER

DOUBLE **FUN** SUDOKU

TASTY TEASER

	8			4	2	3		
2	3	6	9					
5				3		1	7	
3			9		1	2		
6		4		5				8
	9	4		3				6
9	7		1				2	
				7	8	9	1	
	2	6	5			4		

BRAIN BUSTER

	1				3			
5			3		7			2
	9		4		1		8	
3		9	5		4	6		1
4		8	2		6	9		7
	4		1		2		5	
9			7		2			8
	7				2			

1 MINUTE NUMBER CRUNCH

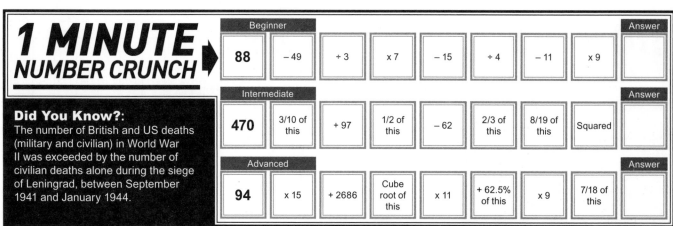

Beginner								Answer
88	− 49	÷ 3	x 7	− 15	÷ 4	− 11	x 9	

Intermediate								Answer
470	3/10 of this	+ 97	1/2 of this	− 62	2/3 of this	8/19 of this	Squared	

Advanced								Answer
94	x 15	+ 2686	Cube root of this	x 11	+ 62.5% of this	x 9	7/18 of this	

Did You Know?:
The number of British and US deaths (military and civilian) in World War II was exceeded by the number of civilian deaths alone during the siege of Leningrad, between September 1941 and January 1944.

HIGH-SPEED CROSSWORD

Across
1 Disordered (7)
5 Relish served with food (5)
7 Often the last movement of a sonata (5)
8 Division of a book (7)
9 Blackberry bush (7)
10 Calvin ___, fashion designer (5)
12 Division of Ireland (6)
15 Makes cloth by interlacing threads (6)
20 Trousers (5)
22 Microchip element (7)
23 Authoritative command (7)
24 Proportion (5)
25 The two in a pack of playing-cards (5)
26 Subversiveness (7)

Down
1 Arctic deer with large antlers (7)
2 Yearbooks (7)
3 Problem (7)
4 Seal of approval (6)
5 Marine carnivorous fish (5)
6 Cleft (7)
11 Field covered with grass (3)
13 Unwanted discharge of a fluid (7)
14 Expression of disapproval (3)
16 Make bigger (7)
17 Leaves (a job or post) voluntarily (7)
18 Close of day (7)
19 Upward movement (6)
21 Condition (5)

IQ WORKOUT

Which is the odd one out?

CODEWORD CONUNDRUM

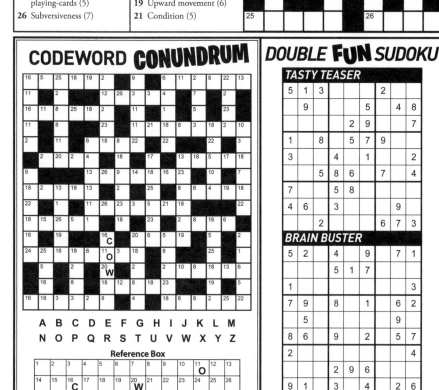

A B C D E F G H I J K L M
N O P Q R S T U V W X Y Z

Reference Box

1	2	3	4	5	6	7	8	9	10	11 O	12	13
14	15	16 C	17	18	19	20 W	21	22	23	24	25	26

DOUBLE FUN SUDOKU

TASTY TEASER

5	1	3				2		
	9				5		4	8
				2	9			7
1		8		5	7	9		
3			4		1			2
		5	8	6		7		4
7			5	8				
4	6		3				9	
		2			6	7	3	

BRAIN BUSTER

5	2		4		9		7	1
		5	1	7				
1								3
7	9		8		1		6	2
	5						9	
8	6		9		2		5	7
2								4
			2	9	6			
9	1		3		4		2	6

SPIDOKU

Each of the eight segments of the spider's web should be filled with a different number from 1 to 8, in such a way that every ring also contains a different number from 1 to 8.

LOGI-SIX

Every row and column of this grid should contain one each of the letters A, B, C, D, E and F. Each of the six shapes (marked by thicker lines) should also contain one each of the letters A, B, C, D, E and F. Can you complete the grid?

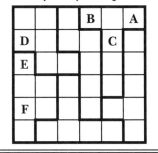

			B		A
D			C		
E					
F					

HIGH-SPEED CROSSWORD

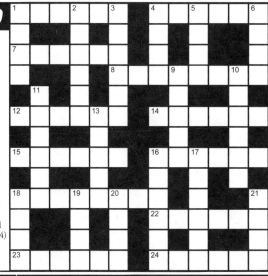

Across
1 Time of year (6)
4 Abnormally deficient in colour (6)
7 Trousers that end above the knee (6)
8 Precious things (8)
12 Lag behind (6)
14 In a sedate manner (6)
15 Cud-chewing Andean animal valued for its fleecy undercoat (6)
16 Blush, as if with shame (6)
18 Person who steers a ship (8)
22 Not subject to change (6)
23 Be contingent upon (6)
24 Brawny tissue (6)

Down
1 Long strip of fabric (4)
2 Seedy (6)
3 Snuggle (6)
4 Tubular wind instrument (4)
5 Country, capital Vientiane (4)
6 Distribute in small portions (4)
9 Affect with wonder (5)
10 Alleviation (6)
11 Performing adroitly and without effort (6)
13 Comes down to earth (5)
16 Money demanded by a kidnapper (6)
17 Restaurant customers (6)
18 Female red deer (4)
19 Act out with gestures and bodily movements only (4)
20 Female domestic (4)
21 Covering for a wheel (4)

WORDSEARCH WORKOUT

```
Y T Y B O W Z I P A E I N
C H A R O N N E T E E I M
B E C V Y B E G M N T E M
U E L I R N E I F N E U S
Z X R L L O R R A F D R E
E P F C I C N P K C A O G
N R U Y Y V E S T A C P U
V N I G Q D E D B M M E R
A E A A E N O D E O N P L
L U D T T H I E L C Q I F
I X R I I L W V A E A W W
M O E H Q O O C A P T L R
P R R P Y Q N V S V I O P
C O R U D J L A U V M U H
P U T R Y B R B I E S S F
```

PARIS METRO STATIONS

AVRON
BERCY
BUZENVAL
CADET
CHARONNE
CRIMEE
DUROC
EUROPE
HOTEL DE VILLE
NATION
OBERKAMPF
ODEON
PLACE DE CLICHY
PORTE DE PANTIN
RASPAIL
ROME
SEGUR
SENTIER
VAVIN
VOLTAIRE

DOUBLE FUN SUDOKU

TASTY TEASER

3	1	5		8			2	
			5	6			7	
					3		9	
8		7	3		6	5		2
	4	6				1	3	
1		2	4		8	7		9
	8		2					
	7			4	5			
	5			9		2	1	4

BRAIN BUSTER

						6		3
				4		7		1
	8		6				4	
3	9				2			
5				3				4
			8				6	9
	5				7		2	
4		3		5				
1		6						

MATCHSTICK MAGIC

Move three matchsticks to create five triangles.

BRAIN TEASER

Simplify

$$\frac{9}{72} \div \frac{36}{144} \div \frac{12}{36}$$

DOMINO PLACEMENT

A standard set of 28 dominoes has been laid out as shown. Can you draw in the edges of them all? The check-box is provided as an aid and the domino already placed will help.

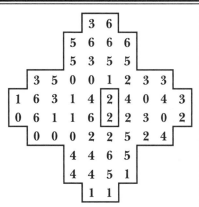

Did You Know?:

While most bugs lay eggs, there are some that give birth to live young, and others that do both. Some cockroaches retain their fertilised eggs, which hatch inside the mother's body so that she gives birth to live young.

0-0	0-1	0-2	0-3	0-4	0-5	0-6

1-1	1-2	1-3	1-4	1-5	1-6	2-2
						✓

2-3	2-4	2-5	2-6	3-3	3-4	3-5

3-6	4-4	4-5	4-6	5-5	5-6	6-6

CODEWORD CONUNDRUM

A B C D E F G H I J K L M
N O P Q R S T U V W X Y Z

Reference Box

1	2	3	4	5 P	6	7	8	9	10	11	12	13
14	15	16	17 H	18	19	20	21	22	23	24	25 I	26

DOUBLE FUN SUDOKU

TASTY TEASER

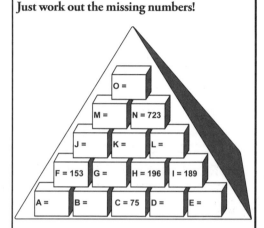

BRAIN BUSTER

PYRAMID PLUS

Every brick in this pyramid contains a number which is the sum of the two numbers below it, so that F=A+B, etc.
Just work out the missing numbers!

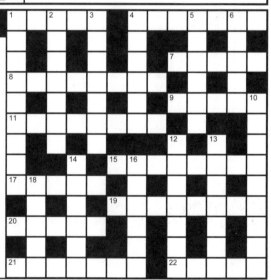

O =
M =   N = 723
J =   K =   L =
F = 153   G =   H = 196   I = 189
A =   B =   C = 75   D =   E =

WORK IT OUT

In the grid below, what number should replace the question mark?

32	33	31	34	30	35	29
15	16	14	17	13	18	12
7	8	6	9	5	10	4
78	79	77	80	76	81	75
28	29	27	30	26	31	25
46	47	45	48	44	?	43
4	5	3	6	2	7	1

HIGH-SPEED CROSSWORD

Across
1 Bedroom on a ship (5)
4 Make damp (7)
7 Red-breasted songbird (5)
8 Holiness (8)
9 High-pitched signal (5)
11 Popular frozen dessert (3,5)
15 Without equal (8)
17 Be fluent in (5)
19 Absolute ruler (8)
20 Homes for bees (5)
21 Quantity (7)
22 Creepy (5)

Down
1 Knowing and perceiving (9)
2 Mistake (7)
3 Help to develop and grow (7)
4 Sacred word repeated in prayer (6)
5 Without much speed (6)
6 Cast out (5)
10 Very narrow band pattern in cloth, especially of the type used for formal suits (9)
12 Having little elasticity (7)
13 Mythical being, half man and half horse (7)
14 Manufacturers (6)
16 Give expression to (6)
18 Monetary value (5)

1 MINUTE NUMBER CRUNCH

Beginner								Answer
70	+ 15	2/5 of this	1/2 of this	+ 7	1/4 of this	+ 19	20% of this	

Intermediate							Answer
465	÷ 15	x 4	+ 84	1/2 of this	− 87	x 6	÷ 3	

Advanced							Answer
59	x 4	+ 3/4 of this	− 78	x 0.2	+ 233	61% of this	+ 2/3 of this	

Did You Know?:

Species of darkling beetle which live in the Namib Desert bury their front ends in the sand and allow water vapour to condense on their back parts. The condensation then runs down to their mouths, giving the creatures the fluid they need to survive.

HIGH-SPEED CROSSWORD

Across
1 Wage-earner (11)
7 Heating appliance (8)
8 Essence (4)
9 Beguile (6)
11 Aircraft shed (6)
14 Ship equipped to detect and destroy explosive devices (11)
19 Real (6)
22 Figurine (6)
24 Cab (4)
25 Stand still (8)
26 Books which have had large and rapid sales (11)

Down
1 World's third largest island (6)
2 Excuse for failure (5)
3 Shrivels up (7)
4 Direction in which a compass needle points (5)
5 Incite (3,2)
6 Blood vessel leading from the heart (6)
10 Contaminate (5)
12 Imitate (3)
13 Magnificent (5)
15 Hour at which something is due (inits) (3)
16 Bring into servitude (7)
17 Cardboard drink-container (6)
18 Postpone (6)
20 Bodily waste water (5)
21 Franz ___, Hungarian composer (1811-1886) (5)
23 Declare invalid (5)

IQ WORKOUT
Draw in the hands on the final clock.

1 MINUTE NUMBER CRUNCH

Beginner							Answer
43	+ 188	Reverse the digits	1/6 of this	x 4	− 18	1/2 of this	+ 36

Intermediate							Answer
126	5/9 of this	− 10% of this	x 5	2/3 of this	4/7 of this	+ 5/6 of this	− 79

Advanced							Answer
605	4/11 of this	x 3.5	x 4	÷ 154	Cubed	− 5678	11/18 of this

Did You Know?:
Laurence M Klauber was an American naturalist who specialised in the study of rattlesnakes. He eventually donated his collection of more than 35,000 preserved snakes to San Diego Natural History Museum.

WORDSEARCH WORKOUT

```
X G D R A W P U P W D Q D
F R M O V E X L J W F K B
V R C B H R A B B I T X Y
T E L B T U T H A N K S Z
A P P E W T R O P X E D W
B M E R O A L R Z E B N U
R A M R R N K E A J X U Y
E T R S G G G N P U Q O D
V S C R L W N N L C S H O
D T R V O E T I I L R N B
A R J D Q W M D V Z L K O
G A N L Y P L O C A A S N
N I U A E C C C N L S G R
W N O T M S Y L M S R H N
U G Y Z H C N E U Q D T J
```

SIX-LETTER WORDS

ADVERB	NOBODY
BARROW	QUENCH
DINNER	RABBIT
EXPORT	ROBBER
GAZING	SAVING
GROWTH	STRAIN
HOUNDS	TAMPER
LEMONS	THANKS
LIMPET	UPWARD
NATURE	WINDOW

DOUBLE FUN SUDOKU

TASTY TEASER

9	7		4			6	3	
4					2		5	
		8	1	3				
7	2	8	5		4			
5			3		8			9
	6			4	1	5	8	
		9	3	7				
2	5					9		
3	8		5		6	4		

BRAIN BUSTER

3		8		2		6		
6			9				7	
	8			2				
7	4	2		5	8		3	
		9		3				
9	3	4		7	1		2	
	1			9				
3			4			5		
5		7		8		1		

WHATEVER NEXT?
In the diagram below, which letter should replace the question mark?

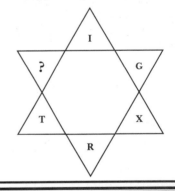

BRAIN TEASER
In a game of six players lasting for 40 minutes, there are four reserves. They substitute each player, so that all players, including reserves, are on the pitch for the same length of time.
How long is each player on the pitch?

Mind Over Matter

Given that the letters are valued 1-26 according to their places in the alphabet, can you crack the mystery code to reveal the missing letter?

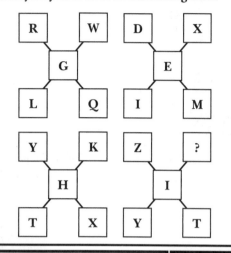

R	W	D	X
G			E
L	Q	I	M
Y	K	Z	?
H			I
T	X	Y	T

DOUBLE FUN SUDOKU

TASTY TEASER

7		6	4			1		9
	9	5			8	4	3	
		3		6		7		
			1	5			6	2
	5						8	
3	2		9	7				
		7		4		2		
	1	2	3			6	4	
5		4			2	8		1

BRAIN BUSTER

				9				
	7	9				5	4	
	1	8		7	4			6
1	3				5			
5								1
			3				5	8
8			9	2		3	7	
	9	5				1	2	
				5				

CODEWORD CONUNDRUM

A B C D E F G H I J K L M
N O P Q R S T U V W X Y Z

Reference Box

1	2	3	4	5	6 I	7	8	9	10	11	12	13
14	15	16	17 L	18	19 T	20	21	22	23	24	25	26

FUTOSHIKI

Fill the grid so that every horizontal row and vertical column contains the numbers 1-5. The 'greater than' or 'less than' signs indicate where a number is larger or smaller than that in the neighbouring square.

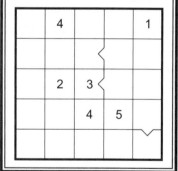

HIGH-SPEED CROSSWORD

Across

1 Highest level attainable (4)
3 Causes agony or anguish, torments (8)
9 Make harder or more resilient (7)
10 Obvious and dull (5)
11 Capital of Vietnam (5)
12 Expressing sorrow, mournful (7)
13 Drooped (6)
15 Make plump (6)
17 Edible shellfish (7)
18 Ancient region of southern Egypt and northern Sudan, on the Nile (5)
20 Frosting (5)
21 Tract of land (7)
22 Those skilled in the interpretation of text, especially scripture (8)
23 Place in the post (4)

Down

1 Medicine used to treat allergies and hypersensitive reactions (13)
2 Grieve over a death (5)
4 Units of weight equal to one sixteenth of a pound (6)
5 Mealtime etiquette (5,7)
6 Occur in profusion (3,4)
7 Complete, or having all that is needed, on its own (4-9)
8 Upholstered seat on which one may recline (6,6)
14 Coarse-grained rock, often pink or grey in colour (7)
16 Water boiler (6)
19 Make a strident sound (5)

1 MINUTE NUMBER CRUNCH

Beginner								Answer
147	1/7 of this	x 6	÷ 14	Squared	Reverse the digits	2/3 of this	x 13	

Intermediate								Answer
475	20% of this	Double it	− 10% of this	÷ 9	x 3	− 39	7/9 of this	

Advanced								Answer
156	+ 35	x 3	+ 2/3 of this	− 151	+ 2/3 of this	7/20 of this	4/7 of this	

Did You Know?:

Ancient stories of 'blood falling as rain' can be explained by atmospheric conditions transporting red sand from desert regions, carrying it long distances on high-altitude winds and then depositing it with rainfall.

BATTLESHIP BOUT

Can you place the vessels into the diagram? Some parts of vessels or sea squares have already been filled in. A number to the right or below a row or column refers to the number of occupied squares in that row or column.

Any vessel may be positioned horizontally or vertically, but no part of a vessel touches part of any other vessel, either horizontally, vertically or diagonally.

Empty Area of Sea: ≈
Aircraft Carrier:
Battleships:
Cruisers:
Submarines:

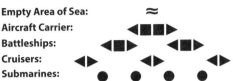

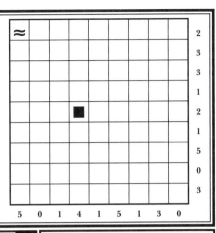

Did You Know?:
The name of Piz Buin, the sun-cream brand, has its origins in a 1938 incident, when the company's founder suffered severe sunburn on a climb of Piz Buin, a 10,800 foot mountain on the frontier between Austria and Switzerland.

HIGH-SPEED CROSSWORD

Across
1 Outstandingly good (6)
8 Yielding a profit (8)
9 Swivels (6)
10 Object serving as a model (8)
11 Secret method of writing (6)
12 Step-up (8)
16 Source of oil, also used as food (4,4)
18 Death (6)
21 Feeling of intense dislike (8)
23 Country, state (6)
24 Spicy pasta steamed with a meat and vegetable stew (8)
25 Marked by excessive self-indulgence (6)

Down
2 Bring or combine together (5)
3 Milestone era (5)
4 Get on the back of (8)
5 Machine for weaving (4)
6 Large smooth mass of rock (7)
7 Interruption in the intensity or amount of something (6)
11 Beds for babies (4)
13 Change from a gaseous to a liquid state (8)
14 Fourth largest of the Great Lakes (4)
15 *The ___ Falcon*, 1941 film directed by John Huston (7)
17 Communion (6)
19 Repeated theme (5)
20 Portly (5)
22 Sluggish (4)

IQ WORKOUT

What number should replace the question mark?

17	14	5	16
12			1
?			13
21	9	17	19

WORDWHEEL

Using only the letters in the Wordwheel, you have ten minutes to find as many words as possible, none of which may be plurals, foreign words or proper nouns. Each word must be of three letters or more, all must contain the central letter and letters can only be used once in every word. There is at least one nine-letter word in the wheel.

Nine-letter word(s):

_____

SUM CIRCLE

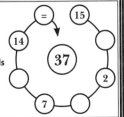

Fill the three empty circles with the symbols +, – and x in some order, to make a sum which totals the number in the centre. Each symbol must be used once and calculations are made in the direction of travel (clockwise).

WORDSEARCH WORKOUT

```
U B B D G D A Q H X L I X
F N N K E M F J U D A N E
D U E X S K L G F E N Q R
S O U T T I C B J M I Y E
U A R Y H N N I H I M R P
O U T W R I L F W T I I R
N N N T V A C Z U L R N E
I F U E R P R A X L C C H
A I I O R A X T L I P O E
L T M B N I W Z N V J R N
L M D Y J Q W R T O L R S
I N E X A C T Y Y B C E I
V H X U N T O W A R D C B
F A L S E T Z D H H O T L
L I V E I M P R O P E R E
```

WRONG

AWRY
BAD
CONTRARY
CRIMINAL
EVIL
FALSE
HAYWIRE
ILL-TIMED
IMMORAL
IMPROPER
INCORRECT
INEXACT
REPREHENSIBLE
SINFUL
UNETHICAL
UNFIT
UNTOWARD
UNTRUE
VILLAINOUS
WICKED

DOUBLE FUN SUDOKU

TASTY TEASER

2		8	5		6	1		4
5			3		7			2
	9			4			5	
	7		6	3	4		1	
6		5				7		3
	1		7	5	9		4	
	8			7			2	
9			4		5			7
7		3	8		1	4		9

BRAIN BUSTER

	6		7		1		5	
		8	6		2	7		
				4				
	8	2	5		4	1	9	
4				3				7
	5	6	1		9	2	8	
				1				
	3	4		6	9			
	2		9		3		1	
```
```

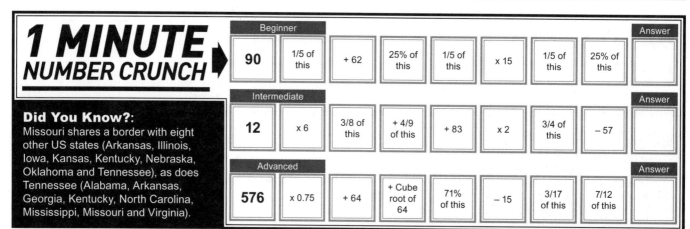

1 MINUTE NUMBER CRUNCH

Beginner								Answer
90	1/5 of this	+ 62	25% of this	1/5 of this	x 15	1/5 of this	25% of this	

Intermediate								Answer
12	x 6	3/8 of this	+ 4/9 of this	+ 83	x 2	3/4 of this	− 57	

Advanced								Answer
576	x 0.75	+ 64	+ Cube root of 64	71% of this	− 15	3/17 of this	7/12 of this	

Did You Know?:
Missouri shares a border with eight other US states (Arkansas, Illinois, Iowa, Kansas, Kentucky, Nebraska, Oklahoma and Tennessee), as does Tennessee (Alabama, Arkansas, Georgia, Kentucky, North Carolina, Mississippi, Missouri and Virginia).

HIGH-SPEED CROSSWORD

Across
1 Period of time set aside for feasting and celebration (8)
5 Great merriment (4)
9 Make use of (5)
10 Followers (7)
11 Sound made by a dove (3)
12 Elegant, imposing (7)
13 Lightweight cords (7)
15 Showing lack of human sensibility, brutish (7)
17 Square hole made to receive a tenon (7)
18 Small insectivorous bird (3)
20 Merciful (7)
21 Modify (5)
22 Stuck-up person (4)
23 Spreading plants such as ivy or periwinkle (8)

Down
1 Dread (4)
2 Less fresh (6)
3 Poorly thought out (3-9)
4 Transversely (6)
6 Lime tree (6)
7 Commonplace (8)
8 Dish of minced beef, egg, onions and seasonings, served raw (5,7)
13 Act intended to arouse action (8)
14 Unbroken mustang (6)
15 Improved, mended (6)
16 Chatter (6)
19 God of love, also known as Cupid (4)

IQ WORKOUT
What number should replace the question mark?

Pentagon 1: 17, 14, 7, 11, 19, 12
Pentagon 2: 18, 6, 38, 16, 5, 15
Pentagon 3: 19, 15, ?, 16, 8, 2

CODEWORD CONUNDRUM

A B C D E F G H I J K L M
N O P Q R S T U V W X Y Z

Reference Box

| 1 | 2 | 3 G | 4 | 5 | 6 | 7 | 8 | 9 | 10 | 11 | 12 | 13 |
| 14 | 15 | 16 | 17 | 18 | 19 | 20 | 21 | 22 O | 23 | 24 A | 25 | 26 |

DOUBLE FUN SUDOKU

TASTY TEASER

8		5	4	3				1
2	9	4			7			
	3			8		9		6
				5	8		2	
	1	3				5	6	
	2		3	6				
1		7		9			8	
		1			4	5	9	
6			4	2	3			7

BRAIN BUSTER

1		7		5				9
	8			9			3	
	3	4		2	6			
	3	7			2	4		
2								1
	5	1			8	9		
		4	9		3	1		
	7		5			6		
9			2	6				3

SPIDOKU

Each of the eight segments of the spider's web should be filled with a different number from 1 to 8, in such a way that every ring also contains a different number from 1 to 8.

LOGI-SIX

Every row and column of this grid should contain one each of the letters A, B, C, D, E and F. Each of the six shapes (marked by thicker lines) should also contain one each of the letters A, B, C, D, E and F. Can you complete the grid?

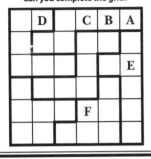

	D		C	B	A
					E
		F			

HIGH-SPEED CROSSWORD

Across

4 Interfere, thrust oneself into a conversation, etc (4,2)
7 Range oneself with one party or another (4,5)
8 Stocking gauge measure (6)
9 Grotto (4)
10 Told fibs (4)
12 Tendon (5)
13 Refuse to follow orders (7)
16 Snapped (7)
18 Arrives (5)
21 Survey (4)
22 Mountain goat (4)
23 Frightened (6)
24 Surely (9)
25 Branded (6)

Down

1 Highly seasoned fatty sausage (6)
2 Respect (9)
3 Name of a book (5)
4 Pester and torment (7)
5 Employed (4)
6 Glacial period (3,3)
11 Inducing mental lethargy (9)
12 Dry (wine) (3)
14 Affirmative answer (3)
15 Made up one's mind (7)
17 Fibre used in making hats and baskets (6)
19 In a level and regular way (6)
20 Hits with a flat object (especially of flies) (5)
21 Moral weakness (4)

WORDSEARCH WORKOUT

```
D N R E R A L L E C M W D
V R V W D B A J R N J J M
Q A E L U N D E R P A S S
C L O K X N T R A L U V H
L G M T N W F Q A N S L P
J M R O G U J C Z I F B S
K W O R R U B D O E N T D
M U H R V K R I S R K U S
C J K A F L R E I P M F T
B U V C E C S T V H W P I
K C L N C O N D U I T G B
C X N V I Y Y V F N R C B
S U B T E R R A N E A N A
T U B E R R E B S T B E R
A L A O C J T M R O W V P
```

UNDER THE GROUND

BUNKER
BURROW
CARROT
CAVE
CELLAR
COAL
CONDUIT
CORM
CULVERT
DRAIN
GOLD
PEANUT
RABBIT
RIVER
SUBTERRANEAN
TUBER
TUNNEL
UNDERPASS
WELL
WORM

DOUBLE FUN SUDOKU

TASTY TEASER

				2		1	7	
	6	2			4	9		
4		9		5	8		6	
		7			1		2	9
8			3		6			1
9	3		2			5		
	1		4	7		6		5
		4	6			8	3	
3	5		8					

BRAIN BUSTER

	9	2				3	8	
6			9		2			7
7								4
		4		5		1		
3			8		4			5
		7		3		8		
8								1
1			6		9			2
	4	5				6	9	

MATCHSTICK MAGIC

Here is a picture of a dog. Move two matchsticks to make him look in the other direction.

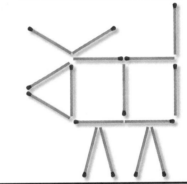

BRAIN TEASER

A car travels 40 kilometres in the same time as another car travelling 20 kph faster covers 60 kilometres. How long does the journey take?

?_____?

1 MINUTE NUMBER CRUNCH

Beginner								Answer
26	+ 26	1/4 of this	x 8	− 54	x 7	− 48	Reverse the digits	

Intermediate								Answer
549	÷ 9	x 4	+ 119	Double it	− 639	27/29 of this	x 8	

Advanced								Answer
203	5/29 of this	120% of this	3/7 of this	Squared	+ 276	32% of this	+ 2/3 of this	

Did You Know?:

Logophobia is a fear of words, onomatophobia is a fear of hearing a certain word or a fear of names; and (believe it or not!) hippopotomonstrosesquipedaliophobia is a fear of long words.

CODEWORD CONUNDRUM

A B C D E F G H I J K L M
N O P Q R S T U V W X Y Z

Reference Box

1	2	3	4	5 I	6 S	7	8	9	10	11	12	13
14	15	16	17	18	19	20	21	22 K	23	24	25	26

DOUBLE FUN SUDOKU

TASTY TEASER

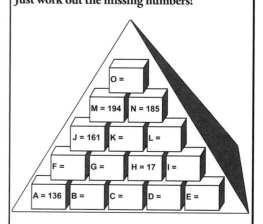

BRAIN BUSTER

PYRAMID PLUS

Every brick in this pyramid contains a number which is the sum of the two numbers below it, so that F=A+B, etc.

Just work out the missing numbers!

$O =$
$M = 194$ $N = 185$
$J = 161$ $K =$ $L =$
$F =$ $G =$ $H = 17$ $I =$
$A = 136$ $B =$ $C =$ $D =$ $E =$

WORK IT OUT

In the grid below, what number should replace the question mark?

183	120	68	69	86	81	153
171	109	58	60	78	74	147
159	98	48	51	70	67	141
147	87	38	42	62	60	135
135	76	28	33	54	53	129
123	65	18	24	?	46	123
111	54	8	15	38	39	117

HIGH-SPEED CROSSWORD

Across
1 Profane or obscene expressions (5)
7 Injure permanently (7)
8 Madagascan primate (5)
9 Confidently aggressive (9)
11 Female monarch (5)
12 The event of giving birth (8)
16 Poor verse (8)
20 Chemically inactive (5)
21 Be a part or attribute of (9)
23 Clumsy, ill-chosen (5)
24 Erase by crossing through with a line (7)
25 One dozen dozen (5)

Down
1 At a slant (7)
2 Intrude in other people's affairs or business (6)
3 Filament (6)
4 Tots up (4)
5 At a more distant point (7)
6 Rise in bodily temperature (5)
10 Leave or strike out (5)
13 Choose by a vote (5)
14 Pyrogenic (7)
15 Undergoes a change in form or nature (7)
17 Covering that protects an inside surface (6)
18 Without breaks between notes, in music (6)
19 Country called Cymru in its own language (5)
22 Figure-skating jump (4)

1 MINUTE NUMBER CRUNCH

Beginner								Answer
99	+ 99	÷ 6	2/3 of this	+ 93	1/5 of this	+ 17	x 11	

Intermediate								Answer
98	4/7 of this	Double it	5/8 of this	+ 20% of this	1/2 of this	5/6 of this	x 3	

Advanced								Answer
14	Squared	x 2	3/8 of this	5/49 of this	x 12	x 0.45	Square root of this	

Did You Know?:
The glaciers of the Himalayas are the source of Asia's seven major rivers, and three billion people – almost half the world's population – are dependent on them. Estimates suggest that the glaciers will be gone by 2350, because of climate change.

HIGH-SPEED CROSSWORD

Across

1 Record player needle (6)
7 Tiny particle found in blood, essential for clotting (8)
8 Pearl-producing shellfish (6)
10 Cotton fabric with a shiny finish (6)
11 Brand name (5)
13 Antagonistic (7)
16 Proceeding in small stages (7)
17 Shafts on which wheels rotate (5)
20 Series of arches supported by columns (6)
22 Preposterous (6)
24 Filbert (8)
25 Metallic element, symbol Na (6)

Down

1 Amble (6)
2 Hooligans (4)
3 Diversion requiring physical exertion (5)
4 Hearing distance (7)
5 Drum, pound (4)
6 Military wake-up call (8)
9 Thick woollen fabric (5)
12 Relating to rural matters (8)
14 Lone Star State of the USA (5)
15 Elaborate spectacle (7)
18 Pleasure obtained by inflicting harm on others (6)
19 Endures (5)
21 Pinnacle (4)
23 Type of hybrid citrus fruit (4)

SUMMING UP

In the square below, change the positions of six numbers, one per horizontal row, vertical column and long diagonal line of six smaller squares, in such a way that the numbers in each row, column and long diagonal line total exactly 144. Any number may appear more than once in a row, column or line.

25	31	20	35	11	25
12	17	36	15	34	5
31	20	14	40	36	11
42	15	22	26	31	38
39	6	21	26	12	12
25	30	34	10	32	25

DOMINO PLACEMENT

A standard set of 28 dominoes has been laid out as shown. Can you draw in the edges of them all? The check-box is provided as an aid and the domino already placed will help.

Did You Know?:

Since its introduction by atomic scientists in 1947, the Doomsday Clock – a symbolic clock face whose hands represent the proximity of the world to total disaster (midnight = doomsday) – has been adjusted 20 times. In 2012, it stood at 11.55 pm.

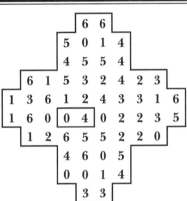

0-0	0-1	0-2	0-3	0-4	0-5	0-6
				✓		

1-1	1-2	1-3	1-4	1-5	1-6	2-2

2-3	2-4	2-5	2-6	3-3	3-4	3-5

3-6	4-4	4-5	4-6	5-5	5-6	6-6

WORDSEARCH WORKOUT

```
O X O S R O T I S I V D T
D N U C F Z T M N U D X X
W J O H A D M O O B D M B
D K H I N G S N O I L E I
R Y A M T J E K B H W E G
O G B P N A S E A B E R G
M U I A O B V Y B D L K A
E I T N L S H R U M A A M
D D A Z R L T C E P N T E
A E T E J N A R U S D B R
R S G E I T L W I B N A V
Y I O S I U O L K C N O W
T T G O C R C B A G H X C
X A N I M A L S E M R F B
R J N N A T U R A L A A Y
```

SAFARI PARK

ANIMALS
BABOON
BIG GAME
CHIMPANZEES
CONSERVATION
DROMEDARY
EDUCATION
ELAND
GUIDES
HABITAT
LIONS
LLAMA
MEERKAT
MONKEY
NATURAL
OSTRICH
RANGER
TIGERS
VISITORS
WALLABY

DOUBLE **FUN** SUDOKU

TASTY TEASER

2			8				3	6
	7	1			5			9
		5		4	3		2	
9	2	4		5	6			
	8						1	
		7	9		6	4	2	
	1		3	7		8		
5		6				7	9	
4	9			1				3

BRAIN BUSTER

2								6
	8	6		4	5			
	6		7		1		9	
1			4	7	3			5
	4					7		
5			1	6	2			3
	2		3		6		1	
		7	8		5	3		
8								9

WHATEVER NEXT?

In the diagram below, which letter should replace the question mark?

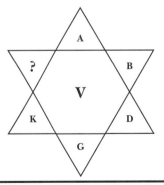

BRAIN **TEASER**

All widgets are round. Everything round has a hole in the middle. Some round things have a handle. Therefore:

1 All widgets have a hole in the middle
2 Everything with a handle is a widget
3 Neither of 1 and 2 above is true
4 Both 1 and 2 above are true

Mind Over Matter

Given that the letters are valued 1-26 according to their places in the alphabet, can you crack the mystery code to reveal the missing letter?

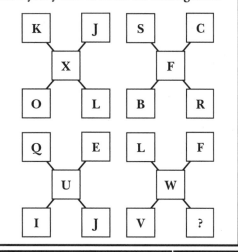

K	J	S	C
	X	F	
O	L	B	R
Q	E	L	F
	U	W	
I	J	V	?

DOUBLE **FUN** SUDOKU

TASTY TEASER

	4	2	5			9	1	
	7			4			5	
9	5				6		3	4
			2	9		5		3
2								1
5		6		7	8			
8	2		1				4	6
	6			3			7	
	3	7			4	8	9	

BRAIN BUSTER

		5		8	6			
		2	7					
		1		3		5	7	4
	2							5
8		7				9		3
5						6		
4	9	6		2		1		
					9	3		
			5	1		6		

CODEWORD CONUNDRUM

A B C D E F G H I J K L M
N O P Q R S T U V W X Y Z

Reference Box

1	2	3	4	5	6	7	8	9	10	11	12	13
		G									F	
14	15	16	17	18	19	20	21	22	23	24	25	26
								I				

FUTOSHIKI

Fill the grid so that every horizontal row and vertical column contains the numbers 1-5. The 'greater than' or 'less than' signs indicate where a number is larger or smaller than that in the neighbouring square.

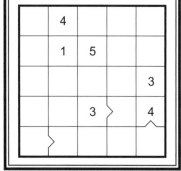

HIGH-SPEED CROSSWORD

Across
1 Disagree (7)
7 Spear with a shaft and barbed point for throwing (7)
8 Earthy colour (5)
10 Substance capable of dissolving other substances (7)
12 Grinding tooth (5)
13 Worthy of being chosen (9)
17 Attack of violent mental agitation (9)
20 Metalworker (5)
22 Driving force (7)
25 Effigy (5)
26 Female ruler of many countries (7)
27 Lunges (7)

Down
1 Fantasy (5)
2 Immaculate (8)
3 Dissertation (6)
4 By word of mouth (4)
5 Give a narcotic to (4)
6 Tied (7)
9 Obstacle that must be overcome (6)
11 By means of (3)
14 Former communist country (6)
15 Commercial enterprise (8)
16 Grew vigorously (7)
18 Quoits target (3)
19 Take a firm stand (6)
21 Stops (5)
23 Daddy (4)
24 Affectedly dainty or refined (4)

1 MINUTE NUMBER CRUNCH

Beginner								Answer
46	+ 69	÷ 5	− 7	x 5	20% of this	+ 5	x 5	

Intermediate								Answer
460	+ 20% of this	1/2 of this	÷ 3	+ 39	x 3	2/3 of this	Double it	

Advanced								Answer
285	15/19 of this	Square root of this	+ 0.75	x 23	+ 20% of this	+ 1/3 of this	x 0.875	

Did You Know?:

The English Channel is the busiest shipping lane in the world: on a typical day more than 400 vessels travel through the Dover Straits. The biggest of these ships weighs up to 150,000 tonnes and can take 3.5 miles to come to a stop.

1 MINUTE NUMBER CRUNCH

Beginner								Answer
54	− 49	x 8	25% of this	x 19	÷ 2	+ 3	1/2 of this	

Did You Know?:
The Easter Tree at Saalfeld, Germany has been decorated with Easter eggs since 1965, with more eggs added every year. In 2012, the tree had accumulated over 10,000 eggs.

Intermediate								Answer
242	÷ 11	x 2.5	+ 2/5 of this	+ 79	2/3 of this	x 3	5/6 of this	

Advanced								Answer
7	This to the power of 4	− 701	29% of this	x 2	+ 292	7/18 of this	− 147	

HIGH-SPEED CROSSWORD

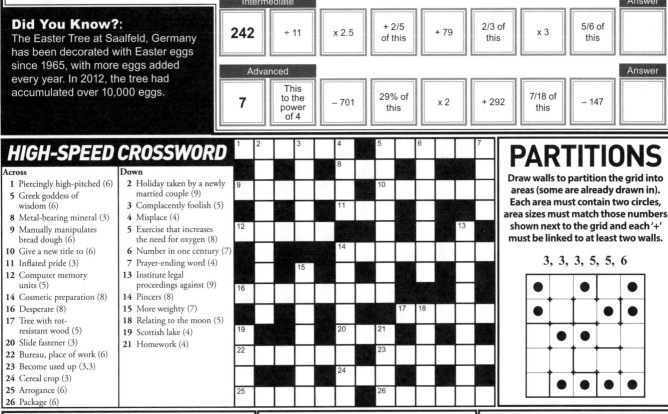

Across
1 Piercingly high-pitched (6)
5 Greek goddess of wisdom (6)
8 Metal-bearing mineral (3)
9 Manually manipulates bread dough (6)
10 Give a new title to (6)
11 Inflated pride (3)
12 Computer memory units (5)
14 Cosmetic preparation (8)
16 Desperate (8)
17 Tree with rot-resistant wood (5)
20 Slide fastener (3)
22 Bureau, place of work (6)
23 Become used up (3,3)
24 Cereal crop (3)
25 Arrogance (6)
26 Package (6)

Down
2 Holiday taken by a newly married couple (9)
3 Complacently foolish (5)
4 Misplace (4)
5 Exercise that increases the need for oxygen (8)
6 Number in one century (7)
7 Prayer-ending word (4)
13 Institute legal proceedings against (9)
14 Pincers (8)
15 More weighty (7)
18 Relating to the moon (5)
19 Scottish lake (4)
21 Homework (4)

PARTITIONS

Draw walls to partition the grid into areas (some are already drawn in). Each area must contain two circles, area sizes must match those numbers shown next to the grid and each '+' must be linked to at least two walls.

3, 3, 3, 5, 5, 6

WORDWHEEL

Using only the letters in the Wordwheel, you have ten minutes to find as many words as possible, none of which may be plurals, foreign words or proper nouns. Each word must be of three letters or more, all must contain the central letter and letters can only be used once in every word. There is at least one nine-letter word in the wheel.

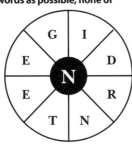

Nine-letter word(s):
_____

SUM CIRCLE

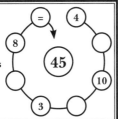

Fill the three empty circles with the symbols +, – and x in some order, to make a sum which totals the number in the centre. Each symbol must be used once and calculations are made in the direction of travel (clockwise).

WORDSEARCH WORKOUT

```
W T H W C B I Y F K T W B
T N E R E G I L L E B R S
B A S I B L M E H A E A E
U D R O L O B E N L A G S
T U G Q U B G D T F U E I
T M F F R B I U T B T D O
E R R Q B C B T S Y E O Z
R E H O O O K B B N O B F
S B Y O G M L C B M U T U
C O T N W O R B I R S N H
O C I B U G L E R R A F P
T C V S M B A T C H B V Y
C D E H T O O T K C U B E
H Q R K R Y S D N V G W Y
J K B K Q V K X R D E U W
```

B WORDS

BANDICOOT
BATCH
BEAUTEOUS
BEIRUT
BELLIGERENT
BERMUDA
BLEW
BLOUSE
BLURB
BODEGA
BOGUS
BRAVE
BREVITY
BRICK
BROWN
BUCKTOOTHED
BUGLER
BUTLER
BUTTERSCOTCH
BYTES

DOUBLE FUN SUDOKU

TASTY TEASER

				4		8		
6		8	2	1		9		
	3				7	6		4
7		2	6			4		1
	5			2			9	
9		4			8	2		3
8		7	5				1	
	1		9	3	5			6
	6		1					

BRAIN BUSTER

				7	1			
							4	
1		6		4	3	5		2
	9		1			5		
	5	4		8	2			
8			2		9			
7		2	9	6		3		8
	9							
		7	8					

1 MINUTE NUMBER CRUNCH →

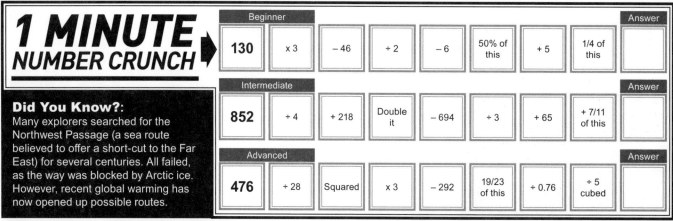

Beginner							Answer
130	x 3	− 46	÷ 2	− 6	50% of this	+ 5	1/4 of this

Intermediate							Answer
852	÷ 4	+ 218	Double it	− 694	÷ 3	+ 65	+ 7/11 of this

Advanced							Answer
476	÷ 28	Squared	x 3	− 292	19/23 of this	÷ 0.76	÷ 5 cubed

Did You Know?:

Many explorers searched for the Northwest Passage (a sea route believed to offer a short-cut to the Far East) for several centuries. All failed, as the way was blocked by Arctic ice. However, recent global warming has now opened up possible routes.

HIGH-SPEED CROSSWORD

Across
1 Framework of hexagonal cells built by bees (9)
8 Imperial (5)
9 Clothes drier (5)
10 Horse carts used by breweries (5)
11 Head ornament (5)
12 Perfume (5)
14 Swiss cottage (6)
16 Three-legged support (6)
20 Mischievous fairies (5)
23 Drinking tube (5)
25 Slowly, in music (5)
26 Ocean-going vessel (5)
27 Native North American tribal emblem (5)
28 Owned (9)

Down
1 Blood pump (5)
2 Shangri-la (7)
3 Distance measured in three-foot units (7)
4 Elaborately adorned (6)
5 Section of an orchestra (5)
6 Periodically repeated sequence (5)
7 Moved lightly across the surface of a liquid (7)
13 The 22nd letter of the Greek alphabet (3)
14 Publicly acknowledges or praises (7)
15 Falsehood (3)
17 Determination (7)
18 One's father and mother (7)
19 Vexes (6)
21 Prospect (5)
22 Slouch (5)
24 Fitted with cables (5)

IQ WORKOUT

What numbers should replace the question marks?

CODEWORD CONUNDRUM

A B C D E F G H I J K L M
N O P Q R S T U V W X Y Z

Reference Box

1	2	3	4 N	5	6	7	8	9	10 O	11	12	13
14	15	16 I	17	18	19	20	21	22	23	24	25	26

DOUBLE FUN SUDOKU

TASTY TEASER

BRAIN BUSTER

SPIDOKU

Each of the eight segments of the spider's web should be filled with a different number from 1 to 8, in such a way that every ring also contains a different number from 1 to 8.

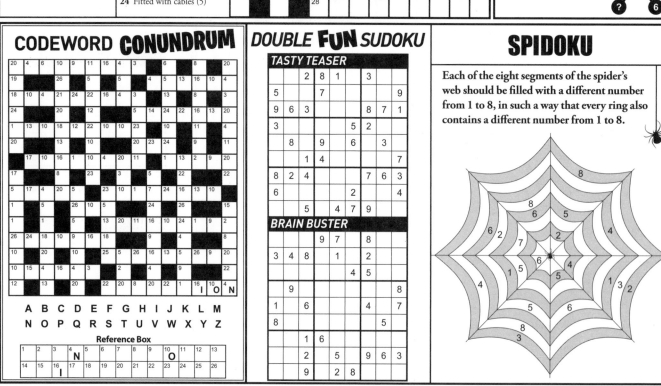

LOGI-SIX

Every row and column of this grid should contain one each of the letters A, B, C, D, E and F. Each of the six shapes (marked by thicker lines) should also contain one each of the letters A, B, C, D, E and F. Can you complete the grid?

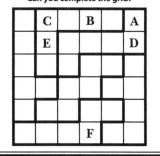

C		B		A	
	E			D	
		F			

HIGH-SPEED CROSSWORD

Across
1 Chaise longue (5)
7 Descriptive word or phrase (7)
8 Bloated (7)
9 Make amorous advances towards (7)
12 Behave badly or cruelly towards (8)
14 Gaze searchingly (4)
16 Major industrial and coal mining region in north-west Germany (4)
18 Someone who lives at a particular place (8)
20 Dissent (7)
23 Instalment (7)
24 Dessert of meringue filled with fruit and cream (7)
25 Prophets (5)

Down
1 Client (8)
2 Submersible warships usually armed with torpedoes (1-5)
3 Exhibiting vigorous good health (4)
4 Transparent optical device (4)
5 Denuded (8)
6 Want strongly (6)
10 Dull-witted (6)
11 Acquires knowledge (6)
13 Strangle (8)
15 Without mercy (8)
17 Tumult (6)
19 Put into cipher (6)
21 Eye secretion (4)
22 Expires (4)

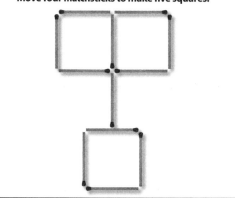

WORDSEARCH WORKOUT

```
W A T U N N E L H L U J Q
Y N W W D F V C G G J E R
T U O P S X Z C I Q N S O
A Q H I A T U S X V H I R
A P E R T U R E M B E T K
Q E K W I A V R D K B R W
G H H K S E R A G U I O C
N R K R N L T O R M L M C
I B O T O O B R F L M R Y
A W B T V H O Z O R A G N
R A H I T W J H T T E V N
D R D S T O M A E Q S P A
R R N Q D L T R E N C H R
L E W B C B C A V I T Y C
Y N X X T V U K P R E G F
```

HOLES AND SPACES

APERTURE	HIATUS
BLOWHOLE	HOLLOW
BURROW	MORTISE
CAVITY	PERFORATION
CRANNY	SPOUT
CRATER	STOMA
CREVICE	TRENCH
DIVOT	TUNNEL
DRAIN	VENT
GROTTO	WARREN

DOUBLE FUN SUDOKU

TASTY TEASER

				5				3
	3	6	9	4		5		
5					6	2	8	
	5	1			3	7	2	
4				7				6
	9	7	8			1	4	
	1	3	2					9
		4		5	7	8	3	
8			1					

BRAIN BUSTER

			5				2	
7	9	5		8			4	
				1	7		3	
4					2			
1	6					5	9	
		8						7
	3		7	6				
	7			2		6	9	4
	8				4			

MATCHSTICK MAGIC

Move four matchsticks to make five squares.

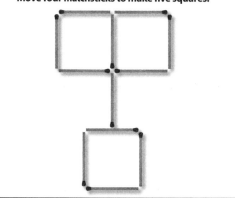

BRAIN TEASER

Which has the greatest total degrees in its angles, and by how much?

SIMPLE AS A, B, C?

Did You Know?:

Rain is known to fall on places other than Earth. On Saturn's largest moon, Titan, it's liquid methane rain; on Venus, sulphuric acid rain; and liquid neon rain is believed to fall on Jupiter and Saturn.

Each of the small squares in the grid below contains either A, B or C. Each row, column, and diagonal line of six squares has exactly two of each letter. Can you tell the letter in each square?

Across
1 The Bs are between the As
2 Each B is directly next to and right of a C
3 Each B is directly next to and right of an A
4 The As are next to each other
5 No two letters the same are directly next to each other
6 No two letters the same are directly next to each other

Down
1 The Cs are between the As
2 The Cs are next to each other
3 No two letters the same are directly next to each other
4 The Bs are lower than the As
5 The Bs are next to each other
6 The As are next to each other

	1	2	3	4	5	6
1						
2						
3						
4						
5						
6						

CODEWORD CONUNDRUM

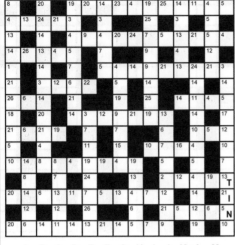

A B C D E F G H I J K L M
N O P Q R S T U V W X Y Z

Reference Box

1	2	3	4	5 N	6	7	8	9	10	11	12	13 T
14	15	16	17	18	19	20	21 I	22	23	24	25	26

DOUBLE FUN SUDOKU

TASTY TEASER

	1	2		5	9	7		
6				4		8	2	
3	5	4	8					
			1	7				9
7	3					1	8	
9			3	6				
			2	9	5	4		
	4	7		6				1
	8	5	1		6	3		

BRAIN BUSTER

	1		7	3				
	5			2		4	1	8
	6				8			
6						1		
	8	3				2	9	
		1						7
		9				2		
9	7	4		6			5	
			5	1		7		

PYRAMID PLUS

Every brick in this pyramid contains a number which is the sum of the two numbers below it, so that F=A+B, etc.
Just work out the missing numbers!

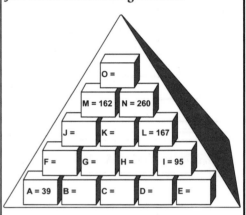

O =
M = 162   N = 260
J =   K =   L = 167
F =   G =   H =   I = 95
A = 39   B =   C =   D =   E =

WORK IT OUT

In the grid below, what number should replace the question mark?

48	41	34	27	20	13	6
34	29	24	19	14	9	4
26	23	20	17	14	11	8
?	58	50	42	34	26	18
48	42	36	30	24	18	12
27	23	19	15	11	7	3
21	19	17	15	13	11	9

HIGH-SPEED CROSSWORD

Across
1 Apart from (6)
4 Regional dialect (6)
7 Salary (8)
8 Twinge (4)
9 The Friendly Islands (5)
10 Exhausting routine with no time for rest (3,4)
12 Wind off from a spool (6)
13 Floor covering (6)
15 Certify (7)
18 Fires from a job (5)
20 Border (4)
21 Bonding substance (8)
22 Covered with poorly groomed hair (6)
23 Specialised opinion (6)

Down
1 Occurrence (5)
2 Public medical examiner (7)
3 Pirate ship (9)
4 Flour and water dough (5)
5 Largest city in Nebraska, USA (5)
6 Drop a hint (7)
11 Go beyond, surpass (9)
12 Futile (7)
14 Giacomo ___, composer of Madame Butterfly (7)
16 Religious doctrine (5)
17 Morally degraded, sleazy (5)
19 Military blockade (5)

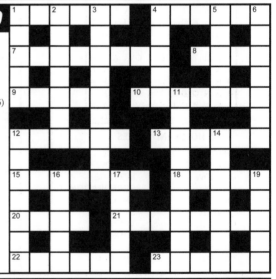

1 MINUTE NUMBER CRUNCH

Beginner								Answer
44	+ 68	25% of this	Reverse the digits	− 1	1/9 of this	x 7	+ 16	

Intermediate								Answer
644	+ 0.75 of this	Double it	4/7 of this	3/8 of this	÷ 3	− 52	x 4	

Advanced								Answer
406	21/29 of this	9/14 of this	4/9 of this	x 12	7/18 of this	÷ 0.25	÷ 32	

Did You Know?:
Geysers, erupting springs of boiling water, owe the name to *Geysir*, on Iceland. This was the first geyser that became known to Europeans, in the 13th century.

HIGH-SPEED CROSSWORD

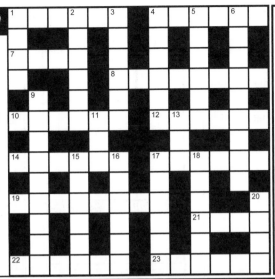

Across

1 Sides of the face (6)
4 Small-seeded species of cereal crop (6)
7 At the summit of (4)
8 Greenland caribou (8)
10 Part by which a thing is held (6)
12 Ancient rolled document (6)
14 Hare-brained (6)
17 One sixtieth of a minute (6)
19 Microbes (8)
21 Aromatic grey-green herb (4)
22 Sealed in a tin (6)
23 Place of worship associated with a sacred thing or person (6)

Down

1 Greenish-blue colour (4)
2 Flesh out (6)
3 Deprive of food (6)
4 Musical half notes (6)
5 With greater volume (6)
6 Of the highest quality (9)
9 Russian musical instrument (9)
11 Grazing land (3)
13 Prompt (3)
15 Male pollen-bearing cluster on a hazel tree (6)
16 Amount of time (6)
17 Deliberately causes a delay (6)
18 Container for burning incense (6)
20 Festival, celebration (4)

SUMMING UP

In the square below, change the positions of six numbers, one per horizontal row, vertical column and long diagonal line of six smaller squares, in such a way that the numbers in each row, column and long diagonal line total exactly 177. Any number may appear more than once in a row, column or line.

53	29	14	36	42	21
14	31	34	50	26	16
34	36	32	29	27	22
11	47	58	3	9	27
33	27	2	33	26	33
10	25	40	56	41	35

BATTLESHIP BOUT

Did You Know?:

By using their legs, some tarantulas can 'shoot' the hairs off their abdomens. These hairs can pierce human skin and cause great discomfort.

Can you place the vessels into the diagram? Some parts of vessels or sea squares have already been filled in. A number to the right or below a row or column refers to the number of occupied squares in that row or column.

Any vessel may be positioned horizontally or vertically, but no part of a vessel touches part of any other vessel, either horizontally, vertically or diagonally.

Empty Area of Sea: ≈
Aircraft Carrier:
Battleships:
Cruisers:
Submarines:

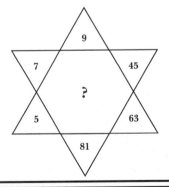

WORDSEARCH WORKOUT

```
S P P Y H B R M W G A U X
H K S S E V O R I M S Z N
G E A U P O T W S H Z W R
A L M Z S L A U C S L E X
F Q F A D V R D T N D G I
W I F I N I T Z D I M D N
G S C E V N S S P R C V U
W W T U G E I S C I X K L
N E Z I T E N A P P A N W
R B H L J M I J M D O X T
J B D T R A M Y N O U P R
R O D M M I D A A C D Y O
Q T S G D L A P L S T J L
P P L J B Q V B S D F R L
G N I D A R T E N I L N O
```

INTERNET

ADMINISTRATOR
ASP
DOMAIN NAME
DSL
E-MAIL
FLASH
GIF
HTML
ISDN
ISP
NETIZEN
ONLINE TRADING
POP
RSS
SPIDER
TROLL
UNIX
VIRUS
WEB BOT
WI-FI

DOUBLE FUN SUDOKU

TASTY TEASER

6	5			8		7		
		9			4	2	8	
1			9	7				
	7		8	1	6			2
9		5		2				4
5		1	6	3		8		
			8	6				1
4	1	3			9			
	7		4				3	5

BRAIN BUSTER

9								2
				8		5		
4			6	2				8
				9		3		4
7		9	2		3	1		5
6		1		5				
2				8	6			7
	6		9					
1								3

WHATEVER NEXT?

In the diagram below, which number should replace the question mark?

9
7   45
?
5   63
81

BRAIN TEASER

EHL is to VSO

as

JKS is to ?

Mind Over Matter

Given that the letters are valued 1-26 according to their places in the alphabet, can you crack the mystery code to reveal the missing letter?

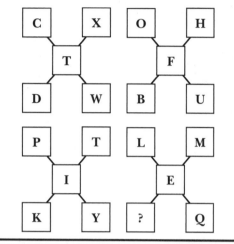

C		X		O		H
	T				F	
D		W		B		U
P		T		L		M
	I				E	
K		Y		?		Q

DOUBLE **FUN** SUDOKU

TASTY TEASER

			6	9	2			
	9	5		3		7		8
3	4					2		
5	6	4			3			7
	3		5		9		2	
8			7			3	5	1
		7					3	4
6		2		7		8	9	
			9	1	5			

BRAIN BUSTER

				7				
1	2						7	8
		4	1	8			9	5
2		9			3			
	5					2		
		2			5		3	
8	3			6	7	9		
6	5						2	7
			2					

CODEWORD CONUNDRUM

A B C D E F G H I J K L M
N O P Q R S T U V W X Y Z

Reference Box

1	2	3 A	4	5	6	7	8 T	9	10	11	12	13
14 R	15	16	17	18	19	20	21	22	23	24	25	26

FUTOSHIKI

Fill the grid so that every horizontal row and vertical column contains the numbers 1-5. The 'greater than' or 'less than' signs indicate where a number is larger or smaller than that in the neighbouring square.

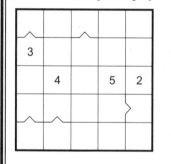

HIGH-SPEED CROSSWORD

Across
1 Autocratic (5)
4 Drawing an outline (7)
8 Sustenance (9)
9 Adjust finely (5)
10 Craft used outside the Earth's atmosphere (9)
13 Long jagged mountain chain (6)
14 Vilification (6)
16 Enduring a very short time (9)
19 Fool (5)
20 Demanding (9)
22 Windstorm that lifts up clouds of dust (7)
23 Upright (5)

Down
1 Trades by exchange of goods or services (7)
2 Horse trained to race over an obstructed course (13)
3 Jerks violently (5)
4 Young child (3)
5 Tolerate (5)
6 Unlimited (13)
7 Rise to one's feet (3,2)
11 Silence (5)
12 Country, capital Beijing (5)
15 Small pastry dish usually used as a canapé (7)
16 Prepares for printing (5)
17 Melodious sounds (5)
18 Measure equal to approximately 1.76 pints (5)
21 Former name of Tokyo, Japan (3)

1 MINUTE NUMBER CRUNCH

Beginner							Answer
45	x 4	1/6 of this	+ 18	1/8 of this	x 12	− 18	÷ 2	

Intermediate							Answer
160	60% of this	x 3	5/9 of this	85% of this	Double it	− 47	Square root of this	

Advanced							Answer
44	7/11 of this	5/7 of this	+ 60%	Squared	5/16 of this	1/4 of this	÷ 1.25	

Did You Know?:
Hadrian's Wall runs 73 miles between the rivers Tyne and Solway, and is up to 20 feet high and 20 feet thick. Construction was started in AD 122 and completed about six years later.

DOMINO PLACEMENT

Did You Know?:
Barry Sheene won 23 out of 102 Motorcycle Grand Prix races. He suffered from severe arthritis caused by several racing accidents and died aged 52 from cancer in 2003.

A standard set of 28 dominoes has been laid out as shown. Can you draw in the edges of them all? The check-box is provided as an aid and the domino already placed will help.

```
            3 4
        1 3 5 6
        2 4 1 6
    2 3 0 6 2 4 0 0
  1 6 5 2 5 2 1 2 5 0
  3 3 3 5 3 6 2 1 1 1
    0 4 5 4 3 0 4 6
        5 4 0 6
        4 1 6 2
            0 5
```

0-0	0-1	0-2	0-3	0-4	0-5	0-6
						✓

1-1	1-2	1-3	1-4	1-5	1-6	2-2

2-3	2-4	2-5	2-6	3-3	3-4	3-5

3-6	4-4	4-5	4-6	5-5	5-6	6-6

HIGH-SPEED CROSSWORD

Across
1 Expanse (4)
3 Revenge (8)
9 Jury's decision (7)
10 Circus entertainer (5)
11 Prime minister of India from 1947 to 1964 (5)
12 Unit of electric current (6)
14 Dodges (6)
16 One-dimensional (6)
18 Nepalese soldier (6)
19 Man-made fibre (5)
22 Take as one's own (5)
23 Breathe (7)
24 Kept woman (8)
25 Matures (4)

Down
1 High-tech (8)
2 Home planet (5)
4 Catch in a snare (6)
5 Someone who works at the main desk of a hotel (12)
6 Whip used to inflict punishment (7)
7 Protracted (4)
8 Performer who traces selected outlines on ice (6,6)
13 Daughter of a sovereign (8)
15 Dissolved in water (7)
17 Large northern marine mammal (6)
20 Deviating from the truth (5)
21 Salve, ointment (4)

IQ WORKOUT

What letter comes next?

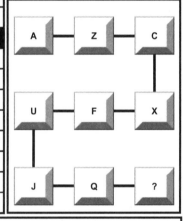

A	Z	C
U	F	X
J	Q	?

WORDWHEEL

Using only the letters in the Wordwheel, you have ten minutes to find as many words as possible, none of which may be plurals, foreign words or proper nouns. Each word must be of three letters or more, all must contain the central letter and letters can only be used once in every word. There is at least one nine-letter word in the wheel.

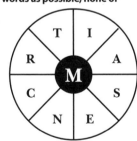

Wheel letters: T, I, A, S, E, N, C, R, (centre) M

Nine-letter word(s):
_____

WORDSEARCH WORKOUT

```
X P I T E T I H W H Z I N
A D L B Q P C F D T P O I
D N O N P Y V A M U O T F
A E G G E N E M B O R G G
E O L E F H U P A M B R N
H G O B L I N R F A E E O
R S W L M L S R S G A A L
E H U T Q A I H I E G T M
M B Q H R L R T N M L B E
M Z L R L M N B A T E L I
A D A E H L E V O H S U U
H R D S M M Y P U L Q E Q
I N B H F O T E P R A C E
V P L E X G N H A Q W L R
K M C R Z A I C F L I J T
```

SHARKS
ANGEL
BRAMBLE
BULLHEAD
CARPET
DOGFISH
FRILLED
GOBLIN
GREAT BLUE
HAMMERHEAD
LEMON
LONGFIN
MEGAMOUTH
NURSE
PORBEAGLE
REQUIEM
SHOVELHEAD
THRESHER
TIGER
WHITETIP
ZEBRA

DOUBLE FUN SUDOKU

TASTY TEASER

		5			9			
	6	4					5	8
9	8			1	3			2
5	2		9				6	3
		7		3		2		
3	4				8		1	5
1			6	2			8	7
4	9				7	1		
		8				1		

BRAIN BUSTER

	1		2		4		5	
6	9			8			2	3
	6	5				3	1	
2		9				4		5
	8	7				2	6	
8	7			6			4	1
	2		1		3		7	

SUM CIRCLE

Fill the three empty circles with the symbols +, – and x in some order, to make a sum which totals the number in the centre. Each symbol must be used once and calculations are made in the direction of travel (clockwise).

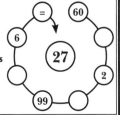

Circle values: = , 60, 6, 27 (centre), 2, 99

1 MINUTE NUMBER CRUNCH →

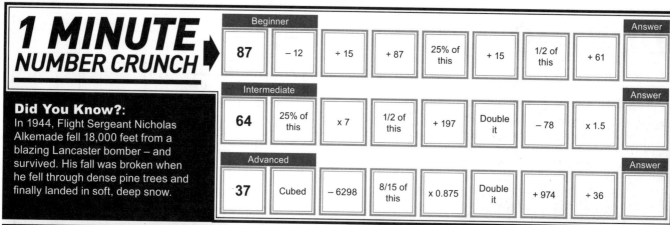

Beginner								Answer
87	– 12	÷ 15	+ 87	25% of this	+ 15	1/2 of this	+ 61	

Intermediate								Answer
64	25% of this	x 7	1/2 of this	+ 197	Double it	– 78	x 1.5	

Advanced								Answer
37	Cubed	– 6298	8/15 of this	x 0.875	Double it	+ 974	÷ 36	

Did You Know?:
In 1944, Flight Sergeant Nicholas Alkemade fell 18,000 feet from a blazing Lancaster bomber – and survived. His fall was broken when he fell through dense pine trees and finally landed in soft, deep snow.

HIGH-SPEED CROSSWORD

Across
1 Uses a hypodermic syringe (7)
5 Amy Winehouse hit of 2007 (5)
8 Person who tries to please or amuse (11)
9 Sour or bitter in taste (5)
11 Territorial dominion (7)
13 Item of crockery (6)
14 Corroborate (6)
17 Government income due to taxation (7)
18 Absolute (5)
19 Woman employed to clean bedrooms in hotels, etc (11)
22 Denigrate, defile (5)
23 Having a deficiency of red blood cells (7)

Down
1 Masses of snow permanently covering the land (7)
2 Type of plane (3)
3 Arm of the Atlantic Ocean (9)
4 Provided with shelter from the sun (6)
5 Master Weasley, friend of Harry Potter (3)
6 Therapist who heals by the use of plants (9)
7 Where the sides of a ship curve in to form the bottom (5)
10 Ambiguous (9)
12 Self-service restaurant (9)
15 Musical (7)
16 Mouselike jumping rodent (6)
17 Falls in droplets (5)
20 Unspecified object (3)
21 Intention (3)

IQ WORKOUT

What comes next?

17920	13440
1680	6720
1260	?

CODEWORD CONUNDRUM

A B C D E F G H I J K L M
N O P Q R S T U V W X Y Z

Reference Box

1	2	3 I	4	5 F	6	7	8	9 N	10	11	12	13
14	15	16	17	18	19	20	21	22	23	24	25	26

DOUBLE FUN SUDOKU

TASTY TEASER

		5		8	4		2	6
1		2						4
		3	1		2	8		
			2	9			1	7
	6		7		3		8	
5	7			4	6			
		8	6		7	5		
3						9		1
4	2		9	5		7		

BRAIN BUSTER

		2		1		3		
6		8	5		2	4		1
		4	8	3				
2								4
	5						9	
3								8
		6	7	1				
4		6	9		5	7		2
		9		4		5		

SPIDOKU

Each of the eight segments of the spider's web should be filled with a different number from 1 to 8, in such a way that every ring also contains a different number from 1 to 8.

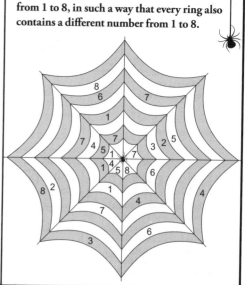

LOGI-SIX

Every row and column of this grid should contain one each of the letters A, B, C, D, E and F. Each of the six shapes (marked by thicker lines) should also contain one each of the letters A, B, C, D, E and F. Can you complete the grid?

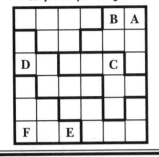

				B	A
D				C	
F		E			

HIGH-SPEED CROSSWORD

Across
1 Acid found in vinegar (6)
5 Sceptic (5)
9 Ad lib (9)
10 Dark period (5)
11 Serving no useful purpose (9)
13 Respiratory disorder (6)
15 Intelligent (6)
19 Bird-frightening effigy (9)
21 Grumbles (5)
22 Beguiling but harmful (9)
24 Subdued colour (5)
25 Lie in a comfortable resting position (6)

Down
2 Island in the Bay of Naples (5)
3 In addition (3)
4 Metallic reddish-brown element (6)
5 Advise (7)
6 Horse's sound (5)
7 With the order reversed, perversely (12)
8 Act of moving something from its natural environment (12)
12 To the ___ degree (to the utmost) (3)
14 Imposing in scale (7)
16 And so forth (abbr) (3)
17 Large heavy rope for nautical use (6)
18 Priest who is a member of a cathedral chapter (5)
20 Public acts of violence and disorder (5)
23 Brief swim (3)

WORDSEARCH WORKOUT

```
K M V R Y O M L B F R U N
B V V K E T E T L E Y E Q
I B O W I G W G N E T K M
E O L H H R A S K S H N A
H H E I E O L L L T W P L
T E R T Q I A O I O D F T
S M T E P A H H R V M S T
E I L B C R A B A U A G U
B A F E B I N M H E Z E O
D Y X E T A A P Y Q B L T
L P P R V N R S A L T A S
O H Q S A G E L M K E E S
G V O P C Q B C E L G L Q
W J B P U T O V J Y W A A
F N X L S E S R M G I P I
```

BEER

ATLAS	LAGER
BARLEY	MALT
BITTER	PALE ALE
BOHEMIA	PANAMA
BROWN	PILSNER
GOLD BEST	SOBERANA
HELL	STOUT
HOLSTEN	TETLEY
HOOKY	WHITE BEER
HOPS	YEAST

DOUBLE FUN SUDOKU

TASTY TEASER

1	3	5		9		7		
					1	6		
			3	4		2		
9	2		1		4		3	7
	4	8				1	5	
5	7		8		9		2	6
		2		8	3			
		9	7					
		3		6		5	7	8

BRAIN BUSTER

1								
		4	3					
	8	7	9	1		6	4	
	2		8					5
	8	5		1	7			
7			4		2			
	5	9		6	2	8	3	
		5	3					
								2

MATCHSTICK MAGIC

Use two additional matches to make a bridge from the edge of the pond to the island in the middle.

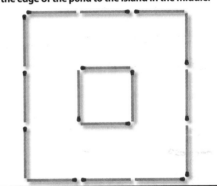

BRAIN TEASER

Tanya can swim faster than Jack but slower than Sally. Harry usually swims faster than Jack, sometimes swims faster than Tanya, but never swims faster than Sally.

Who is the slowest swimmer?

?_____?

DOMINO PLACEMENT

A standard set of 28 dominoes has been laid out as shown. Can you draw in the edges of them all? The check-box is provided as an aid and the domino already placed will help.

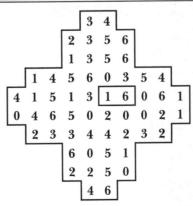

0-0	0-1	0-2	0-3	0-4	0-5	0-6

1-1	1-2	1-3	1-4	1-5	1-6	2-2
					✓	

2-3	2-4	2-5	2-6	3-3	3-4	3-5

3-6	4-4	4-5	4-6	5-5	5-6	6-6

CODEWORD CONUNDRUM

A B C D E F G H I J K L M
N O P Q R S T U V W X Y Z

Reference Box

1	2 A	3	4	5	6	7	8	9	10	11	12	13
14	15	16	17	18	19 I	20	21	22	23	24	25	26

DOUBLE FUN SUDOKU

TASTY TEASER

1			7				8	4
2	7	4				3		
			6	5			2	
	8	2	5	4		6		
	3		8		9		7	
		1		6	2	5	9	
	2			3	1			
		3				7	6	9
8	5				6			1

BRAIN BUSTER

6	5					8	2
			2				
		1	5	8		3	9
	6	9			4		
		3			6		
			6			3	4
4	8			7	2	9	
					6		
3	7					2	6

PYRAMID PLUS

Every brick in this pyramid contains a number which is the sum of the two numbers below it, so that F=A+B, etc.
Just work out the missing numbers!

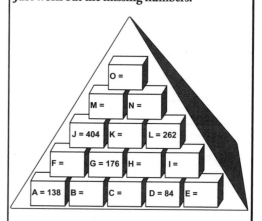

O =
M =   N =
J = 404   K =   L = 262
F =   G = 176   H =   I =
A = 138   B =   C =   D = 84   E =

WORK IT OUT

In the grid below, what number should replace the question mark?

16	26	3	42	23	17	6
7	86	4	9	4	18	8
23	112	7	51	27	35	14
30	198	11	60	?	53	22
53	310	18	111	58	88	36
83	508	29	171	89	141	58
136	818	47	282	147	229	94

HIGH-SPEED CROSSWORD

Across
4 Very light rain (7)
7 Ugly sight (7)
8 Dish on which food is served (5)
10 Spy (5)
11 Electronic message (5)
12 Trail left by an animal (5)
13 Takes unawares (9)
15 Manage in a makeshift way (9)
18 Facial expressions (5)
20 Cook with dry heat (5)
21 Bamboo-eating mammal (5)
23 Bowl-shaped vessel (5)
24 Cause to jump with fear (7)
25 Egotistical, inconsiderate of others (7)

Down
1 Sleeping places (4)
2 Eat greedily (6)
3 Not affiliated with any one group (3-8)
4 Dissuades (6)
5 Fervent proponent of something (6)
6 Find repugnant (8)
8 Drama representing the suffering of Christ (7,4)
9 Rim (3)
13 Curriculum (8)
14 Fin on the back of a fish (6)
16 Compound often used in agriculture and industry (6)
17 Set a match to (6)
19 Colourful ornamental carp (3)
22 Top cards (4)

1 MINUTE NUMBER CRUNCH

Beginner								Answer
24	x 5	3/12 of this	+ 8	1/2 of this	x 3	+ 6	5/9 of this	

Intermediate								Answer
59	x 3	− 63	2/3 of this	8/19 of this	Squared	− 747	Double it	

Advanced								Answer
67	+ 28	8/19 of this	90% of this	+ Square root of this	900% of this	7/18 of this	+ 2/3 of this	

Did You Know?:
The main source of food for deep-sea creatures is something known by the name of 'marine snow' – small particles of decayed matter from creatures who live at shallower depths.

HIGH-SPEED CROSSWORD

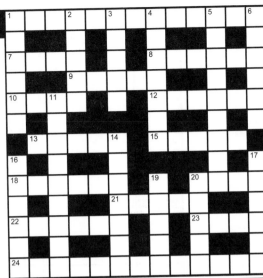

Across
1 London thoroughfare associated with the UK government (7,6)
7 Small green vegetables (4)
8 Directions for cooking something (6)
9 Plant used in the making of tequila (5)
10 Opaque gem (4)
12 Self-centred person (6)
13 Divisions of a day (5)
15 Virile sort of chap (2-3)
18 Debacle (6)
20 Longitudinal beam of the hull of a ship (4)
21 Ms Campbell, model (5)
22 Authoritative proclamations (6)
23 Start again (4)
24 Set of plates, tureens, bowls, etc (6,7)

Down
1 Place troops in battle formation (6)
2 Relating to the organ of smell (5)
3 Person with no fixed residence (5)
4 Sharp piercing cry (7)
5 Do away with (9)
6 Number denoting a score (6)
11 Worship (9)
14 Back, patronise (7)
16 Cause to feel resentment or indignation (6)
17 Niche (6)
19 Dome-shaped dessert (5)
20 Russian city on the Vyatka River (5)

IQ WORKOUT
Draw in the hands on the final clock.

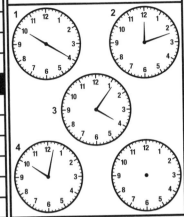

1 MINUTE NUMBER CRUNCH

Beginner								Answer
41	+ 86	x 2	− 56	50% of this	÷ 9	x 20	+ 73	

Intermediate								Answer
343	Cube root of this	x 9	+ 69	÷ 3	x 7	÷ 22	x 4	

Advanced								Answer
892	x 2.5	70% of this	+ 269	4/15 of this	+ 7/8 of this	− 3/5 of this	x 7	

Did You Know?:
The Dead Sea has many healing properties. Its water has mineral concentrations that are beneficial in the relief of joint and skin problems.

WORDSEARCH WORKOUT

```
V X H F A N B U O W E L K
I S C F I M A N N H E I M
Z J C L B G N I R H E B J
M N R H B F E F D K L Y W
N E U S W A X I X V E N F
B I C F D I V C G U S I O
B R E M E N T A C T S E H
F R H T H I Y T R G A L L
D H A V S M H I E I K U E
B I L T G V M O A R A A P
T N L Z W I R N E R S R M
C E E G R U B M A H I F E
K C O T S O R S U N U A T
L S S O L H C S D T G C T
X B Z U G S P I T Z E M K
```

GERMANY

BAVARIA
BEHRING
BERLIN
BRATWURST
BREMEN
FRAULEIN
HALLE
HAMBURG
KASSEL
MANNHEIM
RHINE
ROSTOCK
SCHLOSS
SCHWITTERS
STEIN
TAUNUS
TEMPELHOF
UNIFICATION
ZUGSPITZE
ZWIRNER

DOUBLE FUN SUDOKU

TASTY TEASER

3		4	5	8				
7	2			4		1		
5	6					8	9	
	7		4					8
	4	6	9		2	3	7	
1				6		5		
	8	9					1	3
	3		2				4	7
			9	5	6		2	

BRAIN BUSTER

		5				1		
4			7		5			9
1		6				4		3
	2		4	9	3		7	
	5		6	2	8		1	
6		9				7		1
7			8		1			5
		2				3		

WHATEVER NEXT?
In the diagram below, which number should replace the question mark?

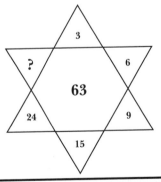

BRAIN TEASER

Josie has €600 to spend. She spends two-fifths of the €600 on clothes, 0.45 of the remainder at a beauty salon and writes out a cheque for €150 for a new watch. What is her financial situation at the end of the day?

Mind Over Matter

Given that the letters are valued 1-26 according to their places in the alphabet, can you crack the mystery code to reveal the missing letter?

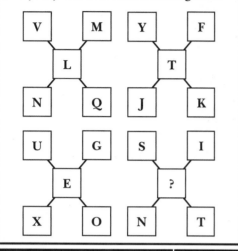

DOUBLE **FUN** SUDOKU

TASTY TEASER

	1	2			4	8	7	
5	8		1				6	2
	3			8				1
			5	2		7		1
		5				6		
4		1		3	9			
	4			7			3	
3	7				8		2	9
	5	9	6			4	8	

BRAIN BUSTER

		4	5	3		6		
		7				1		
					2			5
	7	9		2				
	1	8	7		6	4	2	
				8		5	1	
8			3					
	6					2		
	3			6	5	9		

CODEWORD **CONUNDRUM**

A B C D E F G H I J K L M
N O P Q R S T U V W X Y Z

Reference Box

1	2	3	4 T	5	6	7	8	9	10	11 I	12	13
14	15	16	17	18	19	20	21	22 S	23	24	25	26

FUTOSHIKI

Fill the grid so that every horizontal row and vertical column contains the numbers 1-5. The 'greater than' or 'less than' signs indicate where a number is larger or smaller than that in the neighbouring square.

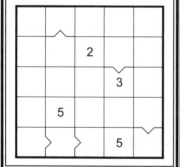

HIGH-SPEED CROSSWORD

Across
1 Appears (5)
5 Soil-dwelling invertebrate (4)
7 Improve in quality (6)
8 Repeat performance (5)
9 Data point (9)
10 Domestic parasite (3)
11 Convalesced (9)
15 Lawyer (9)
19 Small ocean (3)
20 Vessel also known as a paddle-wheeler (9)
21 Representative (5)
22 Expletives (6)
23 Yield (4)
24 Photocopier ink (5)

Down
1 Copyist (6)
2 Infuriate (6)
3 Detection device (6)
4 Musician who is a consummate master of technique and artistry (8)
5 Long stiff hair growing from the face of a mammal (7)
6 Freed from impurities by processing (7)
12 Diplomatic messenger (8)
13 Dress (7)
14 Economics (7)
16 Meal (6)
17 Towards the tail of a ship (6)
18 Gentle teasing (6)

1 MINUTE NUMBER CRUNCH

Did You Know?:
A female house fly can lay between 500 and 600 eggs during her lifespan, in batches of 75 to 100 eggs. The whole process from egg to adult takes less than two weeks.

Beginner								Answer
61	+ 17	1/6 of this	+ 44	÷ 3	+ 43	50% of this	+ 193	

Intermediate								Answer
83	x 2	− 79	÷ 3	x 5	4/5 of this	+ 3/4 of this	+ 68	

Advanced								Answer
997	x 3	+ 509	32% of this	60% of this	2/3 of this	5/16 of this	x 1.75	

BATTLESHIP BOUT

Can you place the vessels into the diagram? Some parts of vessels or sea squares have already been filled in. A number to the right or below a row or column refers to the number of occupied squares in that row or column.

Any vessel may be positioned horizontally or vertically, but no part of a vessel touches part of any other vessel, either horizontally, vertically or diagonally.

Did You Know?:
The Sargasso Sea lies in the middle of the Atlantic Ocean and is the only sea in the world without shores. Bounded on all sides by sea currents, its relatively static waters are very clear and home to the Sargassum seaweed.

Empty Area of Sea:
Aircraft Carrier:
Battleships:
Cruisers:
Submarines:

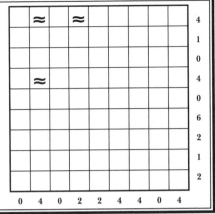

HIGH-SPEED CROSSWORD

Across
1 Outerwear garment (5)
4 Bill and Hillary Clinton's daughter (7)
8 Directed or controlled (3)
9 Large artificial lake (9)
10 Of large size compared to weight (5)
11 Perched (7)
13 Sewing implement used when mending holes in garments (7,6)
15 Male parents (7)
17 Less than the correct amount (5)
19 Many-legged insect (9)
21 Apple seed (3)
22 Adornments consisting of bunches of cords fastened at one end (7)
23 Sudden strong fear (5)

Down
1 Scour vigorously (5)
2 Shaped like a ring (7)
3 Number represented by the Roman XLV (5-4)
4 Tills (4,9)
5 Listening organ (3)
6 Low in stature (5)
7 Shorten, curtail (7)
12 Slumber for longer than intended (9)
13 Shortfall (7)
14 Expressionless (7)
16 Melodies (5)
18 Subject (5)
20 US musician and record producer, former husband of Tina Turner (3)

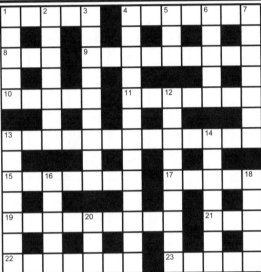

IQ WORKOUT

What comes next in this sequence?

A B

C D E

WORDWHEEL

Using only the letters in the Wordwheel, you have ten minutes to find as many words as possible, none of which may be plurals, foreign words or proper nouns. Each word must be of three letters or more, all must contain the central letter and letters can only be used once in every word. There is at least one nine-letter word in the wheel.

Nine-letter word(s):

SUM CIRCLE

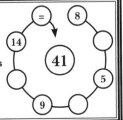

Fill the three empty circles with the symbols +, – and x in some order, to make a sum which totals the number in the centre. Each symbol must be used once and calculations are made in the direction of travel (clockwise).

WORDSEARCH WORKOUT

```
L F E U X E L D D U P R H
E A A G N N T O T L E Q T
N A D R Y Y A C N V Z R N
N Q V I P F A E I I R V A
A U R A T R P R C D T N R
H A A I A C A E Y O A V D
C T H T W R C B R V H R Y
G I A R W U E R T L O E H
W C I Q B J E C D P E U W
T S S E S N V R L A R Q N
F L O A T T N E R R U C O
A P B T E V T S B U O A L
R M N I A R D S O I P N L
C I A Y M L H Q Y S A A A
I K A T Z S H F G X V L G
```

WATER

AQUATIC
CANAL
CATARACT
CHANNEL
CRAFT
CRESS
CURRENT
DRAIN
DROPLET
FLOAT

GALLON
HYDRANT
ICE-CUBE
OCEAN
PUDDLE
RIVER
STEAM
TIDAL
TORRENT
VAPOUR

DOUBLE FUN SUDOKU

TASTY TEASER

	4			2	6	5		8
	1		9		8		2	
	8	9				6		
			8	3		7		9
5			7		1			2
7		4		6	5			
		1				9	3	
	2		5		7		4	
8		6	3	4			7	

BRAIN BUSTER

9				2				6
	1		3		8		9	
	3					8		
6		4	8		7	3		1
		2		1				
2		1	4		6	5		8
	5					2		
	7		6		3		5	
1				4				7

1 MINUTE NUMBER CRUNCH

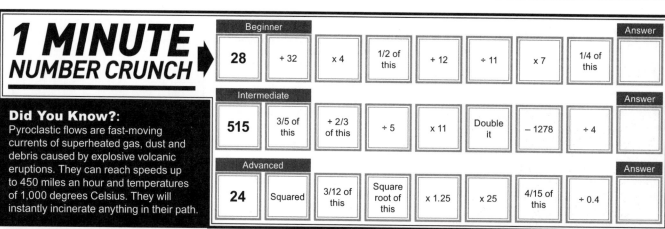

Beginner							Answer
28	+ 32	x 4	1/2 of this	+ 12	÷ 11	x 7	1/4 of this

Intermediate							Answer
515	3/5 of this	+ 2/3 of this	÷ 5	x 11	Double it	− 1278	÷ 4

Advanced							Answer
24	Squared	3/12 of this	Square root of this	x 1.25	x 25	4/15 of this	÷ 0.4

Did You Know?:
Pyroclastic flows are fast-moving currents of superheated gas, dust and debris caused by explosive volcanic eruptions. They can reach speeds up to 450 miles an hour and temperatures of 1,000 degrees Celsius. They will instantly incinerate anything in their path.

HIGH-SPEED CROSSWORD

Across
1 Yields, gives way (7)
5 Fragmented (5)
8 Process of changing words from one language into another (11)
9 Small and delicate (5)
11 Question after a military operation (7)
13 Person of unquestioning obedience (3-3)
14 Yearly (6)
17 Graceful woodland animal (3,4)
18 Off-white colour (5)
19 Presumptously forward or bold (11)
22 Hanging loosely (5)
23 Instructed (7)

Down
1 Repletion (7)
2 Constricting snake (3)
3 Suggest or hint in an indirect and unpleasant way (9)
4 Drink made with beer (6)
5 Travel on the piste (3)
6 Angular distance of a place east or west of the Greenwich meridian (9)
7 Robber (5)
10 Securing in place (9)
12 Fine porcelain (4,5)
15 Restricted (7)
16 Fungus causing timber to crumble (3,3)
17 Bands of metal worn on the fingers (5)
20 Hand over money (3)
21 Epoch (3)

IQ WORKOUT

What number should replace the question mark?

2	7
1	6

7	8
5	?

5	1
4	2

CODEWORD CONUNDRUM

A B C D E F G H I J K L M
N O P Q R S T U V W X Y Z

Reference Box

1 S	2	3	4	5	6	7	8	9	10	11	12	13
14	15	16	17	18 N	19	20	21	22	23	24	25	26

DOUBLE FUN SUDOKU

TASTY TEASER

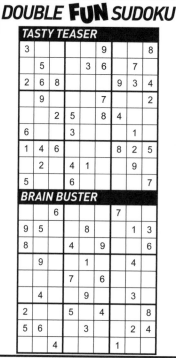

BRAIN BUSTER

SPIDOKU

Each of the eight segments of the spider's web should be filled with a different number from 1 to 8, in such a way that every ring also contains a different number from 1 to 8.

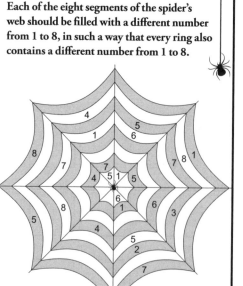

LOGI-SIX

Every row and column of this grid should contain one each of the letters A, B, C, D, E and F. Each of the six shapes (marked by thicker lines) should also contain one each of the letters A, B, C, D, E and F. Can you complete the grid?

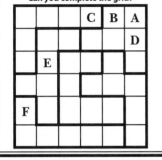

		C	B	A	
					D
	E				
F					

HIGH-SPEED CROSSWORD

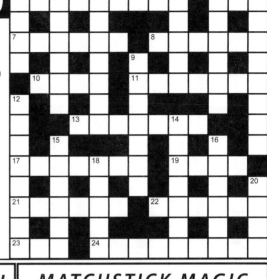

Across
1 Subject to change (9)
5 Division of a tennis match (3)
7 Small porous sachet containing leaves for infusion, making a drink (3,3)
8 Raise in a relief (6)
10 Overabundance (4)
11 Put under a military blockade (7)
13 Tramp about (7)
17 The faculty of reason (7)
19 In a lazy manner (4)
21 Alternative (6)
22 Cooked meat and/ or vegetables served with a soft tortilla and grated cheese (6)
23 Melancholy (3)
24 Process of producing a chemical compound from others (9)

Down
1 Archaic word meaning 'in the direction of' (4)
2 Metal paper fastener (6)
3 Farm vehicle (7)
4 Throws away as refuse (5)
5 Gained points in a game (6)
6 Organ on the surface of the tongue (5,3)
9 Forestall (7)
12 Timid, fearful (8)
14 Popeye's favourite vegetable! (7)
15 Marked with spots (6)
16 Tresses of hair woven together (6)
18 Sheen (5)
20 Enthusiastic devotees (4)

WORDSEARCH WORKOUT

A	L	A	A	U	Y	T	F	I	C	A	E	E
F	A	N	T	A	L	E	E	J	C	D	E	N
K	A	T	I	A	T	I	A	A	A	L	G	K
I	T	E	G	K	Z	T	T	R	E	D	E	O
L	J	Z	V	T	V	E	K	P	Y	Y	W	M
I	B	U	R	L	N	H	A	E	O	B	T	N
M	Z	Z	F	A	U	T	G	Y	C	X	P	O
A	L	A	N	Z	Z	A	O	A	O	T	V	S
N	N	G	L	L	O	R	M	S	D	T	D	R
J	O	I	U	C	N	H	K	U	G	E	Q	E
A	Z	H	D	H	O	J	C	R	V	Z	G	F
R	A	B	A	U	L	O	P	E	V	I	N	F
O	Q	R	T	G	T	L	A	D	M	P	E	E
M	G	T	S	X	T	S	D	U	E	J	X	J
Y	D	N	Y	I	R	A	G	O	N	G	O	A

VOLCANOES

ACATENANGO	OAHU
ETNA	OYOYE
FANTALE	PELEE
FUJI	RABAUL
HARGY	TAAL
IZALCO	TIATIA
JEFFERSON	UDINA
KILIMANJARO	UZON
LOPEVI	YASUR
NYIRAGONGO	YEGA

DOUBLE FUN SUDOKU

TASTY TEASER

6			4		9			
1			7	3	8			
9				5		4	7	1
		6	3		4		1	
4	3						5	2
	1		6		5	8		
8	7	2		6				9
			1	9	7			8
			8		2			5

BRAIN BUSTER

			5	3				6
			2					7
6	2	1		4				5
		3				6		
8		9				7		2
	4				3			
5				7		1	8	3
4				8				
3			6	9				

MATCHSTICK MAGIC

Remove one matchstick to leave three squares.

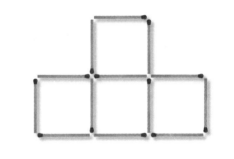

BRAIN TEASER

What letter comes next?

A C F H K M ?

? ____ ?

1 MINUTE NUMBER CRUNCH

Beginner							Answer
55	x 3	1/15 of this	x 2	+ 8	50% of this	x 9	− 60

Intermediate							Answer
567	÷ 9	x 5	8/15 of this	÷ 3	+ 297	Add to its reverse	− 49

Advanced							Answer
97	x 3	+ 857	Double it	x 0.375	+ 228	Square root of this	x 111

Did You Know?:
A mountain lake in Chile disappeared in 2007. It's believed that a seismic event opened up a fissure under the lake which then drained away.

CODEWORD CONUNDRUM

A B C D E F G H I J K L M
N O P Q R S T U V W X Y Z

Reference Box

1	2	3	4	5	6	7	8	9	10	11	12	13
14	15	16	17	18	19	20	21	22	23	24	25	26
I	N										O	

DOUBLE FUN SUDOKU

TASTY TEASER

	9	6	5	8		4		
					1		2	
4		3		9		5		7
8	3	1	4					5
6								9
5					8	3	4	2
3		2		6		7		8
	8		9					
		7		3	2	1	5	

BRAIN BUSTER

8					9		4
5				8	7		2
	3		4	6			
				9	1		
1	7				2	8	
	5	8					
	4	8		6			
7	4	9					1
1	6						8

PYRAMID PLUS

Every brick in this pyramid contains a number which is the sum of the two numbers below it, so that F=A+B, etc.
Just work out the missing numbers!

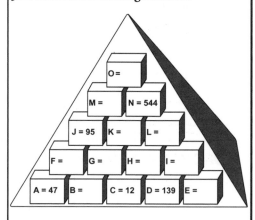

O =
M =   N = 544
J = 95   K =   L =
F =   G =   H =   I =
A = 47   B =   C = 12   D = 139   E =

WORK IT OUT

In the grid below, what number should replace the question mark?

3	4	6	18	8	1	2
9	7	5	2	3	4	14
1	3	5	7	22	3	5
19	16	1	2	1	4	5
8	6	13	4	5	11	3
2	4	16	6	9	5	10
6	17	12	3	8	4	?

HIGH-SPEED CROSSWORD

Across
1 Pale (of colour) (6)
5 Stenographer (6)
8 Gelling agent (4)
9 Clover native to Ireland (8)
10 Gemstone (5)
11 Corridor (7)
14 Design marked onto the skin (6)
15 Fishing gear (6)
17 Make a new request to be supplied with (7)
19 Area surrounding the hole on a golf course (5)
21 Picturesque city of southern California (3,5)
23 Chief port of Yemen (4)
24 Takes a nap (6)
25 County in southern England (6)

Down
2 Sum total of many miscellaneous things (9)
3 Unbearable physical pain (7)
4 Bewildered (4)
5 Semi-formal afternoon social gathering (3,5)
6 Areas of land set aside for public recreation (5)
7 Hollow, flexible, bag-like structure (3)
12 First James Bond film in which Pierce Brosnan starred (9)
13 Front limbs of an animal (8)
16 Swift pirate ship (7)
18 Narrow raised strip (5)
20 Dried flowers used in brewing (4)
22 Completely (3)

1 MINUTE NUMBER CRUNCH

Beginner								Answer
76	+ 44	25% of this	+ 12	1/6 of this	+ 55	1/2 of this	+ 42	

Intermediate								Answer
1231	− 693	1/2 of this	+ 37	5/18 of this	x 4	− 10% of this	÷ 9	

Advanced								Answer
91	x 11	− 869	5/6 of this	+ 30% of this	÷ 0.25	+ 38	80% of this	

Did You Know?:
Golf hasn't always been played over 18 holes. St Andrew's 'The Home of Golf', originally had just 11 holes, though these were played twice, making 22 holes to the round.

HIGH-SPEED CROSSWORD

Across

1 Unsympathetic to (3-8)
7 Conclusion (3)
8 Elaborate and remarkable display on a lavish scale (9)
9 Teaching (7)
11 Vestige (5)
14 Colour of ripe cherries (6)
15 Relatives by marriage (2-4)
16 Sore often found in the mouth (5)
19 Gives away, deceives (7)
21 Extremely unhappy (9)
23 Common type of tree (3)
24 Parasite such as the leech (11)

Down

1 Gusset (5)
2 Bugs Bunny's catchphrase: "What's up, ___?" (3)
3 Flavoured with herbs and spices (8)
4 Cleaned with a broom (5)
5 Triangular area where a river divides (5)
6 Location of a building (7)
10 Banal (5)
12 Monarch (5)
13 Enduring (8)
14 Messenger (7)
17 Ascend (5)
18 Doomed Shakespearean lover (5)
20 Curl of the lip (5)
22 Continuous portion of a circle (3)

SUMMING UP

In the square below, change the positions of six numbers, one per horizontal row, vertical column and long diagonal line of six smaller squares, in such a way that the numbers in each row, column and long diagonal line total exactly 163. Any number may appear more than once in a row, column or line.

32	16	21	25	38	32
34	36	29	15	28	30
40	32	27	30	12	31
20	48	28	33	17	28
15	21	32	33	32	27
33	19	27	36	9	12

DOMINO PLACEMENT

A standard set of 28 dominoes has been laid out as shown. Can you draw in the edges of them all? The check-box is provided as an aid and the domino already placed will help.

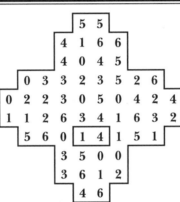

Did You Know?:

In 2012, a hen in Sri Lanka gave birth to a fully-formed chick. The hen was 'pregnant' with the chick for the 21 days that a chick would normally take to form in an egg. Now we know which came first …

0-0	0-1	0-2	0-3	0-4	0-5	0-6

1-1	1-2	1-3	1-4	1-5	1-6	2-2
			✓			

2-3	2-4	2-5	2-6	3-3	3-4	3-5

3-6	4-4	4-5	4-6	5-5	5-6	6-6

WORDSEARCH WORKOUT

```
I D E L G I U I D P H X N
Q Y E G O S O S C M U W O
P C A A R Q R M Q A K N C
E R A E C K E M P F R T A
C W A L P O T V W J A E B
E D L K D S N I N L O N G
N O A A V E T G K I Q T B
I N L T U E R E M V D S F
K A G R Y R Q L I G W O N
D T A A Y M E A F N E H R
A E R U T J X N U I L T C
Z L D T G P S D S D D K H
R L I S Y Z I Q B L O Y E
B O V S Z J T T D I N U Y
H T R O W P E H O W E N R
```

SCULPTORS

ALGARDI
BACON
BLOYE
CALDER
CRAGG
DEACON
DONATELLO
EPSTEIN
GERACI
HEPWORTH
KEMPF
LAURENS
LONG
PYE
RODIN
STUART
VIGELAND
WELDON
WILDING
ZADKINE

DOUBLE **FUN** SUDOKU

TASTY TEASER

3		1	5					
6				9				
7			8		1	4	9	
6		3	2		8	7		4
	9	4				5	2	
7		1	9		5	3		8
2	4	7		6			1	
			7			8		
			2	1		3		

BRAIN BUSTER

	5	3				6	1	
			6		3			
9	1					8	4	
8			7		2			6
			3		5			
7			1		4			9
6	8					2	5	
			8		9			
	9	2				8	4	

WHATEVER NEXT?

In the diagram below, what number should replace the question mark?

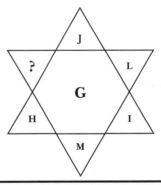

BRAIN **TEASER**

What numbers should replace the question marks?

1	3	3	5	?
0	2	2	4	?
2	1	4	3	?

Mind Over Matter

Given that the letters are valued 1-26 according to their places in the alphabet, can you crack the mystery code to reveal the missing letter?

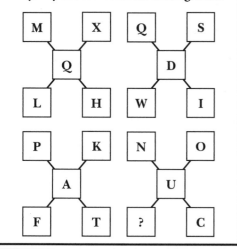

M	X	Q	S
	Q	D	
L	H	W	I
P	K	N	O
	A	U	
F	T	?	C

DOUBLE FUN SUDOKU

TASTY TEASER

4	5				2			
		8			7	2	4	
	9			3	8	7		5
1	4				6	5		
2			7		4			9
		3	9				6	1
8		1	2	5			7	
	7	6	8		1			
		6				9	3	

BRAIN BUSTER

5								4
	3	9		6	5			
1	6		3		8	7		
6			7			9		
		4		5				
9			6			8		
5	1		8		9	2		
	2	1		9	3			
9							7	

CODEWORD CONUNDRUM

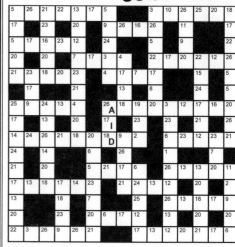

A B C D E F G H I J K L M
N O P Q R S T U V W X Y Z

Reference Box

1	2	3	4	5	6	7	8	9	10	11	12	13
14	15	16	17 I	18 D	19	20	21	22	23	24	25	26 A

FUTOSHIKI

Fill the grid so that every horizontal row and vertical column contains the numbers 1-5. The 'greater than' or 'less than' signs indicate where a number is larger or smaller than that in the neighbouring square.

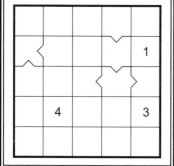

HIGH-SPEED CROSSWORD

Across
1 Boys (4)
3 Serving woman (8)
7 Plant with soothing juice used to treat burns (4,4)
8 Dance move (4)
9 Barely noticeable (6)
10 Set of clothes (6)
12 Popular game played with pieces of stiffened paper (5)
14 Put to the test (5)
17 Housing or outer covering (6)
20 Primitive multicellular marine animal (6)
21 Black and yellow stinging insect (4)
22 Endearing (8)
23 Compass point at 270 degrees (8)
24 Dwelling house (4)

Down
1 Mediate (6)
2 Article of clothing for cooler climates (7)
3 On the other hand (7)
4 US state, capital Boise (5)
5 Take (an examination) again (5)
6 Mention particularly (7)
11 Raises (3)
12 Parody (7)
13 Hideout (3)
14 Leave without permission (7)
15 Gastric organ (7)
16 Ebb (6)
18 Energy supplied (5)
19 Tropical fruit having yellow skin and pink pulp (5)

1 MINUTE NUMBER CRUNCH

Beginner								Answer
62	+ 44	1/2 of this	+ 7	1/4 of this	x 5	2/3 of this	+ 178	

Intermediate								Answer
5321	− 2696	÷ 15	4/5 of this	+ 20% of this	÷ 3	x 1.25	+ 30% of this	

Advanced								Answer
468	Double it	÷ 24	x 11	÷ 3	x 6	+ 1144	7/11 of this	

Did You Know?:
Presidents of the USA are said to be afflicted with a 20-year curse. Each president who took up office in 1841, 1861, 1881, 1901, 1921, 1941 and 1961 all died in office. However, Ronald Reagan (1981) broke the trend when he survived an assassination attempt.

1 MINUTE NUMBER CRUNCH

Beginner								Answer
193	+ 27	10% of this	+ 27	1/7 of this	+ 16	x 2	+ 8	

Intermediate								Answer
414	2/9 of this	x 5	x 0.7	1/2 of this	+ 122	Double it	− 127	

Advanced								Answer
72	x 18	3/8 of this	7/18 of this	+ 83	14/17 of this	12.5% of this	÷ 0.2	

Did You Know?:
Although the words to the US national anthem were written by an American, Francis Scott Key (1779-1843), the music was written by an Englishman, John Stafford Smith (1750-1836).

HIGH-SPEED CROSSWORD

Across
1 Put one's name to (4)
3 Aesthetic (8)
9 Insistent (7)
10 Cool down (5)
11 Yellowish-brown colour (5)
12 Marked by great fruitfulness (7)
13 Captured again (6)
15 Sharp angle or bend (3-3)
18 Gather (7)
19 Enquired (5)
21 Skin disease affecting domestic animals (5)
22 Transparent type of cellulose film (7)
23 Vibrate with sound (8)
24 Consumes (4)

Down
1 Someone who sneaks about following a person (7)
2 Country, capital Accra (5)
4 Confirm (6)
5 Formed or united into a whole (12)
6 Trifling (7)
7 Bear a young cow (5)
8 Blood vessel that is permanently dilated (8,4)
14 Multitudes (7)
16 Female deity (7)
17 Narrow channel of the sea joining two larger bodies of water (6)
18 Bart Simpson's father (5)
20 Australian 'bear' (5)

PARTITIONS

Draw walls to partition the grid into areas (some are already drawn in). Each area must contain two circles, area sizes must match those numbers shown next to the grid and each '+' must be linked to at least two walls.

2, 3, 4, 4, 5, 7

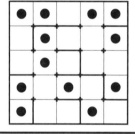

WORDWHEEL

Using only the letters in the Wordwheel, you have ten minutes to find as many words as possible, none of which may be plurals, foreign words or proper nouns. Each word must be of three letters or more, all must contain the central letter and letters can only be used once in every word. There is at least one nine-letter word in the wheel.

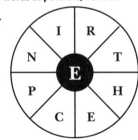

I R T N E H P C E

Nine-letter word(s):

_____

SUM CIRCLE

Fill the three empty circles with the symbols +, − and x in some order, to make a sum which totals the number in the centre. Each symbol must be used once and calculations are made in the direction of travel (clockwise).

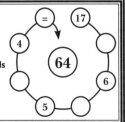

= 17 4 **64** 6 5

WORDSEARCH WORKOUT

```
B M S U H C I W N E E R G
D R A D N E L A C E E A U
D F Y L U J F Q V C I T N
Z M Q E D A W N E M R N R
B I C Y S L K N I E F E V
S L H H G P T E B W G M L
E L P T S L A M F U D O A
Y E U N N S E L L I H M U
L N B O L T E A E I L E N
R N H M P D T N V Q I N N
A I W E J O L D E N R X A
E U S Y R C R Y V T P L I
R M Z R O D R A E Y A A B
K P E N D U L U M R B L N
H D N O C E S T M N B E I
```

TIME

ALARM
APRIL
BIANNUAL
CALENDAR
DAWN
EARLY
ELAPSE
GREENWICH
JULY
LATENESS

MILLENNIUM
MOMENT
MONTH
OLDEN
PENDULUM
RECENT
REGULATOR
SECOND
SEPTEMBER
YEAR

DOUBLE FUN SUDOKU

TASTY TEASER

			6		9		7	
			8	5	3		9	
8	9	6		2			5	
3			7		2	9		
1	4						6	7
		2	4		1			3
	5			7		4	3	8
	3		9	1	8			
	2		5		4			

BRAIN BUSTER

			7	6			1	2
		9	4			6		
							5	4
		5			9			
	8			2			6	
			3			4		
4	2							
		8			7	3		
1	6			8	2			

1 MINUTE NUMBER CRUNCH →

Beginner								Answer
67	+ 83	x 2	20% of this	1/4 of this	+ 23	÷ 19	x 44	

Intermediate								Answer
62	− 37	x 13	3/5 of this	4/15 of this	÷ 4	x 7	− 19	

Advanced								Answer
149	x 5	40% of this	+ Cube root of 8	58% of this	+ 1/3 of this	5/8 of this	4/5 of this	

Did You Know?:
The number of individual stars that can seen by the human eye, under perfect conditions, is about 5,000 – a tiny fraction of the estimated 70 thousand million million million stars out there.

HIGH-SPEED CROSSWORD

Across
1 Arthurian lover of Tristan (6)
7 Spanish painter, born in Greece (1541-1614) (2,5)
8 Severe shortage of food (6)
9 Connected or associated (7)
10 In or of the month preceding the present one (6)
13 Beginners, initiates (7)
15 Folds over and sews together (4)
16 Keen on (4)
17 Artificial human (7)
19 Metamorphic rock (6)
21 Manual dexterity (7)
23 Keg, cask (6)
24 Self-importance (7)
25 Supply or impregnate with oxygen (6)

Down
2 Vicious angry growl (5)
3 Generator (6)
4 Smoke-duct (4)
5 Fierce verbal attack (9)
6 Slow and laborious because of weight (9)
10 Provide (furniture) with a soft, padded covering (9)
11 Impossible to satisfy (9)
12 Roman love poet, born in 43 BC (4)
14 Wooden shoe (4)
18 Convict (6)
20 Inhaled the odour of (5)
22 Fall silent (4)

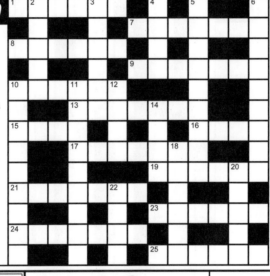

IQ WORKOUT

Which is the odd one out?

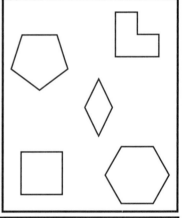

CODEWORD CONUNDRUM

A B C D E F G H I J K L M
N O P Q R S T U V W X Y Z

Reference Box

1	2	3	4	5	6	7	8	9	10	11	12	13
				R								

14	15	16	17	18	19	20	21	22	23	24	25	26
								U			N	

DOUBLE FUN SUDOKU

TASTY TEASER

4		6	9		2	3		
	5			6				8
2			1		8	4		
7	2		5			1		
		8		9		6		
		9			4		8	3
		4	6		7			5
1				3			4	
		5	2		9	8		7

BRAIN BUSTER

7	5		4	8			1	3
			3	2				
		8						
	6			7		9		
	7		9		8		5	
		5		3			6	
					6			
						9	2	
9	4			1	6		7	2

SPIDOKU

Each of the eight segments of the spider's web should be filled with a different number from 1 to 8, in such a way that every ring also contains a different number from 1 to 8.

LOGI-SIX

Every row and column of this grid should contain one each of the letters A, B, C, D, E and F. Each of the six shapes (marked by thicker lines) should also contain one each of the letters A, B, C, D, E and F. Can you complete the grid?

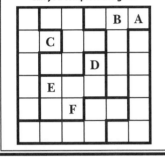

				B	A
C					
		D			
E					
	F				

HIGH-SPEED CROSSWORD

Across
1 Put off to a later time (8)
5 Wagers (4)
7 Pâté or fancy meatloaf baked in an earthenware casserole (7)
8 Skill (7)
10 Cultured (8)
12 Give birth to a litter of piglets (6)
14 Bureau (6)
16 Methane produced when vegetation decomposes in water (5,3)
18 Begin again (7)
21 Cylindrical packet of coins (7)
22 Sweet potatoes (4)
23 Veteran soldier (8)

Down
1 Light gust of air (4)
2 Black eye (slang) (6)
3 Authorisation to go somewhere (4)
4 Made a written record of (5)
5 Marine crustacean (8)
6 Track designed for motorcycle racing (8)
9 Making stitches (6)
11 Apprehension (6)
12 At a previous time (8)
13 Fried balls of minced meat or fish coated in breadcrumbs (8)
15 More orderly (6)
17 Holiday resort island in the Caribbean (5)
19 Of a kind specified or understood (4)
20 Large and scholarly book (4)

WORDSEARCH WORKOUT

```
D F Y T U Y Y U F T A B T
A L D R E C A N T I D P H
N Q Z T R Q Y I G N I W S
C H Z D N V E E S K F V T
E O J V P A T L S B V C C
Z Y U A Q I H Y R R A C O
D X I G C Z X C O E F K N
W D Z E H E F V R A A L S
P E R S P I R E R T Z D T
Y R A U O F W Q W H E G R
E Z E B P T N R S E H G U
A T S P E D O L P X E Z C
R T Q L A N G U I S H T T
N V D O L R Y T W I S T Q
X I F A X W E I X K W N H
```

VERBS

BREATHE	LANGUISH
CARRY	PERSPIRE
CHANT	PREPARE
CONSTRUCT	REACT
COUGH	RECANT
DANCE	RECITE
EXPLODE	SKIP
FAZE	SWING
FIX	TWIST
KNIT	YEARN

DOUBLE **FUN** SUDOKU

TASTY TEASER

2	3		6		8			5
	8		1		7			3
		9		2			7	
6					3	7	5	
7			6					2
	4	8	9					1
	1			5		3		
3			2		4		9	
9			8		6		4	7

BRAIN BUSTER

	3							
			2	6				
1		5	4	3		2		7
8				5			9	
5		9		3				1
	1			2				8
4		9		7	8	6		5
				9	6			
							8	

MATCHSTICK MAGIC

Move four matchsticks to make two squares.

BRAIN **TEASER**

4 9 6 2 3 4 7 8 2 1 9 6 4 3 2

Multiply by seven the number of odd numbers which are immediately followed by an even number in the list above. What is the answer?

SIMPLE AS A, B, C ?

Each of the small squares in the grid below contains either A, B or C. Each row, column, and diagonal line of six squares has exactly two of each letter. Can you tell the letter in each square?

Across
1 The Cs are next to each other
2 The Bs are further right than the As
3 Each A is directly next to and right of a C
4 The Bs are between the Cs
5 The Cs are next to each other
6 No two letters the same are directly next to each other

Down
1 The Cs are lower than the As
2 No two letters the same are directly next to each other
3 The Cs are lower than the As
4 The As are lower than the Bs
5 No two letters the same are directly next to each other
6 No two letters the same are directly next to each other

	1	2	3	4	5	6
1						
2						
3						
4						
5						
6						

CODEWORD CONUNDRUM

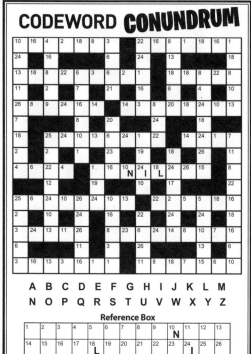

| A | B | C | D | E | F | G | H | I | J | K | L | M |
| N | O | P | Q | R | S | T | U | V | W | X | Y | Z |

Reference Box

| 1 | 2 | 3 | 4 | 5 | 6 | 7 | 8 | 9 | 10 | 11 | 12 | 13 |
| 14 | 15 | 16 | 17 | 18 | 19 | 20 | 21 | 22 | 23 | 24 | 25 | 26 |

(18 = N, 24 = I, 18 = L)

DOUBLE FUN SUDOKU

TASTY TEASER

			9	2	3	4		
6	9	4		8		5		
			6		5	1		
	4		2		6			1
	8	7				6	2	
3			1		8		4	
		8	3		7			
	5			1		3	9	7
	3	4	5	9				

BRAIN BUSTER

	2	3			5	4		
	8	4				6		
			6	2		8		
	9				6			
4	3					7	6	
		5				4		
	1		8	2				
	6					2	5	
	9	6				7	3	

PYRAMID PLUS

Every brick in this pyramid contains a number which is the sum of the two numbers below it, so that F=A+B, etc.

Just work out the missing numbers!

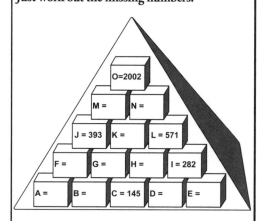
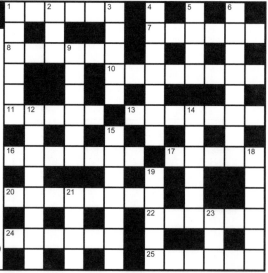

O=2002, M =, N =, J = 393, K =, L = 571, F =, G =, H =, I = 282, A =, B =, C = 145, D =, E =

WORK IT OUT

In the grid below, what number should replace the question mark?

15	24	19	17	29	26	22
14	23	18	16	28	25	21
16	25	20	18	30	27	23
13	22	17	15	27	24	20
17	26	21	19	31	28	24
12	21	16	14	26	23	19
18	27	?	20	32	29	25

HIGH-SPEED CROSSWORD

Across

1 Lecture (6)
7 Major river of Brazil (6)
8 Roof extension accommodating a window (6)
10 Circumvent (8)
11 Commonly encountered (5)
13 Crustacean caught in pots (7)
16 Quite a few (7)
17 Ancient tale (5)
20 Dig up for reburial or for medical investigation (8)
22 Cut in two (6)
24 Cat-like (6)
25 Fibre (6)

Down

1 Popular number puzzle (6)
2 Make a mistake (3)
3 Unkind or cruel (5)
4 Put out of action (by illness) (4,3)
5 Barriers constructed to contain the flow of water (4)
6 Make a prediction about (8)
9 Optical illusion often witnessed in deserts (6)
12 Example (8)
14 Small crude shelters used as dwellings (6)
15 More offensive (7)
18 Went out (5)
19 Celestial path (5)
21 Goddess of the rainbow (4)
23 Female sheep (3)

1 MINUTE NUMBER CRUNCH

| Beginner | | | | | | | | Answer |
| 140 | + 7 | x 2 | – 4 | 1/5 of this | x 2 | + 5 | 1/11 of this | |

| Intermediate | | | | | | | | Answer |
| 66 | x 3 | + 426 | 5/6 of this | 17/20 of this | Double it | 75% of this | – 129 | |

| Advanced | | | | | | | | Answer |
| 38 | x 16 | 3/8 of this | 5/19 of this | + 45% | + 2/3 of this | 27/29 of this | 11/15 of this | |

Did You Know?:

Acid rain is caused by emissions of sulphur dioxide, carbon dioxide and nitrogen oxide which act with water vapour in the atmosphere to produce acids. Precipitation then brings the harmful acid into contact with plants and animals, water supplies, etc.

HIGH-SPEED CROSSWORD

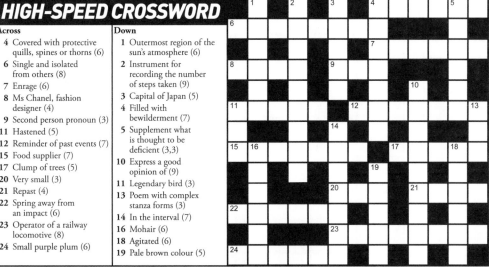

Across
- **4** Covered with protective quills, spines or thorns (6)
- **6** Single and isolated from others (8)
- **7** Enrage (6)
- **8** Ms Chanel, fashion designer (4)
- **9** Second person pronoun (3)
- **11** Hastened (5)
- **12** Reminder of past events (7)
- **15** Food supplier (7)
- **17** Clump of trees (5)
- **20** Very small (3)
- **21** Repast (4)
- **22** Spring away from an impact (6)
- **23** Operator of a railway locomotive (8)
- **24** Small purple plum (6)

Down
- **1** Outermost region of the sun's atmosphere (6)
- **2** Instrument for recording the number of steps taken (9)
- **3** Capital of Japan (5)
- **4** Filled with bewilderment (7)
- **5** Supplement what is thought to be deficient (3,3)
- **10** Express a good opinion of (9)
- **11** Legendary bird (3)
- **13** Poem with complex stanza forms (3)
- **14** In the interval (7)
- **16** Mohair (6)
- **18** Agitated (6)
- **19** Pale brown colour (5)

SUMMING UP

In the square below, change the positions of six numbers, one per horizontal row, vertical column and long diagonal line of six smaller squares, in such a way that the numbers in each row, column and long diagonal line total exactly 214. Any number may appear more than once in a row, column or line.

44	18	30	26	52	42
19	35	18	25	39	37
21	50	35	51	25	23
57	43	39	59	17	39
18	27	44	51	39	29
14	32	42	42	60	42

1 MINUTE NUMBER CRUNCH

Beginner								Answer
142	+ 38	1/3 of this	1/6 of this	x 17	÷ 2	1/5 of this	+ 37	

Intermediate								Answer
307	x 2	+ 828	1/2 of this	− 135	x 2	75% of this	− 83	

Advanced								Answer
3	This to the power of 4	x 5	+ 2/3 of this	+ 5/9 of this	+ 39	Square root of this	x 15	

Did You Know?:
Between 1873 and 1876, the ship *HMS Challenger* sailed a total of 70,000 miles around the world, collecting more than 13,000 samples of plant, marine and animal life. The space shuttle *Challenger* is said to be named after the ship.

WORDSEARCH WORKOUT

```
T E N N O N E H T R A P G
Q Y N O R I T A L F H J Q
I F Z N T C N N T O W E R
L E G D I R B R E W O T J
A S S L H S E A P F T F E
H C D U U O H D U Z L B C
A Z R I O K M O A H Y A O
M R T O M H A E U M A D L
J H B B P A L K W S E U I
A L B M Q O R L N O E O S
T A A A A E L Y I I O D E
W I K M M H Z I P H K D U
U X K L X Q L C S T V F M
O T I A I U L A S C A L A
F N U A L I M A S A C I S
```

FAMOUS BUILDINGS

ACROPOLIS	KINKAKU
ALHAMBRA	KREMLIN
BAUHAUS	LA SCALA
CASA MILA	NOTRE DAME
CNN TOWER	PARTHENON
COLISEUM	PYRAMIDS
ENNIS HOUSE	TAJ MAHAL
FLATIRON	TIKAL
HILL HOUSE	TOWER BRIDGE
HOMEWOOD	UXMAL

DOUBLE **FUN** SUDOKU

TASTY TEASER

		4		5				6
9			8		1		4	
8	2		3		7		9	
5		2	4				3	
	1			3			2	
	6				9	7		8
	5		7		3		1	4
	4		2		6			7
2				1		9		

BRAIN BUSTER

5			3		9			7
	6	8		2		3	1	
9								4
	4			9			7	
		2		5				
	1			8			4	
4								8
	7	6		5		9	3	
1			8		6			2

WHATEVER NEXT?

In the diagram below, which number should replace the question mark?

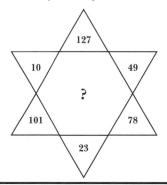

127

10   49

?

101   78

23

BRAIN **TEASER**

How many squares are there in this figure?

? ___ ?

Mind Over Matter

Given that the letters are valued 1-26 according to their places in the alphabet, can you crack the mystery code to reveal the missing letter?

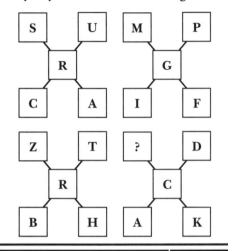

DOUBLE FUN SUDOKU

TASTY TEASER

	9	2	7	4				
		1	9			6	8	
	4		1		3	7		
6			4	2				1
2		4				8		5
7				1	8			2
	3	8		5		9		
	6	8			4	3		
			6	1	2	4		

BRAIN BUSTER

3	7					1	2	
			2					
6	4			7	1	9		
	2	9			6			
	3					2		
		2				3	6	
	8	5	4			3	9	
		1						
2	5					4	1	

CODEWORD CONUNDRUM

A B C D E F G H I J K L M
N O P Q R S T U V W X Y Z

Reference Box

1 A	2	3 O	4	5	6	7	8	9	10	11	12	13
14	15	16	17	18	19	20	21	22	23	24	25	26 M

FUTOSHIKI

Fill the grid so that every horizontal row and vertical column contains the numbers 1-5. The 'greater than' or 'less than' signs indicate where a number is larger or smaller than that in the neighbouring square.

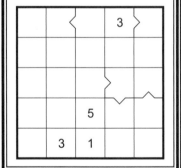

HIGH-SPEED CROSSWORD

Across

1 Tot of spirits (4)
3 Moderate to inferior in quality (8)
9 Relating to extent (7)
10 Less common (5)
11 Showing great excitement and interest (12)
14 Work unit (3)
16 Roman cloaks (5)
17 Deciduous tree (3)
18 Undernourishment (12)
21 Fashion reminiscent of the past (5)
22 Take to be true (7)
23 Exhibition subordinate to a larger one (8)
24 Friendly nation (4)

Down

1 Rumple, tousle (8)
2 At a distance (5)
4 Unit of length equal to 45 inches (3)
5 Overpoweringly attractive (12)
6 Island in the Mediterranean (7)
7 Book of the Old Testament (4)
8 Coincidental (12)
12 Bar of metal (5)
13 Court of public records (8)
15 Bestowed upon (7)
19 Perfect (5)
20 Greek god of war (4)
22 Show displeasure vocally (3)

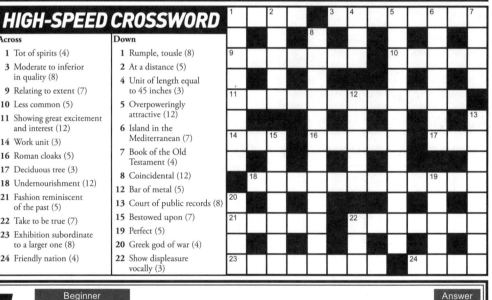

1 MINUTE NUMBER CRUNCH

Beginner								Answer
85	x 3	− 165	50% of this	2/9 of this	+ 130	1/2 of this	+ 15	

Intermediate								Answer
19	x 4	+ 38	÷ 3	+ 116	50% of this	x 7	4/11 of this	

Advanced								Answer
332	x 4	− 5/16 of this	− 586	2/3 of this	+ 694	5/8 of this	17/19 of this	

Did You Know?:
Ambergris is a natural product secreted by sperm whales. It was used extensively as a fixative in the perfume industry, but in recent years it has been replaced by man-made alternatives.

DOMINO PLACEMENT

A standard set of 28 dominoes has been laid out as shown. Can you draw in the edges of them all? The check-box is provided as an aid and the domino already placed will help.

Did You Know?:

When the Suez Canal was closed in 1967, due to the war between Israel and certain Arab states, several ships were trapped there until 1975. The ships became known as the Yellow Fleet, because they were gradually covered in wind-blown desert sand.

```
          4 4
       1 3 5 6
       1 3 5 6
   2 2 4 5 1 3 6 3
 1 2 5 6 6 5 1 4 2 3
 1 4 2 4 1 3 0 5 5 0
   3 6 0 6 1 5 0 2
       0 4 0 6
       3 4 0 2
          0 2
```

0-0	0-1	0-2	0-3	0-4	0-5	0-6

1-1	1-2	1-3	1-4	1-5	1-6	2-2

2-3	2-4	2-5	2-6	3-3	3-4	3-5
						✓

3-6	4-4	4-5	4-6	5-5	5-6	6-6

HIGH-SPEED CROSSWORD

Across
1 Roman god of love (5)
4 Cylindrical metal lining used to reduce friction (7)
8 Artificial language, a simplification of Esperanto (3)
9 Trades for money (5)
10 Vigilant, awake (5)
11 Inclination to do something (10)
13 Tolerated (6)
15 Get away (6)
18 Person dependant on a narcotic substance (4,6)
22 Kingdom (5)
23 Disciple of Saint Paul (5)
24 Nothing (3)
25 Be pipped (4,3)
26 Desire strongly or persistently (5)

Down
1 Shipwrecked person (8)
2 Growth on the surface of a mucous membrane (5)
3 Undress (7)
4 Made a curtsy (6)
5 Chairs (5)
6 Popular chilled beverage (4,3)
7 Movable barrier in a fence or wall (4)
12 Throw overboard (8)
14 Encroachments (7)
16 In a prompt or rapid manner (7)
17 Season preceding Christmas (6)
19 Soup thickened with okra pods (5)
20 Brightly coloured tropical freshwater fishes (5)
21 River of Russia and Kazakhstan (4)

IQ WORKOUT

Which is the odd one out?

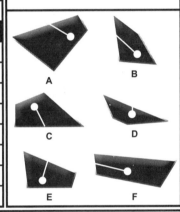

A B C D E F

WORDWHEEL

Using only the letters in the Wordwheel, you have ten minutes to find as many words as possible, none of which may be plurals, foreign words or proper nouns. Each word must be of three letters or more, all must contain the central letter and letters can only be used once in every word. There is at least one nine-letter word in the wheel.

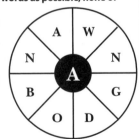

Letters: A W N N A B O D G (central A)

Nine-letter word(s):

_____

SUM CIRCLE

Fill the three empty circles with the symbols +, – and x in some order, to make a sum which totals the number in the centre. Each symbol must be used once and calculations are made in the direction of travel (clockwise).

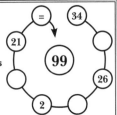

Circles: 34, 26, 2, 21 with centre 99

WORDSEARCH WORKOUT

```
L J A F N L K S O L X E W
N L E I K W K T Y I R N W
S J D R C C K T V D X H U
Q F I V O E A D J S R L S
L B A L L P F L Z J K P T
P Y Z Y B A E B B N C S Q
O D B Z P C R S G N I R X
W D R O W S A S N W R G S
E P N I N E B S T N T L C
R W Z I B S B S Q I D Y E
S U A S F C I A C B R K V
W H I T E A T L I Q A K E
C D O I Q R F G G F C U U
J J T W M F G F A R W D M
Q N C G Y B W R M V Z W O
```

MAGIC

AIDE
BALL
BIRD
BLACK
CARD TRICK
CHAINS
ESCAPE
FAKE
GLASS
LOCKS
MAGIC
POWER
RABBIT
RINGS
ROPES
SCARF
SHOW
SWORD
TWIST
WHITE

DOUBLE FUN SUDOKU

TASTY TEASER

3	8		5	2				1
	2				9	8		
	5	7			1			4
5		8		3			4	
	9	1		5	3			
	1		9			2		6
6			8			9	1	
	5	6					7	
4			7	2		6	8	

BRAIN BUSTER

9			1		8			6
	4		3		7		2	
		2		9		5		
	3	7				2	8	
6								3
	5	9				1	6	
		4		1		8		
	6		2		9		7	
2			4		3			9

1 MINUTE NUMBER CRUNCH →

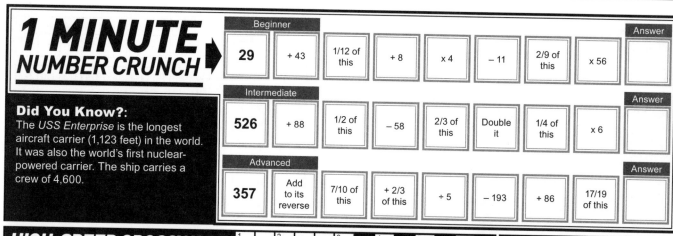

Beginner								Answer
29	+ 43	1/12 of this	+ 8	x 4	− 11	2/9 of this	x 56	

Intermediate								Answer
526	+ 88	1/2 of this	− 58	2/3 of this	Double it	1/4 of this	x 6	

Advanced								Answer
357	Add to its reverse	7/10 of this	+ 2/3 of this	÷ 5	− 193	+ 86	17/19 of this	

Did You Know?:
The *USS Enterprise* is the longest aircraft carrier (1,123 feet) in the world. It was also the world's first nuclear-powered carrier. The ship carries a crew of 4,600.

HIGH-SPEED CROSSWORD

Across
1 Economise (6)
7 Adult male horse (8)
8 Lowest range of tides (4)
10 Tool resembling a hammer (6)
11 Bird's construction (4)
12 Woolly mammals (5)
13 Unsettle in the mind (7)
17 Cause to separate and go in different directions (7)
19 Married women (5)
21 Mentally or physically infirm with age (4)
23 Substance covering the crown of a tooth (6)
25 Tipster (4)
26 Get back (8)
27 Tried out (6)

Down
1 Summary (8)
2 Ramble aimlessly (4)
3 Sacred song (5)
4 Associate who works with others (7)
5 Scottish valley (4)
6 Easier, less restricting (6)
9 Document granting an inventor sole rights (6)
14 Bathroom fixture (6)
15 Infatuated (8)
16 Official who is expected to ensure fair play (7)
18 Volcano cavity (6)
20 Gentleman's gentleman (5)
22 Lopsided (4)
24 Garret (4)

IQ WORKOUT

What number should replace the question mark?

41, 13, 37, 17, 31, 19, ?, 23

CODEWORD CONUNDRUM

A B C D E F G H I J K L M
N O P Q R S T U V W X Y Z

Reference Box

1	2	3	4	5	6	7	8	9	10	11	12	13
14	15 P	16	17	18 S	19	20	21	22	23 U	24	25	26

DOUBLE FUN SUDOKU

TASTY TEASER

	8	9			1	2		
	4				9	7	3	
		1	5		4		2	
3				8	1			4
8	1						7	6
2			7	4				8
	5		6		7	9		
	7	3	1				5	
		4	3		1	8		

BRAIN BUSTER

		8	3	9				
		4		7		8	1	5
		2			1			
	2							8
9		1				6		7
8							3	
			6			7		
5	6	3		2		4		
			4	8	3			

SPIDOKU

Each of the eight segments of the spider's web should be filled with a different number from 1 to 8, in such a way that every ring also contains a different number from 1 to 8.

LOGI-SIX

Every row and column of this grid should contain one each of the letters A, B, C, D, E and F. Each of the six shapes (marked by thicker lines) should also contain one each of the letters A, B, C, D, E and F. Can you complete the grid?

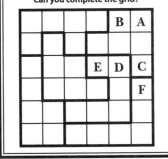

				B	A
			E	D	C
					F

HIGH-SPEED CROSSWORD

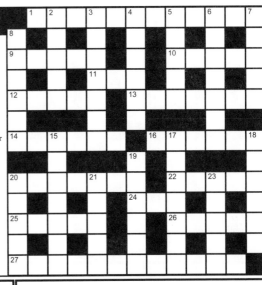

Across

1 Possession that is taken to indicate a person's wealth or high social position (6,6)
9 Elevations of the land (5)
10 Lines made of twisted fibres (5)
11 Male cat (3)
12 One of the two main branches of orthodox Islam (5)
13 Turn to stone (7)
14 Priesthood (6)
16 Billy ___, US evangelical preacher born in 1918 (6)
20 Supervise (7)
22 Ms Parton, songstress (5)
24 That girl (3)
25 European country (5)
26 Rub out (5)
27 First day of Lent (3,9)

Down

2 Bird of prey's claw (5)
3 Savouring (7)
4 Large shrimp cooked in breadcrumbs (6)
5 Sailing vessel (5)
6 Polish to a high sheen (7)
7 Hearty (5)
8 Medicine (6)
15 Solution used as a cleanser for the organs of sight (7)
17 Make amends for, remedy (7)
18 Havoc (6)
19 Capital of Iran (6)
20 Board used as a planchette (5)
21 Panache (5)
23 Capital of Tibet (5)

WORDSEARCH WORKOUT

```
O N W M E N N X M Z C X W
D V N R N I L E V A J F B
A U S W O A U A X E Q S E
N L K T F T M A S I D V N
R C D K R P C W Z H V K A
O A O O I A N I L A T A C
T N C R R S T M V R V H I
I A E D D M A O N R P V R
U H K O F R I E J I X E R
Q U V U A J K N H E Z G U
S N I U T A O Q C R T A H
O T D P R S P I T F I R E
M E G D G N I N T H G I L
R R E F V A L I A N T M E
Z D V M Z O W T U S K X H
```

AIRCRAFT NAMES

CATALINA
DRAKEN
HARRIER
HUNTER
HURRICANE
JAVELIN
LIGHTNING
MARAUDER
MIRAGE
MOSQUITO
NIMROD
SPITFIRE
STRATOJET
STUKA
TORNADO
VALIANT
VAMPIRE
VICTOR
VIXEN
VULCAN

DOUBLE FUN SUDOKU

TASTY TEASER

			5	6		9	4	
2			4		7	1		
5		3			8	6		
	5			4	1			
9		1	7		3	4		8
		6	8			2		
	9	2			5		3	
	1	4		7				9
8	7		6	3				

BRAIN BUSTER

		2	4		6	5		
9			8		7			3
	4					1		
6	7		5		2		3	8
1	3		7		4		9	5
	8						6	
4			1		8			2
		9	6		5	3		

MATCHSTICK MAGIC

Move four matchsticks to make two squares.

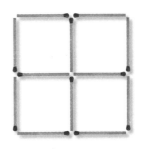

BRAIN TEASER

Which number comes next to a definite rule?

5 6 5 4 2 1 8 ?

DOMINO PLACEMENT

A standard set of 28 dominoes has been laid out as shown. Can you draw in the edges of them all? The check-box is provided as an aid and the domino already placed will help.

Did You Know?:

The BBC series *Mastermind* has been running since 1972. The first series championship was won by Nancy Wilkinson. In 1977, Sir David Hunt was the sixth series champion – a feat which he topped in 1982, when he won the Champion of Champions trophy.

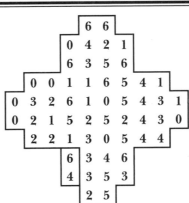

```
            6  6
       0  4  2  1
       6  3  5  6
    0  0  1  1  6  5  4  1
 0  3  2  6  1  0  5  4  3  1
 0  2  1  5  2  5  2  4  3  0
    2  2  1  3  0  5  4  4
       6  3  4  6
       4  3  5  3
          2  5
```

0-0	0-1	0-2	0-3	0-4	0-5	0-6

1-1	1-2	1-3	1-4	1-5	1-6	2-2

2-3	2-4	2-5	2-6	3-3	3-4	3-5

3-6	4-4	4-5	4-6	5-5	5-6	6-6
			✓			

CODEWORD CONUNDRUM

A B C D E F G H I J K L M
N O P Q R S T U V W X Y Z

Reference Box

1	2	3	4	5	6 B	7	8	9 A	10	11	12	13
14	15	16	17	18	19	20	21	22	23	24 L	25	26

DOUBLE FUN SUDOKU

TASTY TEASER

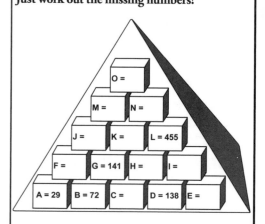

BRAIN BUSTER

PYRAMID PLUS

Every brick in this pyramid contains a number which is the sum of the two numbers below it, so that F=A+B, etc.
Just work out the missing numbers!

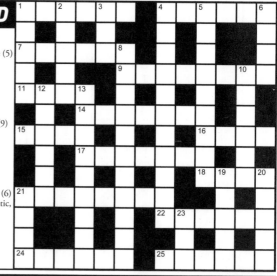

O =
M =   N =
J =   K =   L = 455
F =   G = 141   H =   I =
A = 29   B = 72   C =   D = 138   E =

WORK IT OUT

In the grid below, what number should replace the question mark?

4	24	120	480	1440	2880
7	42	210	840	2520	5040
2	12	60	240	720	1440
3	18	90	360	1080	2160
5	30	150	600	1800	3600
6	36	180	720	2160	?

HIGH-SPEED CROSSWORD

Across
1 Jailor (6)
4 Machine for cutting bacon (6)
7 Great coolness and composure (6)
9 Atomiser which sprays paint (8)
11 Move very quickly (4)
14 Lures (7)
15 Establishments where alcoholic drinks are served (4)
16 Male parent (4)
17 Repeat (7)
18 Crash out (4)
21 Getting to one's feet (8)
22 Printed mistakes (6)
24 Deliberately arranged for effect (6)
25 Obstruct, hinder (6)

Down
1 Tribes (5)
2 Seasoned, colourful rice (5)
3 Electrical resistance unit (3)
4 Cheat someone by not returning enough money (5-6)
5 Made an emotional or cognitive impact upon (9)
6 Red eruption of the skin (4)
8 Scene of conflict (11)
10 Carnivorous marine fishes (6)
12 Band of fabric worn around the neck as a tie (6)
13 Planning out in systematic, often graphic form (9)
19 Airport in Chicago (5)
20 Flood, rush (5)
21 Expresses in words (4)
23 Edge, border (3)

1 MINUTE NUMBER CRUNCH

Beginner

| 86 | ÷ 2 | + 19 | ÷ 2 | x 3 | + 27 | 1/6 of this | + 37 | Answer |

Intermediate

| 17 | x 9 | 2/3 of this | + 586 | 3/8 of this | + 1/3 of this | 1/2 of this | ÷ 4 | Answer |

Advanced

| 62 | x 9 | 5/6 of this | 8/15 of this | 5/8 of this | + 4/5 of this | + 2/9 of this | − 192 | Answer |

Did You Know?:

The *General Belgrano* was an Argentinian cruiser sunk by a UK submarine during the Falklands War of 1982. However, the *Belgrano* began its career in the US Navy as the *USS Phoenix*, launched in 1938. The *Phoenix* narrowly missed being sunk at Pearl Harbor.

HIGH-SPEED CROSSWORD

Across
1 Overshadowed (7)
8 Assuage (7)
9 Spread or diffuse through (7)
10 Gruff, as if from shouting or illness (6)
12 The courage to carry on (6)
14 Period between childhood and maturity (11)
19 Most peculiar (6)
22 Verbally report or maintain (6)
25 Coin worth one-hundredth of an old French franc (7)
26 Endow with strength (7)
27 Noted, distinguished (7)

Down
1 Lowest regions (6)
2 Attack by planes (3,4)
3 Flutters (5)
4 Sketched (4)
5 Pungent spice, popular in apple pies (5)
6 Banquet (5)
7 Distributor of playing cards (6)
11 Discharge, throw out (5)
12 Coffee-chocolate drink (5)
13 Cardinal number (3)
15 Single number (3)
16 Shirt, blouse (7)
17 Fuss (6)
18 Give in, as to influence or pressure (6)
20 Cover with cloth (5)
21 Frown (5)
23 Island of central Hawaii (5)
24 Land measure (4)

IQ WORKOUT

Draw in the hands on the final clock.

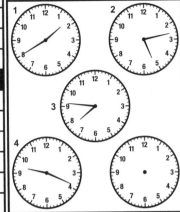

1 MINUTE NUMBER CRUNCH

Beginner								Answer
69	+ 33	1/2 of this	1/3 of this	x 5	+ 9	1/2 of this	+ 18	

Intermediate								Answer
255	÷ 3	3/5 of this	8/17 of this	x 5	40% of this	x 8	1/2 of this	

Advanced								Answer
74	x 8	11/16 of this	Add to its reverse	− 777	x 8	3/16 of this	+ 835	

Did You Know?:
The number 501 is the traditional starting number in a game of darts. 501 is also the highest individual score in test cricket – Brian Lara achieved this fantastic score off 427 balls in 1994.

WORDSEARCH WORKOUT

```
N C V Y O D Y I U X Q M J
A R A B I C A M O C H A L
I N S T A N T Z O O V M D
B T G F I D Y J S A A P D
M S U Q P B N B L C U E F
O A J R W U P U C A C L I
L O E F K Z K H O I T M L
O R T L T I I I P R K T T
C T I P T A S E R E G F E
C H H X T D N H N I S Y R
Q G W O B S M Y N K S H E
R I O N I L A H J D N H D
X L F R E N C H R O A S T
B L U E M O U N T A I N G
O S S E R P S E B L A C K
```

COFFEE

ARABICA	IRISH
BLACK	JAVA
BLUE MOUNTAIN	KENYAN
COLOMBIAN	LATTE
ESPRESSO	LIGHT ROAST
FILTERED	MACCHIATO
FRENCH ROAST	MOCHA
GROUND	NOIR
ICED	TURKISH
INSTANT	WHITE

DOUBLE FUN SUDOKU

TASTY TEASER

	3				8		7
		9	1	5			
2	6		3			4	5
	4			3	1	7	9
7		5		9			2
6	8	9	7		3		
5	9		7		4	3	
		2	5	6			
8	7				2		

BRAIN BUSTER

1							4
	5	6		9	3		
3		7		2		1	
8	5		3		4		9	2
2	7		9		8		5	3
	4		8		5		6	
		2	1		6	7	
6							8

WHATEVER NEXT?

In the diagram below, which letter should replace the question mark?

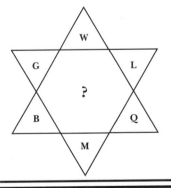

BRAIN TEASER

What comes next?

Mind Over Matter

Given that the letters are valued 1-26 according to their places in the alphabet, can you crack the mystery code to reveal the missing letter?

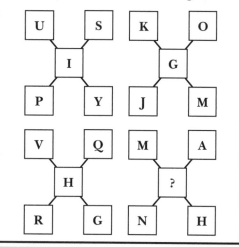

U		S		K		O
I				G		
P		Y		J		M
V		Q		M		A
H				?		
R		G		N		H

DOUBLE FUN SUDOKU

TASTY TEASER

4	1	5			7			9
			2	9	5		1	
			1		4		8	
7			3		6	2		
	6	3				8	4	
		2	7		8			1
	7		6		9			
	2		5	3	1			
9			8			5	2	6

BRAIN BUSTER

	6				4			
			4	8	9			
4		9	3		6	8		5
1		7	8		4	2		9
8								1
9		4	2		5	7		8
7		5	6		8	1		4
			1	5	7			
	3				5			

CODEWORD CONUNDRUM

A B C D E F G H I J K L M
N O P Q R S T U V W X Y Z

Reference Box

1	2	3	4	5	6	7	8	9	10	11	12	13
									L			I
14	15	16	17	18	19	20	21	22	23	24	25	26
										T		

FUTOSHIKI

Fill the grid so that every horizontal row and vertical column contains the numbers 1-5. The 'greater than' or 'less than' signs indicate where a number is larger or smaller than that in the neighbouring square.

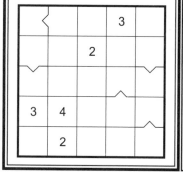

HIGH-SPEED CROSSWORD

Across
- **4** Cause the downfall of (rulers) (7)
- **8** Mrs Major, wife of former UK prime minister John (5)
- **9** Raising (bread, etc) with yeast (9)
- **10** Functions (5)
- **11** Correction (9)
- **13** Close at hand (6)
- **16** Price for some article (6)
- **20** Strait in the Orkney Islands (5,4)
- **23** Love intensely (5)
- **24** Artists' media (9)
- **25** North African port (5)
- **26** Protective care or guardianship (7)

Down
- **1** Figure made of ice (7)
- **2** In proportion (3,4)
- **3** Light wood (5)
- **4** Removed body hair (6)
- **5** Distance across (7)
- **6** Class of people enjoying superior status (5)
- **7** Close-fitting (5)
- **12** Henpeck (3)
- **14** Continuing in the same way (abbr) (3)
- **15** Bluster (7)
- **17** Second totting up of votes in a close election (7)
- **18** Disbursement (7)
- **19** Abundance (6)
- **20** Unemotional person (5)
- **21** Map book (5)
- **22** Fritter away (5)

1 MINUTE NUMBER CRUNCH

Beginner							Answer
77	Double it	+ 20	÷ 3	50% of this	+ 5	1/2 of this	− 4	

Intermediate							Answer
76	1/2 of this	250% of this	4/5 of this	+ 88	÷ 4	x 9	+ 2/3 of this	

Advanced							Answer
38	x 22	− 212	9/12 of this	÷ 6	350% of this	5/13 of this	5/21 of this	

Did You Know?:
In April 1912, the recently-founded London Symphony Orchestra was due to travel to New York for a series of concerts. New York cancelled the engagement and the LSO missed the boat – the *Titanic*.

BATTLESHIP BOUT

Can you place the vessels into the diagram? Some parts of vessels or sea squares have already been filled in. A number to the right or below a row or column refers to the number of occupied squares in that row or column.

Any vessel may be positioned horizontally or vertically, but no part of a vessel touches part of any other vessel, either horizontally, vertically, or diagonally.

Did You Know?:
Former German prisoner-of-war, Bert Trautmann played professional soccer for several English clubs. In the 1956 FA Cup Final, as goalkeeper for Manchester City (against Birmingham City), he played the last 17 minutes of the match with a broken neck. His team won.

Empty Area of Sea: ≈
Aircraft Carrier:
Battleships:
Cruisers:
Submarines:

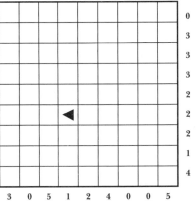

HIGH-SPEED CROSSWORD

Across
1 Knife used in dissection (7)
5 Second planet from the sun (5)
8 Fall behind (3)
9 Flow freely (9)
10 Bordeaux wine (6)
13 Meat from a calf (4)
14 Violent denunciation (6)
15 Small cut (4)
17 Back of the neck (4)
20 Handsome youth loved by Aphrodite (6)
22 Shout out (4)
23 Sugary confections (6)
25 Continent in the southern hemisphere (9)
26 Anoint or lubricate (3)
27 Small mouselike mammal (5)
28 Cowboy film (7)

Down
1 Makes a choice (7)
2 Currency used in Kabul, for example (7)
3 Protester stationed outside a place of work (6)
4 Skulk (4)
6 Invigorate (7)
7 Place the letters of a word in the correct order (5)
11 Offspring of a male tiger and a female lion (5)
12 Foundation (5)
16 Artist's paint-mixing board (7)
18 Woodland flower (7)
19 Fifth letter of the Greek alphabet (7)
21 Perspires (6)
22 Uncouth (5)
24 Exhaled with force (4)

IQ WORKOUT

What number should replace the question mark?

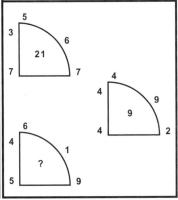

WORDWHEEL

Using only the letters in the Wordwheel, you have ten minutes to find as many words as possible, none of which may be plurals, foreign words or proper nouns. Each word must be of three letters or more, all must contain the central letter and letters can only be used once in every word. There is at least one nine-letter word in the wheel.

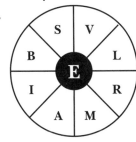

S V L R M A I B E

Nine-letter word(s):

SUM CIRCLE

Fill the three empty circles with the symbols +, – and x in some order, to make a sum which totals the number in the centre. Each symbol must be used once and calculations are made in the direction of travel (clockwise).

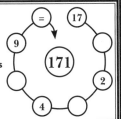

= 17
9
171
2
4

WORDSEARCH WORKOUT

```
P C O Z T A Q E I G M X C
F E R E J O R A N G E S Z
B Z R L G G X I C A T C H
A A N F A A S C Y A V X A
C Z L O O S T A L P J W N
C P E A A R W S G U R R D
U U S P N H M C R S E E S
R E I L S C D B U O N V W
A K O H R X E C B J T O Q
C A P V T N R R P L R C K
Y M H I D I X Z I H A E S
S B U L C O N O T N P R L
R O U T I N E Q P L G K L
P L A T E S P W K C T S A
B G N I K A T H T A E R B
```

JUGGLING

ACCURACY
BALANCE
BALLS
BREATHTAKING
CATCH
CIRCUS
CLUBS
HANDS
MAKE-UP
ORANGES
PARTNER
PASSING
PERFORM
PLATES
POISE
RECOVER
RINGS
ROUTINE
STAGE
THROW

DOUBLE FUN SUDOKU

TASTY TEASER

1		7	8				9	
	3	4		2	7		8	
		2	5					4
		8		5			6	2
5			7		8			3
4	7			3		9		
7					6	1		
	9		2	1			6	4
	6				4	8		5

BRAIN BUSTER

			1	5	3			
9				2				7
1		2	9		7	8		5
	4				6			
7								9
	8				2			
6	1	7		8	3		2	
8			3				4	
		2	6	4				

1 MINUTE NUMBER CRUNCH

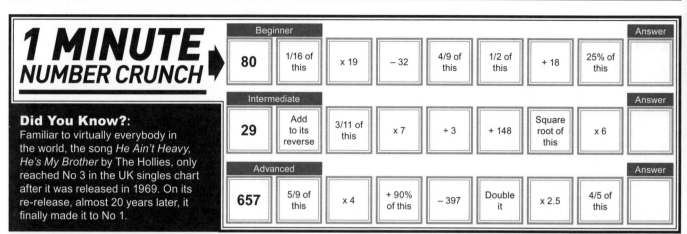

Beginner								Answer
80	1/16 of this	x 19	− 32	4/9 of this	1/2 of this	+ 18	25% of this	

Intermediate								Answer
29	Add to its reverse	3/11 of this	x 7	÷ 3	+ 148	Square root of this	x 6	

Advanced								Answer
657	5/9 of this	x 4	+ 90% of this	− 397	Double it	x 2.5	4/5 of this	

Did You Know?:
Familiar to virtually everybody in the world, the song *He Ain't Heavy, He's My Brother* by The Hollies, only reached No 3 in the UK singles chart after it was released in 1969. On its re-release, almost 20 years later, it finally made it to No 1.

HIGH-SPEED CROSSWORD

Across
1 Easy, uncomplicated (6)
3 Market trader's cart (6)
7 Feeling of annoyance or anger (11)
10 One who administers a test (8)
11 Domed recess (4)
13 Bus garage (5)
14 Played a part (5)
18 Kitchen appliance (4)
19 Animal or plant that lives in or on a host (8)
21 Not needing to be demonstrated or explained, obvious (4-7)
22 Lessen the strength of (6)
23 Ensign (6)

Down
1 Make unhappy (6)
2 Water ice on a wooden stick (8)
4 Lie adjacent to another (4)
5 Network of rabbit burrows (6)
6 Smooth surface (as of a cut gemstone) (5)
8 Having no definite form (9)
9 Swear-word (9)
12 Type of neuralgia which affects the hips (8)
15 Travel behind, go after (6)
16 Display stand for a painting (5)
17 One who owes money (6)
20 Colour of the rainbow (4)

IQ WORKOUT
What number should replace the question mark?

CODEWORD CONUNDRUM

A B C D E F G H I J K L M
N O P Q R S T U V W X Y Z

Reference Box

DOUBLE FUN SUDOKU

TASTY TEASER

BRAIN BUSTER

SPIDOKU

Each of the eight segments of the spider's web should be filled with a different number from 1 to 8, in such a way that every ring also contains a different number from 1 to 8.

LOGI-SIX

Every row and column of this grid should contain one each of the letters A, B, C, D, E and F. Each of the six shapes (marked by thicker lines) should also contain one each of the letters A, B, C, D, E and F. Can you complete the grid?

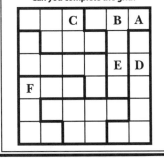

		C		B	A
				E	D
F					

HIGH-SPEED CROSSWORD

Across
1 Compelling attractiveness or charm (8)
5 Amphibian (4)
8 Tooth on the rim of gear wheel (8)
10 Cut in three (7)
11 Part of speech (6)
13 Approves formally (9)
15 Counterfeit documents, coins, banknotes, etc (9)
18 Lottery in which the prizes are goods (6)
19 Belly (7)
22 Fashion business, colloquially (3,5)
23 Cook slowly in liquid (4)
24 Showing profound respect (8)

Down
1 One of two actors who are given the same status in a film (2-4)
2 French farewell remark (2,6)
3 Brings upon oneself (6)
4 Converge (4)
6 Fully developed (4)
7 Free of charge (6)
9 Lorry driver (7)
12 Object that impedes free movement (7)
14 Former sweetheart (3,5)
15 Noisy quarrel (6)
16 Jean-Paul ___, French writer and philosopher (1905-1980) (6)
17 Replicate (6)
20 British peer of the highest rank (4)
21 Appellation (4)

WORDSEARCH WORKOUT

```
I A J U N O N I K G S G R
R A O R A A Z U Q N Y U H
A H C Q O T T O M A N J J
Z M R N B M N I I H O Z W
T O I F I A A S X S D E M
E M M N E H U N P C E X S
C D G A A M I L Y D I A N
O H N E E E M T W M B P N
A I K R G P A H T A X W A
M N I X K Y A D E I T I E
N A I S R E P A L Z T K A
N W L N I J N T O A P E M
A S S Y R I A N I T H Q A
N A Y A M B H Q U A D C R
B Z N A B A T A E A N J A
```

ANCIENT CIVILISATIONS

ARAMAEAN	MINOAN
ASSYRIAN	NABATAEAN
AZTEC	OTTOMAN
CHALDAEAN	PERSIAN
EGYPTIAN	ROMAN
HITTITE	SABAEAN
INCA	SHANG
LYDIAN	SUMERIAN
MAYAN	XIA
MINAEAN	ZHOU

DOUBLE FUN SUDOKU

TASTY TEASER

	7	2	3			4	5	
		4		7		1		
5		8			4	7		6
			9	1			4	3
	8					6		
4	2			5	6			
9		5	7			2		1
	1		2		3			
	3	7			8	6	9	

BRAIN BUSTER

4	9				5	3		
	6			3				4
		7				8	1	
7		4	2					
						4	1	
					9			5
	7	8				9		
1			2			6		
	5	8				7	3	

MATCHSTICK MAGIC

Remove two matchsticks to make three squares.

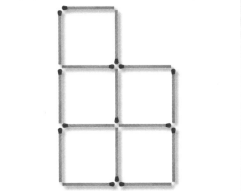

BRAIN TEASER

What number should replace the question mark?

36 64
81 100
49

343 729
512 ?
216

1 MINUTE NUMBER CRUNCH

Beginner							Answer
168	− 72	1/4 of this	x 3	1/2 of this	1/6 of this	x 19	1/2 of this

Intermediate							Answer
84	3/14 of this	Squared	5/9 of this	160% of this	5/18 of this	− 27	x 5

Advanced							Answer
39	x 14	Double it	5/13 of this	+ 8/21 of this	13/29 of this	− 3/10 of this	÷ 0.2

Did You Know?:
The Aral Sea in Central Asia was the fourth largest lake in the word – over 26,000 square miles in area. Since 1960 it has shrunk by 90%, due to its incoming rivers being diverted to provide irrigation elsewhere. Its remaining waters are seriously polluted.

CODEWORD CONUNDRUM

A B C D E F G H I J K L M
N O P Q R S T U V W X Y Z

Reference Box

1	2	3	4	5	6	7	8	9	10 A	11	12	13
14	15	16	17	18	19	20	21	22	23	24	25 T	26 N

DOUBLE FUN SUDOKU

TASTY TEASER

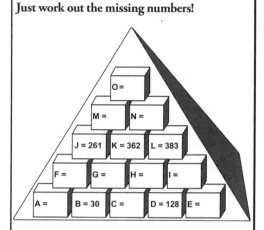

BRAIN BUSTER

PYRAMID PLUS

Every brick in this pyramid contains a number which is the sum of the two numbers below it, so that F=A+B, etc.
Just work out the missing numbers!

O =
M =   N =
J = 261   K = 362   L = 383
F =   G =   H =   I =
A =   B = 30   C =   D = 128   E =

WORK IT OUT

In the grid below, what number should replace the question mark?

51	28	39	42	34	19	67
45	22	33	36	28	13	61
39	16	27	30	22	7	55
33	10	21	?	16	1	49
40	17	28	31	23	8	56
47	24	35	38	30	15	63
54	31	42	45	37	22	70

HIGH-SPEED CROSSWORD

Across
1 Small rounded boat made of hides stretched over a wicker frame (7)
7 Attorney (6)
9 Chests for storing valuables (7)
10 Sound off (5)
11 Indian nursemaid (4)
12 Thin candle (5)
16 Tree, emblem of Canada (5)
17 Cook in an oven (4)
21 Small pendant fleshy lobe at the back of the soft palate (5)
22 Industrial plant for extracting metal from ore (7)
23 Layered (6)
24 Spectator (7)

Down
1 Of the greatest importance, vital (7)
2 Piece of cloth attached to a pole, used to signal danger (3,4)
3 Principal (5)
4 Knife that can be fixed to the end of a rifle (7)
5 Country, capital Damascus (5)
6 Carrying weapons (5)
8 Set up (9)
13 Corpse (7)
14 Hobby (7)
15 Relating to iron (7)
18 Substance used to secure panes of glass (5)
19 Hand tool for boring holes (5)
20 Equip (a ship) with new parts (5)

1 MINUTE NUMBER CRUNCH

Beginner							Answer
6	1/3 of this	Squared	x 8	3/8 of this	+ 98	10% of this	x 12

Intermediate							Answer
14	250% of this	x 7	− 66	Double it	+ 47	÷ 15	x 3

Advanced							Answer
309	+ 2/3 of this	x 7	− 3/5 of this	1/2 of this	4/7 of this	÷ 0.4	+ 4/5 of this

Did You Know?:
Faisal II was the last king of Iraq. He was assassinated, along with many members of his family, in the 1958 revolution. The changes brought about by the revolution eventually enabled the notorious Sadam Hussein to ascend to supreme power in 1979.

HIGH-SPEED CROSSWORD

Across

1 Relating to the backbone (6)
4 Engineless plane (6)
9 Function (7)
10 Long-necked animal (7)
11 *The Mill on the ___*, George Eliot novel (5)
12 Splendid (8)
15 One who gives a sermon (8)
17 Cut thinly (5)
18 Fruit garden (7)
20 One who believes in rule by a select group (7)
21 Feel remorse for (6)
22 Shooting star (6)

Down

1 Laughs at with contempt and derision (6)
2 Building used to store frozen water (3,5)
3 Collect or gather, hoard (5)
5 Collection of books (7)
6 Unable to hear (4)
7 Engages in uproarious festivities (6)
8 Banknotes or coins considered as an official medium of payment (5,6)
13 Set aside (8)
14 Eight-sided polygon (7)
15 Not as rich (6)
16 Annoy persistently (6)
17 Country, capital Santiago (5)
19 Division between signs of the zodiac (4)

SUMMING UP

In the square below, change the positions of six numbers, one per horizontal row, vertical column and long diagonal line of six smaller squares, in such a way that the numbers in each row, column and long diagonal line total exactly 264. Any number may appear more than once in a row, column or line.

37	52	56	77	51	37
10	66	39	28	20	42
54	20	38	74	61	35
35	19	84	12	46	77
32	30	57	26	68	45
37	69	36	65	12	37

DOMINO PLACEMENT

Did You Know?:
Poet, Lord Byron died at Missolonghi, Greece in 1824, aged 36. He had caught a cold there which worsened into a severe fever from which he never recovered. His heart is said to be buried at Missolonghi and his body is buried at Hucknall in Nottinghamshire.

A standard set of 28 dominoes has been laid out as shown. Can you draw in the edges of them all? The check-box is provided as an aid and the domino already placed will help.

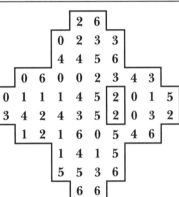

0-0	0-1	0-2	0-3	0-4	0-5	0-6

1-1	1-2	1-3	1-4	1-5	1-6	2-2
						✓

2-3	2-4	2-5	2-6	3-3	3-4	3-5

3-6	4-4	4-5	4-6	5-5	5-6	6-6

WORDSEARCH WORKOUT

A	T	O	M	E	H	V	H	Z	X	T	A	U
C	A	N	G	H	M	O	M	O	S	U	L	D
U	N	D	B	A	S	T	D	A	G	W	A	K
R	U	U	M	O	R	A	M	N	N	P	F	I
O	R	F	S	K	L	R	E	C	A	G	S	E
B	E	G	I	A	C	A	I	T	Q	D	L	V
C	K	B	A	N	N	S	I	S	B	R	U	A
S	A	E	B	E	M	R	R	V	O	P	I	A
E	L	L	I	V	O	R	O	G	Y	N	T	K
T	U	C	U	R	U	I	U	Q	H	V	D	V
T	M	N	Y	K	K	N	E	C	U	O	I	O
A	B	H	W	D	C	G	Z	S	O	E	J	H
B	L	A	U	W	E	R	S	Z	E	E	K	K
K	S	E	G	R	O	G	E	E	R	H	T	A
A	I	Y	D	S	W	C	R	R	L	D	N	K

DAMS

AFSLUITDIJK
BEAS
BORUCA
GARRISON
KAKHOVKA
KANEV
KIEV
LAUWERSZEE
MANGLA
MOSUL
NUREK
OAHE
OROVILLE
PATI
ROGUN
SAN ROQUE
SARATOV
TABKA
THREE GORGES
TUCURUI

DOUBLE **FUN** SUDOKU

TASTY TEASER

		8	9	4		2		
7	2	4		6			1	
		1		7		5		
	2	7		9				5
	3	6				9	7	
8		6		5	2			
	6		3		8			
1			5			4	8	3
8		4	1	2				

BRAIN BUSTER

7		2	5		4	8		1
			2	8	7			
	5					7		
9		6	7		8	3		2
8								9
2		7	1		3	6		8
		4					1	
			6	1	9			
6		1	8		5	9		7

WHATEVER NEXT?

In the diagram below, which letter should replace the question mark?

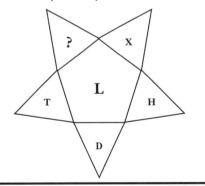

BRAIN **TEASER**

How many triangles appear here?

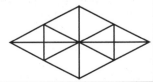

Mind Over Matter

Given that the letters are valued 1-26 according to their places in the alphabet, can you crack the mystery code to reveal the missing letter?

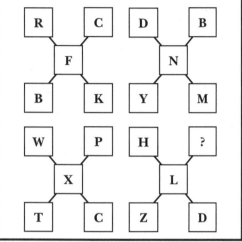

R	C	D	B
F		N	
B	K	Y	M
W	P	H	?
X		L	
T	C	Z	D

DOUBLE **FUN** SUDOKU

TASTY TEASER

6		2			4	7		3
		4		7		9		
	7	8	5			4	6	
4	8			6	3			
	2						3	
			1	9			4	5
	5	7			2	3	1	
	9		8		5			
1		6	7			8		9

BRAIN BUSTER

				4		3	
1			6	3		8	
6		5		2			
			3				1
2				5			9
	4				7		
			9		6		2
	9			7	2		5
	7		8				

CODEWORD **CONUNDRUM**

A B C D E F G H I J K L M
N O P Q R S T U V W X Y Z

Reference Box

1	2	3	4	5	6	7	8	9	10	11	12	13
14	15	16	17	18	19	20	21	22	23	24	25	26
U	E					H						

FUTOSHIKI

Fill the grid so that every horizontal row and vertical column contains the numbers 1-5. The 'greater than' or 'less than' signs indicate where a number is larger or smaller than that in the neighbouring square.

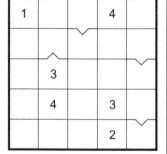

HIGH-SPEED CROSSWORD

Across
1 Belonging to a nobleman (5)
4 Fruit resembling a small peach (7)
8 Piece of dried fruit (7)
9 Desert in north-eastern Egypt (5)
10 Rear of a boat or ship (5)
11 Become obstructed (7)
12 Pickled flower buds used in various sauces (6)
13 Squirm, wriggle (6)
16 Concluding summary (7)
18 Common gastropod (5)
20 Rotund, extremely chubby (5)
21 Part of a barrier or fence (7)
22 Unfortunate happening that hinders (7)
23 Contributor (5)

Down
1 Evades (5)
2 One who communicates by means of letters (13)
3 Apprentice (7)
4 Offensive move in a sport (6)
5 Plant exudation (5)
6 Intense mental effort (13)
7 Prickly plant (7)
12 Orange root vegetables (7)
14 Countermand (7)
15 Hooded waterproof jacket (6)
17 Last letter of the Greek alphabet (5)
19 Offspring of a male lion and female tiger (5)

1 MINUTE NUMBER CRUNCH

Beginner								Answer
35	÷ 5	+ 27	x 2	÷ 4	− 8	Square root of this	x 15	

Intermediate								Answer
41	x 4	125% of this	− 87	Double it	3/4 of this	2/3 of this	1/2 of this	

Advanced								Answer
22	Squared	x 1.25	40% of this	+ 254	x 0.375	+ 1/3 of this	5/8 of this	

Did You Know?:
D H Lawrence's novel *Lady Chatterley's Lover* was banned in Britain when it first appeared in 1928. In 1960, Penguin Books published the book and was taken to court under the Obscene Publications Act of 1959. Penguin was found 'not guilty'.

1 MINUTE NUMBER CRUNCH

Beginner								Answer
187	− 16	÷ 9	− 4	Squared	÷ 25	+ 5	+ 73	

Intermediate								Answer
95	Double it	40% of this	x 1.75	x 4	1/2 of this	+ 96	x 3	

Advanced								Answer
338	x 7	9/14 of this	2/9 of this	x 3.5	2/7 of this	x 8	13/16 of this	

Did You Know?:
The song *Unchained Melody* has topped the UK singles chart more times than any other song: Jimmy Young 1955; Al Hibler 1955; The Righteous Brothers 1990 (a re-release from 1965, when it only reached No 14); Robson & Jerome 1995; Gareth Gates 2002.

HIGH-SPEED CROSSWORD

Across
1 High pitched sound directed towards someone to express sexual attraction or admiration (4-7)
9 Traveller who uses runners to cross snow (5)
10 Chinese communist leader (1893-1976) (3)
11 Jewish sacred writings and tradition (5)
12 Adult female horses (5)
13 Narrow, pointed shoe heel (8)
16 Groove between a woman's breasts (8)
18 Mete out (5)
21 Hindu religious teacher (5)
22 English river (3)
23 Authoritative proclamation (5)
24 State of being kept as a prisoner in one's own home (5,6)

Down
2 Carried to excess, exaggerated (7)
3 Open mesh fabric resembling an angling trap (7)
4 Elevation (6)
5 Watery fluid of the blood (5)
6 Large-eyed, arboreal prosimian having a foxy face (5)
7 Fit for the purpose intended (2,2,7)
8 Thinking about (11)
14 Short-tailed burrowing rodent (7)
15 Sum of money paid in compensation (7)
17 Thin layer of mineral (6)
19 State of being disregarded or forgotten (5)
20 Woodland plants (5)

PARTITIONS

Draw walls to partition the grid into areas (some are already drawn in). Each area must contain two circles, area sizes must match those numbers shown next to the grid and each '+' must be linked to at least two walls.

2, 3, 3, 4, 6, 7

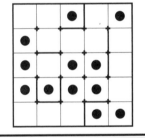

WORDWHEEL

Using only the letters in the Wordwheel, you have ten minutes to find as many words as possible, none of which may be plurals, foreign words or proper nouns. Each word must be of three letters or more, all must contain the central letter and letters can only be used once in every word. There is at least one nine-letter word in the wheel.

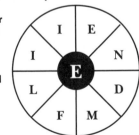

Letters: I, E, N, D, M, F, L, I (centre E)

Nine-letter word(s):
_____

SUM CIRCLE

Fill the three empty circles with the symbols +, − and x in some order, to make a sum which totals the number in the centre. Each symbol must be used once and calculations are made in the direction of travel (clockwise).

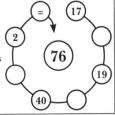

Circle values: 17, 2, 76 (centre), 19, 40

WORDSEARCH WORKOUT

```
D O C P D D R A U G D U M
S R E Z I L I B A T S Q G
P N R P E D A L S E R N W
O X P A N N I E R K X C T
K F S Y C A H P L S E K W
E R T I L F U O O A R B N
C L L V I M C R Y B B B P
H H O U P K W P Z Q K A L
A E B U T R E N N I Q S L
I Q S P E E D O M E T E R
N P A O T Q K A L O W K F
H S O E K S T N B L H A R
L E U F T R D C S P E R A
M A J U B F M X H V E B M
R T N U T Y R E S Z L W E
```

CYCLING

BASKET
BELL
BOLTS
BRAKES
CHAIN
CLIP
FRAME
INNER TUBE
LOCK
MUDGUARD
NUTS
PANNIER
PEDALS
PUMP
SEAT
SPEEDOMETER
SPOKE
STABILIZER
TYRES
WHEEL

DOUBLE FUN SUDOKU

TASTY TEASER

				5	8			9
3								
	6		2	4		3		
5	1	9	8					
	5	3		9				7
1			2		6			4
4				7		9	6	
					9	7	4	3
	7		3	6		1		
8		5	7					2

BRAIN BUSTER

8	9	7		5		6		
			9			1		
				8	6	3		
	6							1
	7	2				8	4	
5							9	
		3	6	4				
		5			2			
	9		1		7	6	2	

1 MINUTE NUMBER CRUNCH

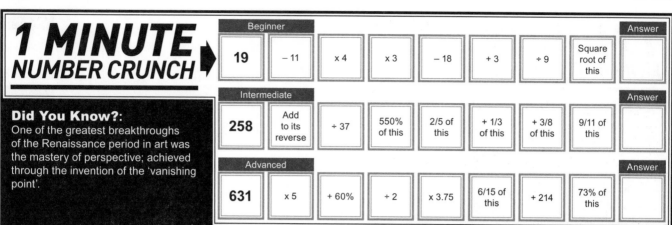

Beginner								Answer
19	− 11	x 4	x 3	− 18	+ 3	÷ 9	Square root of this	

Intermediate								Answer
258	Add to its reverse	÷ 37	550% of this	2/5 of this	+ 1/3 of this	+ 3/8 of this	9/11 of this	

Advanced							Answer
631	x 5	+ 60%	÷ 2	x 3.75	6/15 of this	+ 214	73% of this	

Did You Know?:
One of the greatest breakthroughs of the Renaissance period in art was the mastery of perspective; achieved through the invention of the 'vanishing point'.

HIGH-SPEED CROSSWORD

Across
1 Anarchical (7)
6 Archaeological site (3)
8 Basic unit of money in Norway (5)
9 Wrestle (7)
10 Money risked on a gamble (5)
11 Had on loan (8)
13 Official order (6)
15 Object used as a container for liquids (6)
18 Wetness (8)
19 Living organism lacking the power of locomotion (5)
21 Fast sailing ship used in former times (7)
22 Plain dough cake, often griddled (5)
23 Female sheep (3)
24 Having a wavy edge or margin (7)

Down
2 Circle of light around the head of a saint (7)
3 Worker (8)
4 Spit for holding meat in place (6)
5 Plenty (4)
6 Contends for in argument (7)
7 Common, not specific (7)
12 Allocate or distribute (work or resources) differently (8)
13 Notwithstanding (7)
14 Wash (7)
16 Ardently serious (7)
17 Impels (6)
20 Ancient city in Asia Minor (4)

IQ WORKOUT

What letter should replace the question mark?

O
T   T
F   F
?

CODEWORD CONUNDRUM

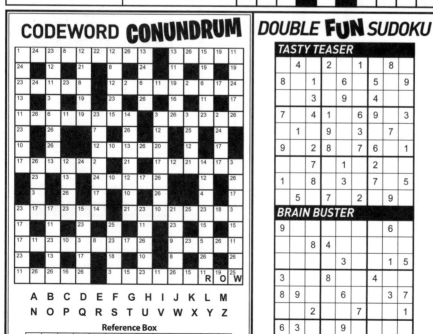

R O W

A B C D E F G H I J K L M
N O P Q R S T U V W X Y Z

Reference Box

1	2	3	4	5	6	7	8	9	10	11 R	12	13
14	15	16	17	18	19 O	20	21	22	23	24	25 W	26

DOUBLE FUN SUDOKU

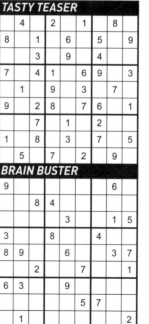

TASTY TEASER

	4		2		1		8	
8		1		6		5		9
		3		9		4		
7		4	1		6	9		3
	1		9		3		7	
9		2	8		7	6		1
		7		1		2		
1		8		3		7		5
	5		7		2		9	

BRAIN BUSTER

9							6	
	8	4						
				3			1	5
3			8			4		
8	9			6			3	7
		2			7			1
6	3			9				
						5	7	
	1							2

SPIDOKU

Each of the eight segments of the spider's web should be filled with a different number from 1 to 8, in such a way that every ring also contains a different number from 1 to 8.

LOGI-SIX

Every row and column of this grid should contain one each of the letters A, B, C, D, E and F. Each of the six shapes (marked by thicker lines) should also contain one each of the letters A, B, C, D, E and F. Can you complete the grid?

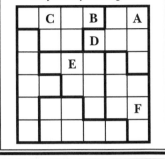

C		B		A	
		D			
	E				
				F	

HIGH-SPEED CROSSWORD

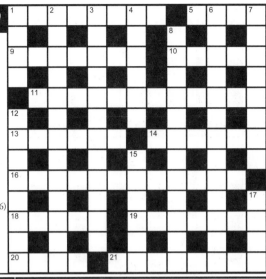

Across
- 1 Viewpoints (8)
- 5 Throb dully (4)
- 9 Substance that stimulates an immune response in the body (7)
- 10 Consent (5)
- 11 Sudden, dramatic, and important discovery or development (12)
- 13 Peninsula between the Red Sea and the Persian Gulf (6)
- 14 Bonfire signal (6)
- 16 Partnership designed to share risk or expertise (5,7)
- 18 Angry dispute (3-2)
- 19 Careful reading (7)
- 20 Pigmented spot on the skin (4)
- 21 Accidental collision that is narrowly avoided (4,4)

Down
- 1 All right (4)
- 2 Between other countries (13)
- 3 Calculated to please or gain favour (12)
- 4 Four score and ten (6)
- 6 Church festival held on the Thursday after Trinity Sunday (6,7)
- 7 Indian or African animal (8)
- 8 Lotion which reduces the effect of balding (4,8)
- 12 Pungent leaves used as seasoning (8)
- 15 Group of human beings (6)
- 17 Charitable gifts (4)

WORDSEARCH WORKOUT

M	L	Z	D	G	Y	C	V	W	E	G	T	M
X	A	W	N	D	T	M	T	N	C	F	T	S
I	O	S	A	O	I	P	E	T	E	R	I	A
R	Y	Z	T	U	D	R	O	H	I	A	F	R
P	O	A	S	E	D	U	T	R	N	W	O	A
R	L	T	S	L	R	J	L	E	E	I	N	R
E	H	Y	I	S	J	M	E	H	Z	D	D	T
H	E	H	S	S	G	K	P	T	T	U	F	D
T	C	H	S	M	I	E	Q	O	J	C	J	N
A	H	L	C	A	N	U	W	M	G	H	N	A
F	Z	M	A	L	P	A	Q	A	O	E	I	L
J	Y	P	N	S	I	O	E	N	R	S	F	S
H	U	D	A	G	A	B	D	R	I	S	N	I
O	S	R	L	C	N	W	F	Q	I	O	F	X
V	Z	Y	Y	C	O	D	R	V	S	K	C	Q

'GRAND' WORDS

CANAL	NEPHEW
CHILDREN	NIECE
DUCHESS	PIANO
FATHER	PRIX
FIR	SLAM
INQUISITOR	SONS
ISLAND	STAND
JURY	THEFT
MASTER	TOTAL
MOTHER	TOURS

DOUBLE **FUN** SUDOKU

TASTY TEASER

		3			2		5	1
	9			1	4			7
	5	6	9			4		
6	8	5	2	3				
	7					9		
			5	1	8	6	2	
		8			7	2	4	
3			4	6			8	
9	1		3			5		

BRAIN BUSTER

9	3			4			5	2
1		8				9		7
		3	8		1	4		
2								8
		7	4		2	5		
6		9				2		4
4	7			3			1	5

MATCHSTICK MAGIC

Move two matchsticks to make two triangles.

BRAIN **TEASER**

In a horse race, the first five places were filled by horses 4, 1, 3, 2 and 5 in that order. The jockey of horse 4 wore a green shirt, the jockey of horse 1 wore red, jockey 3 wore yellow and jockey 2 wore orange.

Did jockey 5 wear purple, white, blue or black?

SIMPLE AS A, B, C ?

Did You Know?:

Each of the small squares in the grid below contains either A, B or C. Each row, column, and diagonal line of six squares has exactly two of each letter. Can you tell the letter in each square?

Across
- 1 The Cs are between the Bs
- 2 The Bs are further right than the As
- 3 The As are between the Bs
- 4 The Bs are further right than the Cs
- 5 The Cs are further right than the Bs
- 6 The As are between the Bs

Down
- 1 The Cs are lower than the Bs
- 2 The Bs are next to each other
- 3 Each B is directly next to and below a C
- 4 Each C is directly next to and below a B
- 5 The Cs are between the Bs
- 6 The Bs are between the Cs

	1	2	3	4	5	6
1						
2						
3						
4						
5						
6						

CODEWORD CONUNDRUM

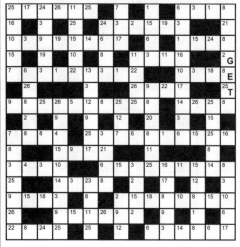

```
25 17 24 26 11 25    7    1    6  3  1  8
16       3     25    24 3  2  15 19 3        21
10 3  9  19 15 14 6  17    6       1  15 24 8
15    19    10    8       11 3  11 16        2 G
7  6  3  1  22 13 3  1  22          10 3  18 8 E
   26       3       26 9  22 17          25 T
9  8  25 26 5  12 8  25 25 8     14 26 25 8
   2     9        12    20    3     15
7  8  8  4     25 3  7  6  8  15 6  15 25 16
8       15 9  17 21       11          8
3  4  3  10    15    25    16 11 15 14 8
25    14 3  23 8     2    17    12     3
9  15 18 3     8    2  15 18 8  10 9  15 10
26       9  15 11 26 9  22    9       1  6
22 8  24 25    25    12    6  3  14 8     17
```

A B C D E F G H I J K L M
N O P Q R S T U V W X Y Z

Reference Box

1	2 G	3	4	5	6	7	8	9	10	11	12	13
14	15	16	17	18	19	20	21	22	23	24	25 T	26

DOUBLE **FUN** SUDOKU

TASTY TEASER

5	4	2				1		
		9	5			7		3
8			2	6			5	
1	6			5		4		
		4	9		6	8		
		5		1			3	2
	2			9	4			6
7		1			3	2		
			7			3	8	1

BRAIN BUSTER

2								8
	7	3		5	4			
	9		1		2		6	
4		8	2		3	6		7
3		1	9		6	5		4
	7		6		1		4	
	2	5		8	9			
5								1

PYRAMID PLUS

Every brick in this pyramid contains a number which is the sum of the two numbers below it, so that F=A+B, etc.
Just work out the missing numbers!

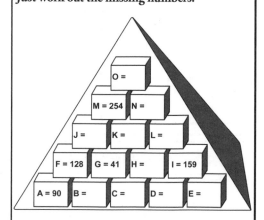

O =
M = 254   N =
J =   K =   L =
F = 128   G = 41   H =   I = 159
A = 90   B =   C =   D =   E =

WORK IT OUT

In the grid below, what number should replace the question mark?

173	107	66	41	25	16	9
101	61	40	21	19	2	17
271	168	103	65	38	27	11
153	93	60	33	27	?	21
219	135	84	51	33	18	15
70	43	27	16	11	5	6
159	99	60	39	21	18	3

HIGH-SPEED CROSSWORD

Across

1 Greek mythological giant with a single eye in the middle of his forehead (7)
5 Tempers, feelings (5)
7 Distribute (5)
8 Equivalent word (7)
9 Culinary art (7)
10 Vertical part of a stair (5)
11 Pay attention (6)
13 Just about (6)
18 Make available or accessible (5)
20 Maintain or assert (7)
21 Embryonic frog (7)
22 Well done! (5)
23 God or goddess (5)
24 In the general direction of (7)

Down

1 Area around the altar of a church (7)
2 Swedish astronomer who devised the centigrade thermometer (7)
3 Sketch (7)
4 Method (6)
5 Landed estate of a lord (5)
6 Absence of moisture (7)
12 Fill with gas or air (7)
14 Powerful weapon drawn by hand (7)
15 Outdoor (4-3)
16 Boring (7)
17 Characteristic pronunciation (6)
19 Spacious (5)

1 MINUTE NUMBER CRUNCH

Beginner								Answer
87	1/3 of this	+ 7	Square root of this	x 9	− 16	÷ 2	+ 15	

Intermediate								Answer
253	− 68	÷ 5	x 8	Double it	3/8 of this	÷ 3	+ 57	

Advanced								Answer
46	x 7.5	13/15 of this	+ 519	Double it	− 25% of this	− 989	x 9	

Did You Know?:
The Crab Nebula was formed by an exploding star in the constellation of Taurus. It was first seen by astronomers in AD 1054, and was bright enough to see with the naked eye in daylight.

HIGH-SPEED CROSSWORD

Across
1 Football (6)
4 Probable (6)
7 Group of people assembled to sing (6)
8 Not suitable for food (8)
12 Substance that causes illness or death (6)
14 Looking directly toward (6)
15 Imperfect (6)
16 Powdered type of sugar (6)
18 Horizontal rod between two vertical posts (8)
22 Hunting expedition (6)
23 Having a strong effect (6)
24 Three times (6)

Down
1 Not in good health (4)
2 Slices (a joint of meat, for example) (6)
3 Leave a job voluntarily (6)
4 Ruled mark on a page (4)
5 Bird of New Zealand (4)
6 Yesteryear (4)
9 Turbulent or highly emotional episode (5)
10 Came to rest (6)
11 Neckband (6)
13 Follows orders (5)
16 Foundation garment (6)
17 Put up with something unpleasant (6)
18 Disk-shaped counter used to represent money when gambling (4)
19 Physical magnitude of a thing (4)
20 Obnoxious child (4)
21 Calamitous (4)

SUMMING UP

In the square below, change the positions of six numbers, one per horizontal row, vertical column and long diagonal line of six smaller squares, in such a way that the numbers in each row, column and long diagonal line total exactly 223. Any number may appear more than once in a row, column or line.

38	8	33	31	68	48
47	37	35	30	38	42
43	56	37	40	27	27
37	58	38	41	33	41
5	43	53	37	30	25
23	24	33	51	52	29

BATTLESHIP BOUT

Can you place the vessels into the diagram? Some parts of vessels or sea squares have already been filled in. A number to the right or below a row or column refers to the number of occupied squares in that row or column.

Any vessel may be positioned horizontally or vertically, but no part of a vessel touches part of any other vessel, either horizontally, vertically or diagonally.

Empty Area of Sea: ≈

Aircraft Carrier:

Battleships:

Cruisers:

Submarines:

Grid right-side numbers: 2, 1, 4, 0, 7, 0, 2, 3, 1
Grid bottom numbers: 1 3 1 2 3 4 0 4 2

Did You Know?:
Kaiser Wilhelm II of Germany had a withered left arm after his traumatic breech birth, which he often hid by posing with his hand resting on a sword, or by holding a pair of gloves or a cane to give the effect of a useful limb posed at a dignified angle.

WORDSEARCH WORKOUT

```
Y P A B U Y H D U T A E H
R I R A S L B A N R I I C
O R A R T E F A C T W H I
T T M E M O R A B I L I A
I L S A S Y M M U M C F S
S O T I M N R W Q J T V O
O O D L R U O B T N B R M
P H W D O U F P E U N E T
E C R M Z R O M A N D C C
R S R Y C N K T N E Q O A
E A W A R E L I C S W R R
O Z S G N I T N I A P D T
G E X H I B I T E Q Q S S
S O I U L E A R N I N G B
E P G S C U L P T U R E A
```

MUSEUM PIECE

ABSTRACT
ANCIENT
ARMOUR
ARTEFACT
CASES
EXHIBIT
LEARNING
MEMORABILIA
MOSAIC
MUMMY
PAINTING
RECORDS
RELICS
REPOSITORY
ROMAN
SCHOOL TRIP
SCULPTURE
TOURIST
TUDOR
WEAPONS

DOUBLE **FUN** SUDOKU

TASTY TEASER

	2	7		8		3		
9	8	5			2			
		6	9		1	5		
9			1	5				6
1		5			8			7
4		8	6					1
	3	1		5	4			
	6			3	9	8		
	5		2		6	4		

BRAIN BUSTER

1			8		9			5
	8				1			
5	3					2	9	
	5		7			8		
6		9		4				2
	8			1		9		
8	2					1	6	
		4			7			
3		6		8				4

WHATEVER NEXT?

In the diagram below, which number should replace the question mark?

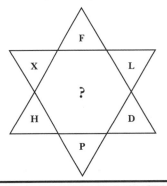

BRAIN **TEASER**

Simplify

$$\frac{7}{11} \div \frac{14}{22} \div \frac{20}{28} = x$$

Mind Over Matter

Given that the letters are valued 1-26 according to their places in the alphabet, can you crack the mystery code to reveal the missing letter?

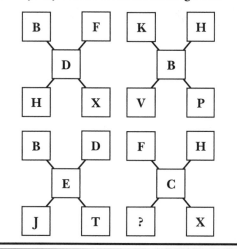

B	F		K	H
	D		B	
H	X		V	P

B	D		F	H
	E		C	
J	T	?		X

DOUBLE **FUN** SUDOKU

TASTY TEASER

			2	6		4	5	
	6		3		7			2
9	1				5		7	
		7		4	2	1		
	9	8				4	2	
		4	9	7		6		
	3		2				9	1
5			8		9		3	
2	4		7	1				

BRAIN BUSTER

		6	1		3	8		
				9				
1			8		6			7
6		4	3		2	5		9
	9			7			2	
8		2	9		5	7		6
4			2		8			5
				4				
		3	5		1	2		

CODEWORD **CONUNDRUM**

| A | B | C | D | E | F | G | H | I | J | K | L | M |
| N | O | P | Q | R | S | T | U | V | W | X | Y | Z |

Reference Box

1	2	3	4	5 D	6	7	8	9	10	11 L	12	13
14	15	16	17	18	19	20 O	21	22	23	24	25	26

FUTOSHIKI

Fill the grid so that every horizontal row and vertical column contains the numbers 1-5. The 'greater than' or 'less than' signs indicate where a number is larger or smaller than that in the neighbouring square.

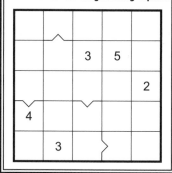

HIGH-SPEED CROSSWORD

Across
1 Wind round and round (5)
4 Surface over which business is transacted (7)
7 "Religion is the ___ of the masses", Karl Marx (5)
8 Unmarried woman (8)
9 Regenerate (5)
11 All existing matter and space considered as a whole (8)
15 US national game (8)
17 Wide scarf worn about the shoulders by women (5)
19 Miscellaneous unspecified objects (8)
20 Light brown, nut-coloured (5)
21 Used explosives on (7)
22 Ski run densely packed with snow (5)

Down
1 Book containing a classified list of synonyms (9)
2 Flavourless (7)
3 Legal guardian (7)
4 Houseplant with colourful leaves (6)
5 Son of one's brother or sister (6)
6 Give out, as of a feeling of confidence for example (5)
10 On a large scale, without careful discrimination (9)
12 Makes fun of, parodies (5,2)
13 Restricts the consumption of a relatively scarce commodity (7)
14 Narrow backstreets (6)
16 Pleasantly occupied (6)
18 Search, as with a dragnet (5)

1 MINUTE NUMBER CRUNCH

Beginner								Answer
10	Squared	− 14	÷ 2	+ 17	20% of this	Squared	+ 56	

Intermediate								Answer
109	x 3	Add to its reverse	13/21 of this	+ 988	÷ 9	1/2 of this	x 11	

Advanced								Answer
133	x 6	5/19 of this	+ 2/3 of this	+ 60% of this	− 15% of this	1/2 of this	x 11	

Did You Know?:

Dalmatian puppies are born plain white; they start to get their famous black spots about a week after birth. The basenji breed of dog has a physical characteristic of the larynx which doesn't allow it to bark: instead it produces a yodel-like noise, called a 'barroo'.

DOMINO PLACEMENT

A standard set of 28 dominoes has been laid out as shown. Can you draw in the edges of them all? The check-box is provided as an aid and the domino already placed will help.

Did You Know?:

The Anglo-Zanzibar war of 1896 was fought between British and Zanzibari forces. It lasted just 38 minutes, and holds the record as the shortest war in history.

```
            6 6
         1 1 5 5
         5 4 6 1
     2 6 3 5 6 0 4 4
   6 0 0 4 2 3 3 2 3 6
   0 5 5 2 3 3 1 4 3 1
     0 1 6 1 0 2 3 4
         5 4 5 1
         0 4 0 2
            2 2
```

0-0	0-1	0-2	0-3	0-4	0-5	0-6

1-1	1-2	1-3	1-4	1-5	1-6	2-2

2-3	2-4	2-5	2-6	3-3	3-4	3-5

3-6	4-4	4-5	4-6	5-5	5-6	6-6
		✓				

HIGH-SPEED CROSSWORD

Across
1 Ground with the teeth (6)
4 Administrative division of a country, eg Switzerland (6)
8 Tie the limbs of a bird before cooking (5)
10 African antelope (5)
11 Crowd actor (5)
12 Item worn on the head (3)
13 Apparel (7)
14 Stone writing tablet (5)
16 Bushy plant (5)
18 Pudding (7)
20 Application (3)
21 Sketched (5)
23 Depart, go (5)
24 Sphere (5)
25 Ice-cream container (6)
26 Greek capital city (6)

Down
1 Rural regions (11)
2 Trellis on which to train a fruit tree (8)
3 Plantation (6)
5 Things of material value or usefulness (6)
6 Subjected to great tension (4)
7 Had better (5)
9 Punctuation mark, bracket (11)
15 Open to persuasion (8)
17 Elasticated rope (6)
18 Interior furnishings (5)
19 Choose (6)
22 Declare formally as true (4)

IQ WORKOUT

What number should replace the question mark?

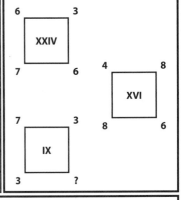

WORDWHEEL

Using only the letters in the Wordwheel, you have ten minutes to find as many words as possible, none of which may be plurals, foreign words or proper nouns. Each word must be of three letters or more, all must contain the central letter and letters can only be used once in every word. There is at least one nine-letter word in the wheel.

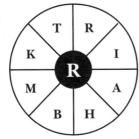

Nine-letter word(s):

_____

SUM CIRCLE

Fill the three empty circles with the symbols +, – and x in some order, to make a sum which totals the number in the centre. Each symbol must be used once and calculations are made in the direction of travel (clockwise).

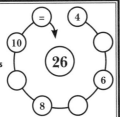

WORDSEARCH WORKOUT

```
G S I S E E A M H I S B G
I J G Y G N C O H N P R N
N Q E E S O O T O P Z E I
T L S L N T F R C I Q T T
O L E L G U I G P W V T A
N K C O B N L O N G S U E
A V H M G N I P P A Y M L
T C O I M K H J L H L N B
I F I S E L B B A B I C P
O Y E S I E P H F H H S P
N Z L I U N X C H I N K S
Z I G N T M K A T R R L U
M G G A A A P O P P I N G
F B I I V N V E A H B G U
B X G P R U E N I H W K R
```

SOUNDS

BABBLE
BLAST
BLEATING
CHINK
CLANG
ECHO
GIGGLE
HISS
HOOT
INTONATION
JINGLE
MUSIC
MUTTER
PIANISSIMO
POPPING
SNORING
TONE
WHINE
YAPPING
YELL

DOUBLE **FUN** SUDOKU

TASTY TEASER

		2	7	9		1		3
	9	7		5		2	8	
8					6			
	3		8			9	7	4
	5						6	
9	8	1			4		3	
			1					7
	4	9		6		3	2	
6		5		8	3	4		

BRAIN BUSTER

6	9						2	5
5		8		4		3		1
	8		5		2		1	
2								7
	4		7		3		5	
9		4		5		1		2
3	7						9	8

1 MINUTE NUMBER CRUNCH ▶

Beginner							Answer
165	1/3 of this	+ 11	÷ 6	Squared	− 16	÷ 21	+ 62	

Intermediate							Answer
690	+ 50% of this	÷ 9	3/5 of this	x 3	5/9 of this	− 79	x 3	

Advanced							Answer
162	4/18 of this	Squared	÷ 72	x 5	÷ 0.6	÷ 0.75	30.5% of this	

Did You Know?:
English, with more than 450 million native speakers, ranks fourth amongst the languages of the world, but when numbers who use English as a second language are added, the number of English speakers exceeds those of any other language in the world.

HIGH-SPEED CROSSWORD

Across
1 Involving two parts (4)
3 Constructed from a grid of identical shapes (8)
9 Beaver-like aquatic rodent (7)
10 Synthetic fabric (5)
11 Tall perennial grasses (5)
12 Make-up used on the eyelashes (7)
13 Improve or perfect, polish (7)
15 Optimistic (6)
17 Vegetable also known as the oyster plant (7)
18 On account of (5)
20 Deep ravine (5)
21 Rubs hard, roughens (7)
22 Most distant and isolated (8)
23 Female birds (4)

Down
1 Light brown sweetening agent originally from Guyana (8,5)
2 Gangway (5)
4 Inter (6)
5 Sweet yeast-raised roll usually filled with fruits (6,6)
6 Edge of a fabric woven so that it will not fray (7)
7 Vision correctors worn directly on the eye (7,6)
8 Feeling of evil to come (12)
14 Pivot about which a lever turns (7)
16 Ring road (6)
19 Gentle poke (5)

IQ WORKOUT

Which is the odd one out?

65   74
38   19   92
56   47

CODEWORD CONUNDRUM

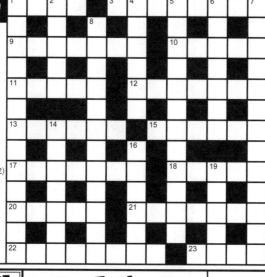

A B C D E F G H I J K L M
N O P Q R S T U V W X Y Z

Reference Box

1	2	3	4	5	6	7	8	9	10	11	12 N	13
14	15 O	16	17	18	19	20	21	22	23 I	24	25	26

DOUBLE FUN SUDOKU

TASTY TEASER

1			2		4			3
		5		1		9		
3	4		6		9		7	1
		4	3	2	1	6		
7	1						2	8
		6	4	7	8	1		
4	6		8		2		9	5
		2		4		3		
5			1		7			2

BRAIN BUSTER

		2	9		4	3		
				8				
	9		3		2		5	
	2	7	4		1	6	8	
8				5				1
	3	1	8		6	5	2	
	7		1		3		6	
				7				
		4	6		9	1		

SPIDOKU

Each of the eight segments of the spider's web should be filled with a different number from 1 to 8, in such a way that every ring also contains a different number from 1 to 8.

LOGI-SIX

Every row and column of this grid should contain one each of the letters A, B, C, D, E and F. Each of the six shapes (marked by thicker lines) should also contain one each of the letters A, B, C, D, E and F. Can you complete the grid?

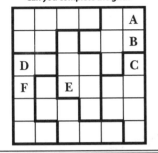

HIGH-SPEED CROSSWORD

Across

1 Flowing back or receding (6)
8 Supply with critical comments (8)
9 Get (6)
10 French policeman (8)
11 Mastermind (6)
12 Inclination (8)
16 Test of something to see if or how it works (5,3)
18 Not dense (6)
21 Liable to change (8)
23 Digit, quantity (6)
24 Citadel (8)
25 Most senior (6)

Down

2 Sacred writings of the Christian religion (5)
3 Native of Baghdad, for example (5)
4 Criminal (8)
5 At another time (4)
6 Cooking utensil (7)
7 Nuclear (6)
11 Person's manner of walking, pace (4)
13 Drivel (8)
14 Renowned lock-making company (4)
15 Emit heat (7)
17 Motive (6)
19 Targeted (5)
20 Garden buildings used for storage (5)
22 Meat from cattle (4)

WORDSEARCH WORKOUT

```
Z Q U Q N S T I L E Z N R
Y N W O R H T Q J L S E E
Z D K M R F J R D K N C U
I A Q O A E T E C N E O I
X K N R S O Y E A R E U D
T E D R X A L M H T A R R
R N A Z R F E K B L C T A
V O E B T P Q I P A N A U
H O N C T R U J U J S J G
B F Q A S P A G Y S X Z H
F K R U M A H U E M E B T
L T T G A T C N Q L P R N
E S A T A R T G Y S N A F
X H O R S E T T L V L I U
J M H R G K S S C W L D N
```

HOMOPHONES

ASCENT
ASSENT
BRAID
BRAYED
CAUGHT
COURT
DRAFT
DRAUGHT
FLECKS
FLEX
HOARSE
HORSE
MANNER
MANOR
QUARTS
QUARTZ
STILE
STYLE
THRONE
THROWN

DOUBLE FUN SUDOKU

TASTY TEASER

		7	8			9	5	
	3		7	4		8		6
5	6		9					
2	5		1			6		
9			5		8			3
		4			3		1	2
					1		3	4
7		2		6	9		8	
	8	1			7	2		

BRAIN BUSTER

9			1					
						2		
			4	5		7	8	
2					9		7	8
		6		8		5		
8	9		3					1
	7	5		6	8			
		8						
				4				3

MATCHSTICK MAGIC

Move three matchsticks to form three diamond shapes, keeping within the area.

BRAIN TEASER

There were 12 runners in the marathon. They lined up as follows:

8 5 4 46 52 61
7 6 9 94 63 ?

What number should the 12th runner have?

DOMINO PLACEMENT

Did You Know?:

In 2012, all the world's road vehicles will burn over 1.2 billion cubic metres of petrol and diesel fuel. It's estimated that by 2020, there will be at least one billion privately-owned cars on the planet.

A standard set of 28 dominoes has been laid out as shown. Can you draw in the edges of them all? The check-box is provided as an aid and the domino already placed will help.

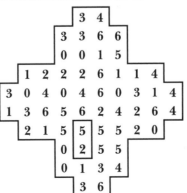

0-0	0-1	0-2	0-3	0-4	0-5	0-6
1-1	1-2	1-3	1-4	1-5	1-6	2-2
2-3	2-4	2-5 ✓	2-6	3-3	3-4	3-5
3-6	4-4	4-5	4-6	5-5	5-6	6-6

CODEWORD CONUNDRUM

| A | B | C | D | E | F | G | H | I | J | K | L | M |

| N | O | P | Q | R | S | T | U | V | W | X | Y | Z |

Reference Box

1	2	3	4	5	6	7	8	9	10	11	12 L	13 A
14	15	16	17	18	19 E	20	21	22	23	24	25	26

DOUBLE FUN SUDOKU

TASTY TEASER

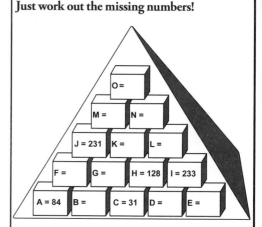

BRAIN BUSTER

PYRAMID PLUS

Every brick in this pyramid contains a number which is the sum of the two numbers below it, so that F=A+B, etc.
Just work out the missing numbers!

O =
M =   N =
J = 231   K =   L =
F =   G =   H = 128   I = 233
A = 84   B =   C = 31   D =   E =

WORK IT OUT

In the grid below, what number should replace the question mark?

111	93	83	70	62	42	33
95	79	71	60	54	36	29
78	64	58	49	45	29	24
62	50	46	39	37	23	20
45	35	33	28	28	16	15
29	21	21	18	20	10	11
12	6	8	?	11	3	6

HIGH-SPEED CROSSWORD

Across
1 Pre-wedding celebration for women (3,5)
5 Assist or encourage, usually in wrongdoing (4)
8 Gesture involving the shoulders (5)
9 Poisonous metallic element (7)
11 Highest volcano in Europe (4)
12 One who refuses to accept advice from others (4-3)
14 Offensive breath (9)
16 Bulbous spring-flowering plant (9)
20 Tool with a handle and a curved head that is pointed on both ends (7)
21 Graven image (4)
23 Finger protector (7)
24 Burning (5)
25 Short-tailed wild cat (4)
26 Swiss cheese with large holes (8)

Down
1 Animal or plant that nourishes and supports a parasite (4)
2 Conventional (6)
3 Country, capital Buenos Aires (9)
4 Expression of acknowledgment or appreciation (6)
6 Art of growing miniature trees (6)
7 Insensitive (8)
10 Hindu princess (4)
13 Swing from side to side regularly (9)
14 Medical institution (8)
15 Lawsuit (6)
17 Angle between a stem and a leaf (4)
18 Cash in (6)
19 Rigorous (6)
22 Deep hole or shaft dug to obtain water (4)

1 MINUTE NUMBER CRUNCH

Beginner							Answer
75	x 7	÷ 25	÷ 7	x 16	1/6 of this	÷ 4	x 98

Intermediate							Answer
196	÷ 4	x 7	Double it	÷ 14	Square root of this	x 12	+ 108

Advanced							Answer
1017	÷ 3	2/3 of this	+ 124	x 0.38	+ 77	5/14 of this	+ 60%

Did You Know?:

The world's longest mountain range is the Andes, in South America. It is 4,300 miles long and its highest peak is Aconcagua (22,841 feet). However, there are undersea mountain ranges which are considerably longer.

HIGH-SPEED CROSSWORD

Across

4 Hairy facial growths (6)
6 Lessen the intensity of (8)
7 Painter or sculptor, for example (6)
8 Celebrity (4)
9 Hard-shelled fruit of a tree (3)
11 Closely crowded together (5)
12 Concentrated (7)
15 Discharged of contents (7)
17 Small rodent (5)
20 Pitch (3)
21 Group of people working together (4)
22 Message communicated to God (6)
23 Taken in through the pores of a surface (8)
24 Economical (6)

Down

1 Ocean trip (6)
2 Condition of being essential or indispensable (9)
3 Pursue like a ghost (5)
4 Hitting repeatedly (7)
5 Items of crockery (6)
10 Writers of newspaper articles (9)
11 Scheduled (3)
13 Earlier in time than, poetically (3)
14 In the middle (7)
16 Looking glass (6)
18 Provinces (6)
19 White deposit of ice crystals (5)

IQ WORKOUT

Draw in the hands on the final clock.

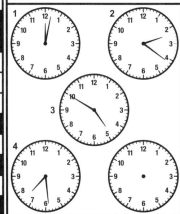

1 MINUTE NUMBER CRUNCH ▶

Beginner								Answer
31	− 15	+ 1/4 of this	+ 18	÷ 2	− 11	Squared	+ 146	

Intermediate								Answer
945	1/3 of this	+ 146	x 2	− 34	3/8 of this	3/37 of this	+ 2/3 of this	

Advanced								Answer
1135	+ 3/5 of this	− 3/8 of this	÷ 5	÷ 0.25	+ 685	5/9 of this	11/15 of this	

Did You Know?:

The longest land border between two countries is the USA and Canada – approximately 5,600 miles. The country with the largest number of borders with other countries is China. It has 19 neighbours.

WORDSEARCH WORKOUT

```
B B B S C A P C S G Y N K
B L N T H M Q Q A L W U N
I I C L A N S M L O L H I
N N P E I Q E R D L M A L
G D R J R N K S O U V J B
O D T N E M E T I C X E F
H E H Y M Y T S O E K E L
L D C J E O S R D E S B Z
Z N I T T O N I T S O W N
H O P D C E S U I A H H O
Y I T V R A J O M L B U O
Q S R S E P N C L B L L F
R S U S O F E Z I J E A E
L E G S E L E V E N M R H
Q S M N Y T B P I C Z Q S
```

BINGO

BALLS	LEGS ELEVEN
BINGO	LINES
BLIND	LINK
CHAIR	LOST
CORNER	LOTTO
DREAM	NUMBERS
EXCITEMENT	ON ITS OWN
EYES DOWN	SEASIDE
GAME	SESSION
HALL	TABLE

DOUBLE **FUN** SUDOKU

TASTY TEASER

		5		4			3
		6	9	8			2
2	5	6		1			4
	2	9		5		3	
7		1			9		5
	8		3		1	2	
4			3		6	7	8
8			2	4	6		
1			8		7		

BRAIN BUSTER

6	2		8		5		
		4		2			
5	1		7		3		
1	7		6		9		4
		6				7	
4		3		2		9	1
		4		7		8	9
			5		2		
		2		1		5	7

WHATEVER NEXT?

In the diagram below, which number should replace the question mark?

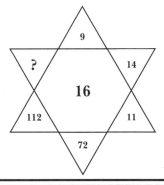

BRAIN TEASER

A man went into a furniture shop in order to buy a picture. The salesman told him "The picture is five times the cost of that ashtray, the chair is thirty times the cost of the ashtray, the table is four times the cost of the chair; and you can buy the lot for €312."

What was the price of the picture?

Mind Over Matter

Given that the letters are valued 1-26 according to their places in the alphabet, can you crack the mystery code to reveal the missing letter?

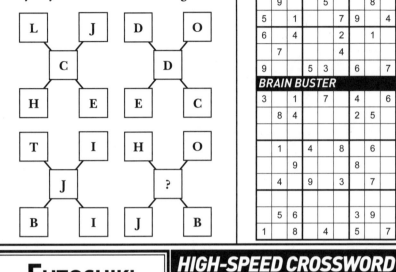

L	J	D	O
C			D
H	E	E	C
T	I	H	O
J			?
B	I	J	B

DOUBLE **FUN** SUDOKU

TASTY TEASER

8		6		9	1			3
		3					6	
	3		8			7		2
4		3	6			2		5
	9			5			8	
5		1			7	9		4
6		4			2		1	
	7				4			
9			5	3		6		7

BRAIN BUSTER

3		1		7		4		6
	8	4				2	5	
	1		4		8		6	
	9					8		
	4		9		3		7	
	5	6				3	9	
1		8		4		5		7

CODEWORD CONUNDRUM

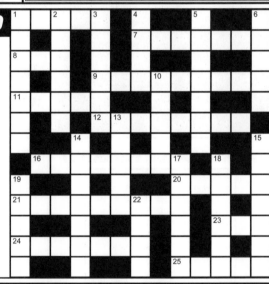

| A | B | C | D | E | F | G | H | I | J | K | L | M |
| N | O | P | Q | R | S | T | U | V | W | X | Y | Z |

Reference Box

1	2 P	3	4	5	6	7	8	9	10	11	12	13 M
14 I	15	16	17	18	19	20	21	22	23	24	25	26

FUTOSHIKI

Fill the grid so that every horizontal row and vertical column contains the numbers 1-5. The 'greater than' or 'less than' signs indicate where a number is larger or smaller than that in the neighbouring square.

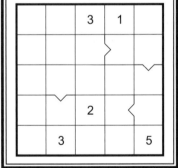

HIGH-SPEED CROSSWORD

Across
1 Heaped (5)
7 Contestant in a sports event (7)
8 Manage (3)
9 Find fault with (9)
11 Large northern deer (5)
12 Most sugary (8)
16 Present a danger to (8)
20 Arrangement or neatness (5)
21 Sent away (9)
23 Fluid used for writing (3)
24 Delighted (7)
25 Apprehension (5)

Down
1 Egyptian royal tomb (7)
2 Capital of England (6)
3 Moves to music (6)
4 Travel slowly, as a plane down a runway (4)
5 Completely obstructed or closed off (7)
6 Number considered lucky (5)
10 Present (5)
13 Puts on (clothing) (5)
14 Study of language structure (7)
15 Rubbed (7)
17 Moved the head up and down (6)
18 Give notice (6)
19 Make suitable for a new purpose (5)
22 One of two or more contesting groups (4)

1 MINUTE NUMBER CRUNCH

Beginner							Answer
169	Square root of this	x 4	+ 15	− 27	15% of this	+ 17	x 8	

Intermediate							Answer
257	Double it	− 85	2/3 of this	x 2	3/4 of this	÷ 3	+ 119	

Advanced							Answer
65	7/13 of this	60% of this	Squared	4/9 of this	x 1.25	40% of this	x 7	

Did You Know?:
Ivar Kreuger was a Swedish entrepreneur who became known as the Match King. Between the two World Wars he controlled three-quarters of the world's match production.

BATTLESHIP BOUT

Did You Know?:
Some creatures have colours and markings that tell predators to keep away, often because the owner is poisonous or tastes bad. Warning markings are usually two contrasting colours, such as yellow and black, in stripes or blobs for maximum impact.

Can you place the vessels into the diagram? Some parts of vessels or sea squares have already been filled in. A number to the right or below a row or column refers to the number of occupied squares in that row or column.

Any vessel may be positioned horizontally or vertically, but no part of a vessel touches part of any other vessel, either horizontally, vertically or diagonally.

Empty Area of Sea:
Aircraft Carrier:
Battleships:
Cruisers:
Submarines:

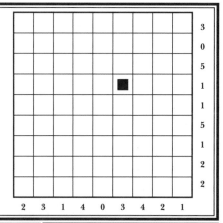

Grid row numbers (right): 3, 0, 5, 1, 1, 5, 1, 2, 2
Grid column numbers (below): 2, 3, 1, 4, 0, 3, 4, 2, 1

HIGH-SPEED CROSSWORD

Across
1 Educational institution (6)
7 Envisaged (8)
8 Shelled, aquatic reptile (6)
10 Work hard (6)
11 Have a cigarette (5)
13 Movement downward (7)
16 Thrift (7)
17 Cooped up (5)
20 Material (6)
22 Goes by, overtakes (6)
24 Salve (8)
25 Security (6)

Down
1 Shoes with wheels attached (6)
2 Dense growth located on the head, for example (4)
3 Found pleasant or attractive (5)
4 At a previous point in time (7)
5 Tree branch (4)
6 Following of one thing after another (8)
9 Accepted (5)
12 Car maintenance worker (8)
14 Common crustaceans (5)
15 Hit with the hand (7)
18 Consternation (6)
19 Pimples (5)
21 Common rodents (4)
23 Japanese drink made from fermented rice (4)

IQ WORKOUT

What number should replace the question mark?

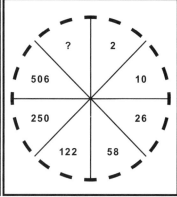

? , 2
506 , 10
250 , 26
122 , 58

WORDWHEEL

Using only the letters in the Wordwheel, you have ten minutes to find as many words as possible, none of which may be plurals, foreign words or proper nouns. Each word must be of three letters or more, all must contain the central letter and letters can only be used once in every word. There is at least one nine-letter word in the wheel.

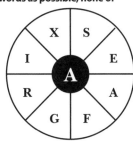

Letters: X, S, E, A, F, G, R, I (centre A)

Nine-letter word(s):
_____

SUM CIRCLE

Fill the three empty circles with the symbols +, – and x in some order, to make a sum which totals the number in the centre. Each symbol must be used once and calculations are made in the direction of travel (clockwise).

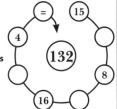

= , 15
4
132
8
16

WORDSEARCH WORKOUT

```
C K L O Y S K C O D G M Z
I Y M M U Y Y Y P Y Q W A
K C H M R I O W O R R A Y
O T D U P Y L S U S J U O
D D W P A S E R P Y C H J
E L E L Q M S O H C I I C
L E B S I C A W A Z Q F O
L T K T S Y O H Y E A S T
E N E K E U Y Y O R K E R
Y O A S I G V O Y K Q E J
A Y W Z P O V O U U O T U
K E D P P S Z H I N V Y U
Y A R M U L K A Y O G I C
W W A W Y A L Y Q T J E F
D Q D I A V P Y J J N Y R
```

Y WORDS

YAHOO
YAKS
YARMULKA
YARROW
YEAST
YELLED
YEWS
YIPPEE
YOGIC
YOKOHAMA

YOLK
YORKER
YOSEMITE
YOUNGER
YO-YO
YPRES
YUCCA
YUGOSLAV
YUMMY
YUPPIES

DOUBLE **FUN** SUDOKU

TASTY TEASER

1	8	6			2			
5	4		1	9			7	
		9		4			3	6
				5	4	8		
9		7				3		5
		8	9	3				
2	7			6		4		
	3			1	8		2	9
		7				5	6	1

BRAIN BUSTER

5			8		9			3
	2		3		4		8	
			5					
6	5		2		8		3	1
	1		7		8			
9	8		1		3		7	6
			1					
	6		4		2		9	
4			9		6			7

1 MINUTE NUMBER CRUNCH →

Beginner								Answer
94	+ 6	Square root of this	+ 25	÷ 7	Squared	x 7	+ 13	

Intermediate								Answer
89	+ 74	Double it	− 49	x 3	+ 94	÷ 25	x 11	

Advanced								Answer
286	19/22 of this	x 11	x 2	− 4945	+ 815	5/8 of this	− 4/5 of this	

Did You Know?:
The subject of the *Mona Lisa* (also known as *La Gioconda* or *Portrait of Lisa Gherardini, wife of Francesco del Giocondo*), by the Italian artist Leonardo da Vinci, has no visible eyelashes or eyebrows.

HIGH-SPEED CROSSWORD

Across
1 Hired hands who tend cattle, working on horseback (7)
7 Weather averaged over a long period of time (7)
8 Seek information from (5)
10 Least difficult (7)
11 Sound (5)
12 Looks like (9)
16 Looked over carefully (9)
18 Item of clothing (5)
20 Material wealth (7)
23 Patriotic (5)
24 Of the greatest possible degree (7)
25 Very fast (7)

Down
1 Dirt-free (5)
2 Armed fighters (8)
3 Fasteners with threaded shanks (6)
4 Objectives (4)
5 Lose colour (4)
6 Odontologist (7)
9 Violent and ferocious (6)
13 Noon (6)
14 Bearing a tag (8)
15 Ringed (7)
17 Higher (6)
19 In an unfortunate manner (5)
21 Pavement (4)
22 Knotted (4)

IQ WORKOUT

Which is the odd one out?

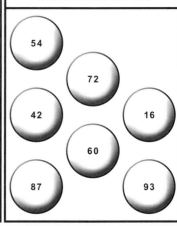

54
72
42
16
60
87
93

CODEWORD CONUNDRUM

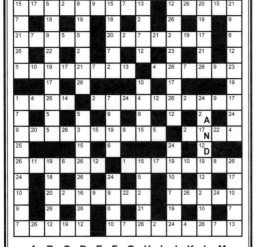

A B C D E F G H I J K L M
N O P Q R S T U V W X Y Z

Reference Box

| 1 | 2 A | 3 | 4 | 5 | 6 | 7 | 8 | 9 | 10 | 11 | 12 D | 13 |
| 14 | 15 | 16 | 17 N | 18 | 19 | 20 | 21 | 22 | 23 | 24 | 25 | 26 |

DOUBLE **FUN** SUDOKU

TASTY TEASER

		8	5	3	7	2		
1			2				5	
3		2	6			4		9
7			8				1	
5		1			3		2	
	6				5			4
8		7			2	9		6
	4				8			7
		9	7	1	4	5		

BRAIN BUSTER

	5						8	9
1				4		2		
9		7	8				3	
		4				9	6	
	2	3			6			
	7				3	6		5
	6		7					1
2	8					9		

SPIDOKU

Each of the eight segments of the spider's web should be filled with a different number from 1 to 8, in such a way that every ring also contains a different number from 1 to 8.

LOGI-SIX

Every row and column of this grid should contain one each of the letters A, B, C, D, E and F. Each of the six shapes (marked by thicker lines) should also contain one each of the letters A, B, C, D, E and F. Can you complete the grid?

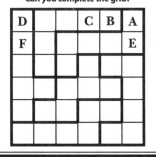

D			C	B	A
F					E

HIGH-SPEED CROSSWORD

Across
1 Happen to (6)
5 Refuse to acknowledge (6)
8 Central American canal (6)
9 Rip into shreds (4,2)
10 Hairy coat of a mammal (3)
11 Small flock of grouse or partridge (5)
13 Thin flexible tube inserted into the body (8)
15 George Lucas film of 1977 (4,4)
16 Cooked in oil (5)
19 Writing point of a pen (3)
21 Science of morals in human conduct (6)
22 Hang around (6)
23 Tunnel (6)
24 Provided with a particular motif (6)

Down
2 Clarify the meaning of (9)
3 Speedily (5)
4 Mass of baked bread (4)
5 Loose material, dust (8)
6 Sporting dog (7)
7 Brief periods of sleep (4)
12 Refuse to stop (9)
13 Mechanical power-driven cutting tool (8)
14 Metal container in which coal or charcoal is burned (7)
17 Use water to remove soap (5)
18 Culinary plant (4)
20 Blemish (4)

WORDSEARCH WORKOUT

```
S D Y V T S A I I S S D A
I N U W U B U E O D N E M
S W U D I F H M S O N U T
E L O M I E A B I E U T S
N X Q J B I R T H X H E Z
E T C R A E A K Y R M R E
G U E G V L R Q J A Y O P
U W G O E V E S J K W N H
S A R V D M C J O E L O A
H P E N H R C N A H U M N
T R U T H O H I R C E Y I
I M M M Q A S G M J J U A
T P F O N O S E G D U J H
U L F O U Q L G A V D I K
S Q J X L E I K E Z E X C
```

BIBLE BOOKS

AMOS	JONAH
DEUTERONOMY	JUDE
EXODUS	JUDGES
EZEKIEL	NAHUM
GENESIS	NUMBERS
HAGGAI	PROVERBS
HEBREWS	REVELATION
HOSEA	RUTH
JAMES	TITUS
JOEL	ZEPHANIAH

DOUBLE FUN SUDOKU

TASTY TEASER

		1		4	6		9	3
		5	2		3	4		
	2	3				6		
			3	8			7	2
9			7		5			4
7	1			6	9			
	5					8	2	
		4	9		7	1		
3	6		8	1		7		

BRAIN BUSTER

	1	8	5		6	9	3	
	3				6			
		3	8	9				
8	7	4		1	3	9		
2						8		
9	4	8		3	7	2		
	2	1	7					
	1			5				
3	2	6		8	1	7		

MATCHSTICK MAGIC

Using only five matchsticks, divide this area into four parts of equal size and shape.

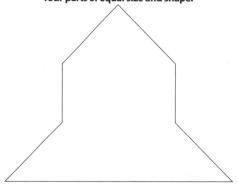

BRAIN TEASER

What number should replace the question mark?

48 (36) 42

54 (25) 49

72 (?) 61

1 MINUTE NUMBER CRUNCH →

Did You Know?:
Star of films such as *The Great Escape* and TV series *The Rockford Files*, James Garner's real name is James Scott Bumgarner. Judy Garland, star of *The Wizard of Oz* and *A Star is Born* was born Frances Ethel Gumm.

Beginner								Answer
111	÷ 3	− 12	Square root of this	x 15	+ 105	5% of this	Square root of this	

Intermediate								Answer
192	÷ 3	x 5	11/16 of this	− 58	5/18 of this	+ 66	2/3 of this	

Advanced								Answer
720	87.5% of this	7/18 of this	x 2	9/14 of this	180% of this	÷ 3	+ 5/9 of this	

CODEWORD CONUNDRUM

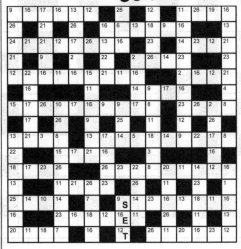

A B C D E F G H I J K L M
N O P Q R S T U V W X Y Z

Reference Box

1	2	3	4	5	6	7	8	9 S	10	11	12 T	13
14	15	16 E	17	18	19	20	21	22	23	24	25	26

DOUBLE FUN SUDOKU

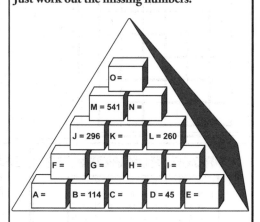

TASTY TEASER

BRAIN BUSTER

PYRAMID PLUS

Every brick in this pyramid contains a number which is the sum of the two numbers below it, so that F=A+B, etc.
Just work out the missing numbers!

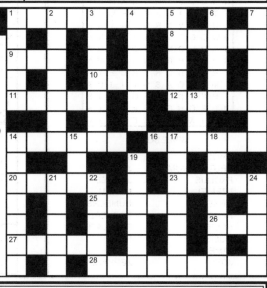

O =
M = 541   N =
J = 296   K =   L = 260
F =   G =   H =   I =
A =   B = 114   C =   D = 45   E =

WORK IT OUT

In the grid below, what number should replace the question mark?

3	10	17	24	31	38	45
164	171	178	185	192	199	52
157	276	283	290	297	206	59
150	269	332	?	304	213	66
143	262	325	318	311	220	73
136	255	248	241	234	227	80
129	122	115	108	101	94	87

HIGH-SPEED CROSSWORD

Across
1 Ignore (9)
8 Series of hills or mountains (5)
9 Alcoholic spirit flavoured with juniper berries (3)
10 Remains of buildings which have fallen down (5)
11 Giant (5)
12 Surface burn (5)
14 Definitely or positively (6)
16 Burned brightly (6)
20 Turned-back hems at the ends of sleeves (5)
23 Architectural style (5)
25 Card game for four players (5)
26 To the full extent (poetically) (3)
27 Pierce with a lance (5)
28 Final irritation that stretches one's patience beyond the limit (coll) (4,5)

Down
1 Finger or toe (5)
2 US legislator (7)
3 Everlasting (7)
4 Continent (6)
5 Worthless material (5)
6 Recognised (5)
7 Period covering Saturday and Sunday (7)
13 Lyricist, ___ Gershwin (3)
14 Victory (7)
15 Mischievous gnome (3)
17 Alphabetic characters (7)
18 City north of Calgary, Alberta (3,4)
19 Living, independent things (6)
21 Armada (5)
22 Eddy (5)
24 Give fresh life or strength to (5)

1 MINUTE NUMBER CRUNCH

Beginner								Answer
76	− 4	÷ 8	Squared	+ 39	1/3 of this	− 4	1/4 of this	

Intermediate								Answer
55	x 11	4/5 of this	3/4 of this	Double it	÷ 3	+ 782	Square root of this	

Advanced								Answer
729	3/9 of this	x 3	Square root of this	+ 773	78% of this	5/6 of this	62.5% of this	

Did You Know?:
The Asteroid Belt is located in the region of the solar system between Mars and Jupiter. It's comprised mainly of millions of small rocks, although larger objects that have been given names, such as Ceres and Vesta, are virtually minor planets.

HIGH-SPEED CROSSWORD

Across
1 Move on hands and knees (5)
7 Moral (7)
8 Depository for goods (7)
9 Decorated, rounded edging on a piece of cloth (7)
12 Undeveloped or immature part or organ (8)
14 Soft or soggy mass (4)
16 Addition (4)
18 Firing a weapon (8)
20 Perpetual (7)
23 Accomplish (7)
24 Creating a copy of some biological entity (7)
25 Makes reference to (5)

Down
1 Readily saleable foodstuff that is grown and gathered for the market (4,4)
2 Openly declared as such (6)
3 Travel in front of (4)
4 Sediment in wine (4)
5 Tactful person (8)
6 Vehicles drawn by horses (6)
10 Large lemon-like fruit with thick aromatic rind (6)
11 Stops (6)
13 Marked by casual disrespect (8)
15 Royal title (8)
17 In need of company (6)
19 Turn inside out (6)
21 Palm starch used in puddings (4)
22 Elegant and stylish (4)

SUMMING UP

In the square below, change the positions of six numbers, one per horizontal row, vertical column and long diagonal line of six smaller squares, in such a way that the numbers in each row, column and long diagonal line total exactly 239. Any number may appear more than once in a row, column or line.

37	13	22	44	84	52
46	39	42	45	44	44
50	77	39	7	18	46
18	32	44	71	16	40
22	41	47	48	24	49
64	19	39	45	45	21

DOMINO PLACEMENT

Did You Know?:
The human brain weighs about three pounds and contains between 80 and 120 billion nerve cells (neurons). The hair of really intelligent people contains larger quantities of copper and zinc than the hair of people who are less clever.

A standard set of 28 dominoes has been laid out as shown. Can you draw in the edges of them all? The check-box is provided as an aid and the domino already placed will help.

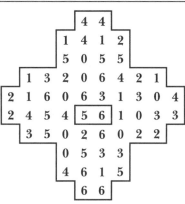

0-0	0-1	0-2	0-3	0-4	0-5	0-6

1-1	1-2	1-3	1-4	1-5	1-6	2-2

2-3	2-4	2-5	2-6	3-3	3-4	3-5

3-6	4-4	4-5	4-6	5-5	5-6	6-6
					✓	

WORDSEARCH WORKOUT

```
Y Y R E V O C S I D O T I
C R I S P I N J Y K U S N
J H X W O R C E S T E R G
D O K C R A M S I B A W R
C Y G S S D E R A D I K I
F I E S T A E X D M S C D
B G A N A T R A P S Z K M
G J X L I F O R T U N E A
M S O P Q N L D O D O P R
O C U N B R E P U S T I I
N J C T A T E S N U S C E
A V R Z K G P T X N N U M
R H G A V M O R X U I R C
C R E V W W I L K S W E D
H M V G R E N A D I E R U
```

APPLE VARIETIES

BISMARCK
COX'S
CRISPIN
DISCOVERY
EPICURE
FIESTA
FORTUNE
GRENADIER
IDARED
INGRID MARIE
JONAGOLD
JUPITER
KATY
MONARCH
REV W WILKS
SPARTAN
SUNSET
SUPERB
WINSTON
WORCESTER

DOUBLE FUN SUDOKU

TASTY TEASER

1		8			4		5	
5	4		2	9			7	
9					5	6		
	5	2		8				1
		3	6		1	8		
7				3		4	6	
		4	8					2
	1			2	6		3	4
	7		1			9		6

BRAIN BUSTER

		3	6	4			9	
				7		8	6	
4					2			
9			4					
	5			8			7	
				1				2
		3						1
7	6		5					
8				1	7	5		

WHATEVER NEXT?

In the diagram below, which letter should replace the question mark?

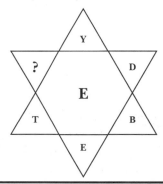

BRAIN TEASER

A train travelling at a speed of 80 kph enters a tunnel that is 0.5 kilometres long. The length of the train is 0.25 kilometres.
How long does it take for all of the train to pass through the tunnel, from the moment the front enters, to the moment the rear emerges?

Mind Over Matter

Given that the letters are valued 1-26 according to their places in the alphabet, can you crack the mystery code to reveal the missing letter?

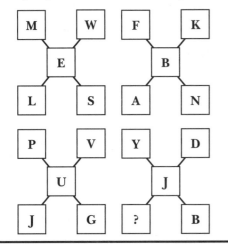

M	W	F	K
E			B
L	S	A	N
P	V	Y	D
U			J
J	G	?	B

DOUBLE FUN SUDOKU

TASTY TEASER

		4	1					5
	6			5	2		3	1
	1		3			7		8
	4	3		9				6
		7	8		4	9		
8				7			2	1
4		5			8		6	
3	9		4	2			8	
2					7	3		

BRAIN BUSTER

	2		5		8		9	
		7	6		4	1		
5								4
9		8	3		1	6		2
2		4	8		7	5		3
6								1
		2	4		3	9		
	8		1		5		7	

CODEWORD CONUNDRUM

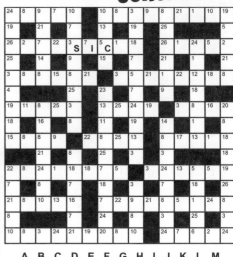

| A | B | C | D | E | F | G | H | I | J | K | L | M |
| N | O | P | Q | R | S | T | U | V | W | X | Y | Z |

Reference Box

1	2	3 S	4	5	6 C	7	8	9 I	10	11	12	13
14	15	16	17	18	19	20	21	22	23	24	25	26

FUTOSHIKI

Fill the grid so that every horizontal row and vertical column contains the numbers 1-5. The 'greater than' or 'less than' signs indicate where a number is larger or smaller than that in the neighbouring square.

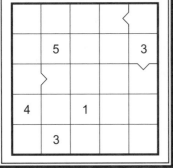

HIGH-SPEED CROSSWORD

Across
1 Small indefinite quantity (6)
4 One who rides breaking waves (6)
7 Small pieces of coloured paper thrown at weddings (8)
8 Head honcho (4)
9 Dart (5)
10 Mollify (7)
12 Postpone indefinitely (6)
13 Entertains or diverts (6)
15 Go on the rampage (3,4)
18 Pulverise (5)
20 Inspired by a feeling of fearful wonderment (4)
21 Threatening or foreshadowing evil (8)
22 Free from an obligation (6)
23 Annually, every twelve months (6)

Down
1 Russian country house (5)
2 Period of time sufficient for factors to work themselves out (4,3)
3 Charge someone with too many tasks (9)
4 Motionless (5)
5 Plant life (5)
6 Slices of bacon (7)
11 Truce (9)
12 Dead body of an animal (7)
14 Dash a liquid upon or against (7)
16 Sibling's daughter (5)
17 Beginning of an offensive (5)
19 Laurel and ___, comedy duo (5)

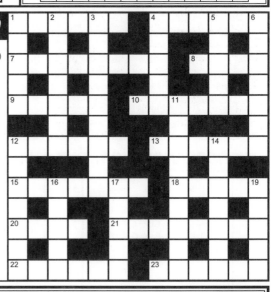

1 MINUTE NUMBER CRUNCH

Beginner								Answer
95	+ 18	− 72	x 2	x 1.5	− 16	− 17	x 4	

Intermediate								Answer
530	+ 10% of this	Double it	÷ 11	x 4	5/8 of this	÷ 5	x 12	

Advanced								Answer
228	9/12 of this	5/9 of this	6/19 of this	Squared	27% of this	x 2	5/27 of this	

Did You Know?:

The offspring of a male lion and a tigress is called a liger, and the offspring of a male tiger and a lioness is called a tigon. The offspring a male donkey and a female horse is called a mule, and the offspring of a male horse and a female donkey is called a hinny.

1 MINUTE NUMBER CRUNCH

Beginner								Answer
61	+ 5	÷ 11	x 13	2/3 of this	÷ 2	− 8	x 3	

Intermediate								Answer
98	− 69	x 5	Double it	4/29 of this	+ 20% of this	+ 1/6 of this	5/8 of this	

Advanced								Answer
212	175% of this	x 8	− 1693	13/15 of this	+ 4/5	2/9 of this	x 13	

Did You Know?:
The femur (or thighbone) is the longest and thickest bone of the human skeleton; it extends from the pelvis to the knee. The smallest bone in the body is the stirrup bone, which is located in the ear.

HIGH-SPEED CROSSWORD

Across
1 Shuts (6)
4 Condone (6)
7 Pitch of the voice (4)
8 Sufficient (8)
10 Covered in turf (6)
12 Vocalist (6)
14 Goes in (6)
17 Moves along a winding path (6)
19 Reduce in worth or character (8)
21 Detest (4)
22 Myth, fable (6)
23 Planets (6)

Down
1 Metropolis (4)
2 Pays out (6)
3 Income (6)
4 Quantity much larger than is needed (6)
5 Pillar (6)
6 Dispersed (9)
9 Basic truth or law (9)
11 Form of address to a man (3)
13 Small hotel (3)
15 Hire for service (6)
16 Gazed (6)
17 Children's outdoor toy (6)
18 Item which prevents a ship from moving (6)
20 Structures used for catching fish (4)

PARTITIONS

Draw walls to partition the grid into areas (some are already drawn in). Each area must contain two circles, area sizes must match those numbers shown next to the grid and each '+' must be linked to at least two walls.

3, 4, 5, 6, 7

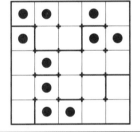

WORDWHEEL

Using only the letters in the Wordwheel, you have ten minutes to find as many words as possible, none of which may be plurals, foreign words or proper nouns. Each word must be of three letters or more, all must contain the central letter and letters can only be used once in every word. There is at least one nine-letter word in the wheel.

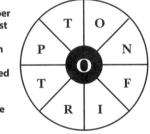

Nine-letter word(s):

SUM CIRCLE

Fill the three empty circles with the symbols +, – and x in some order, to make a sum which totals the number in the centre. Each symbol must be used once and calculations are made in the direction of travel (clockwise).

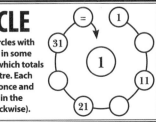

WORDSEARCH WORKOUT

```
H A U D K A B E M O R U A
N P Q I P I T S T P A L V
R U E C R S I I S O F I A
I V U R A O P R O R K R L
G W N K G C W A T B S D S
A J S Y U I P P Z X N O I
L B D J E N D U B L I N T
O J A M S T E R D A M V A
S Z U B T I L E S D P I R
K N C B L I H Z A G R E B
O C R K L I S B O N B N C
P J S G S J Y X F E H N S
J L W A R S A W R V D A U
E O L S O Q A N S B R F M
V Y O R Y G H E A L P B U
```

EUROPEAN CAPITAL CITIES
AMSTERDAM
BERN
BRATISLAVA
DUBLIN
KIEV
LISBON
LJUBLJANA
MINSK
NICOSIA
NUUK
OSLO
PARIS
PRAGUE
RIGA
ROME
SKOPJE
SOFIA
VIENNA
WARSAW
ZAGREB

DOUBLE FUN SUDOKU

TASTY TEASER

2	8		7			1		
7			6	4			3	
		3			5	9	6	
4	3	1	9	7				
	5					2		
			1	8	3	4	9	
	1	4	2			6		
	2			8	6			5
		7			9		1	8

BRAIN BUSTER

4				5				3
		7				1		
	3		8		2		7	
2		5	3		9	8		4
			4		1			
1		4	2		5	7		9
	4		9		8		6	
		8				9		
6				1				2

1 MINUTE NUMBER CRUNCH

Beginner								Answer
51	÷ 3	+ 18	4/5 of this	3/4 of this	+ 37	− 49	x 8	

Intermediate								Answer
680	÷ 17	x 4.5	60% of this	x 5	+ 10% of this	5/18 of this	Double it	

Advanced								Answer
572	7/11 of this	9/52 of this	5/9 of this	Squared	60% of this	4/15 of this	Square root of this	

Did You Know?:

The Asian salamander usually lives for about ten years and hibernates during the winter. However, one salamander lived for 90 years frozen in ice.

HIGH-SPEED CROSSWORD

Across

1 Dawdle (5)
4 Speak with others about (7)
8 Someone who closely resembles a famous person (9)
9 Spoken (5)
10 Late news inserted into a newspaper (4,5)
13 Graham ___, author of *The Third Man* (6)
14 Document showing that a fare has been paid (6)
16 Gloomy disposition (9)
19 Church instrument (5)
20 Without fixed limits or restrictions (4-5)
22 Candour (7)
23 Not smooth and even in texture (5)

Down

1 Operating a motor vehicle (7)
2 European principality (13)
3 Hollers (5)
4 Singing couple (3)
5 Musical symbol (5)
6 European nation (6,7)
7 Looks for (5)
11 Former statutory unit of gas supplied in the UK (5)
12 Established lines of travel (5)
15 Place where leather is made (7)
16 Dog (5)
17 Units, pieces (5)
18 Photographer's human subject (5)
21 Division of a week (3)

IQ WORKOUT

How many circles appear below?

CODEWORD CONUNDRUM

A B C D E F G H I J K L M
N O P Q R S T U V W X Y Z

Reference Box

1	2	3	4	5	6	7 O	8	9	10	11 W	12	13 N
14	15	16	17	18	19	20	21	22	23	24	25	26

DOUBLE FUN SUDOKU

TASTY TEASER

5				1	7	9		8
	9		5					
6		2	8				5	
3		6	9			5		4
	8			3			1	
4		1			2	7		3
	7				6	4		9
					4		2	
2		9	3	5				1

BRAIN BUSTER

3			2		4			1
	1			7			8	
		7	6		5	9		
2	4						1	5
		9				2		
8	7						6	9
		1	3		2	7		
	3			6			5	
9			1		7			4

SPIDOKU

Each of the eight segments of the spider's web should be filled with a different number from 1 to 8, in such a way that every ring also contains a different number from 1 to 8.

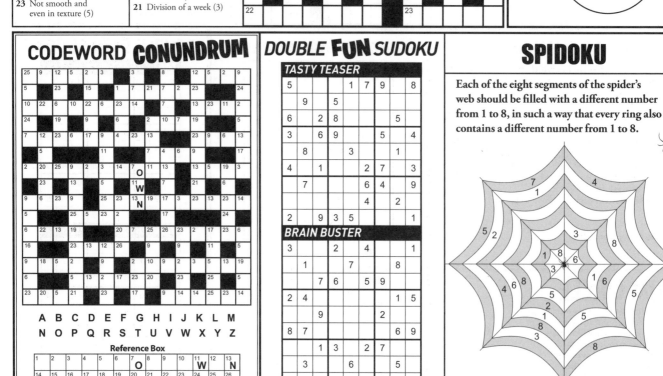

LOGI-SIX

Every row and column of this grid should contain one each of the letters A, B, C, D, E and F. Each of the six shapes (marked by thicker lines) should also contain one each of the letters A, B, C, D, E and F. Can you complete the grid?

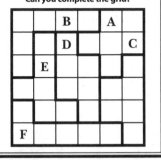

	B		A		
	D			C	
E					
F					

HIGH-SPEED CROSSWORD

Across
1 Ringlet (4)
3 Winter month (8)
9 Of marriage (7)
10 Present time or age (5)
11 Duck valued for its soft down (5)
12 Sloping print (6)
14 Forms of web advertising that appear in a new window (3-3)
16 Night flight on which passengers get little or no sleep (coll) (3-3)
18 Common insect with hard wing cases (6)
19 Feeling of distress and disbelief (5)
22 Promotional statement (as found on the dust jackets of books) (5)
23 Peculiar (7)
24 ___ hour, almost too late (8)
25 Not as much (4)

Down
1 Scorn (8)
2 Swift, quick (5)
4 Cream-filled pastry (6)
5 Seemingly outside normal receptive channels (12)
6 Point at which to retire for the night (7)
7 Beams (4)
8 Lacking respectability in character, behaviour or appearance (12)
13 Liability to failure under pressure or stress (8)
15 Take to be the case (7)
17 Rich and fashionable people who travel widely for pleasure (3,3)
20 One sixteenth of a pound (5)
21 Slender double-reed instrument (4)

WORDSEARCH WORKOUT

```
Z V X K X O T S M G L J L
I B F U A K S T C J U F H
S M W B X A E O E A G L W
A A B D V O I R M M H L C
M S C O E L R I G S P S E
H Q E R L C P E H D S L R
A V D C I C E S C L M O E
I O M T R F F N A R C B M
N H L A G E I U A Q C M O
D E R J G X T C A T S Y N
C A M X N I R S E B L S Y
J L Y T R G C G Q H E E I
L I N C A N T A T I O N B
A N Y L L O H S E V O R G
T G W I S D O M E O C P Z
```

DRUIDS

BELTANE	MAGIC
CELTIC	PRIEST
CEREMONY	RITUALS
CLOAK	SACRIFICE
GROVES	SAMHAIN
HEALING	SECRETS
HOLLY	STORIES
IMBOLC	SYMBOLS
INCANTATION	TEMPLE
LUGH	WISDOM

DOUBLE FUN SUDOKU

TASTY TEASER

6			2	7				
8			9			7	5	4
1		4						
8		7	2		4	6		9
	4	5				2	3	
1		6	9		3	8		5
					8		9	
3	5	8		1			7	
			7	3			6	

BRAIN BUSTER

		4			3			
8			5		6			1
2		7				8		5
	4		3	7	9		8	
	1		6	4	2		5	
5		2				9		3
9			1		8			7
		1			5			

MATCHSTICK MAGIC

Remove three matchsticks to leave three triangles.

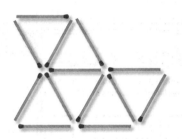

BRAIN TEASER

In a lottery of six winning numbers, how many tickets are there that include every combination of six numbers from 1 to 30?

? _____ ?

SIMPLE AS A, B, C ?

Did You Know?:

When resting, the average heartbeat rate of an elephant is 28 beats per minute, the average heartbeat rate of a human is 70 beats per minute, and the average heartbeat rate of a mouse is 500 beats per minute.

Each of the small squares in the grid below contains either A, B or C. Each row, column, and diagonal line of six squares has exactly two of each letter. Can you tell the letter in each square?

Across
1 The As are next to each other
2 Each B is directly next to and right of an A
3 The Cs are next to each other
4 The As are next to each other
5 No two letters the same are directly next to each other
6 The As are further right than the Bs

Down
1 The Bs are lower than the As
2 No two letters the same are directly next to each other
3 Each C is directly next to and below a B
4 The Cs are next to each other
5 The Cs are next to each other
6 Each A is directly next to and below a B

	1	2	3	4	5	6
1						
2						
3						
4						
5						
6						

CODEWORD CONUNDRUM

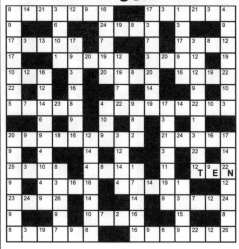

| A | B | C | D | E | F | G | H | I | J | K | L | M |
| N | O | P | Q | R | S | T | U | V | W | X | Y | Z |

Reference Box

| 1 | 2 | 3 | 4 | 5 | 6 | 7 | 8 | 9 | 10 | 11 | 12 | 13 |
| 14 | 15 | 16 | 17 | 18 | 19 | 20 | 21 | 22 | 23 | 24 | 25 | 26 |

(10 = E, 13 = T, 14 = N)

DOUBLE FUN SUDOKU

TASTY TEASER

	8			7			3	
	3	9	2			7	6	
4	7				3		1	9
				9	4	6		3
		4					1	
2		3	5	8				
8	6		7				9	5
	4	5			1	2	7	
	2			6			8	

BRAIN BUSTER

9	2						1	5
		8				7		
		4	2		9	8		
	7			6			3	
	1	7			5	6		
	8			1			5	
	3	9		4	2			
	5					3		
7	6						4	9

PYRAMID PLUS

Every brick in this pyramid contains a number which is the sum of the two numbers below it, so that F=A+B, etc.
Just work out the missing numbers!

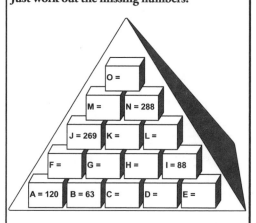

O =
M =   N = 288
J = 269   K =   L =
F =   G =   H =   I = 88
A = 120   B = 63   C =   D =   E =

WORK IT OUT

In the grid below, what number should replace the question mark?

15	45	41	82	79	158	156
8	24	20	40	37	74	72
13	39	35	70	67	134	132
5	15	?	22	19	38	36
16	48	44	88	85	170	168
10	30	26	52	49	98	96
18	54	50	100	97	194	192

HIGH-SPEED CROSSWORD

Across

1 Rouses (7)
5 Imitate (5)
8 Person who introduces speakers and proposes raised glasses at a banquet (11)
9 Odd-toed ungulate of tropical America (5)
11 Trash (7)
13 Archers (6)
14 Obvious statement (6)
17 Go before (7)
18 Make void (5)
19 Capital of Malaysia until 2005 (5,6)
22 Spectacle (5)
23 Body of water between Israel and Jordan (4,3)

Down

1 Washroom fixture (7)
2 Expanse of saltwater (3)
3 Get involved, so as to alter or hinder an action (9)
4 Set of steps (6)
5 Coaster (3)
6 Undertaker (9)
7 Compress with violence (5)
10 Potentially explosive state (6,3)
12 Spiny-finned fish (9)
15 Disease transmitted by the mosquito (7)
16 Insist (6)
17 Feelers attached to the mouth of a spider (5)
20 Section of a play (3)
21 Step in dancing (especially in classical ballet) (3)

1 MINUTE NUMBER CRUNCH

| Beginner | | | | | | | | Answer |
| 476 | ÷ 2 | + 32 | ÷ 3 | 40% of this | Square root of this | + 15 | ÷ 7 | |

| Intermediate | | | | | | | | Answer |
| 22 | x 25 | 3/11 of this | + 10% of this | + 2/3 of this | + 1/5 of this | − 116 | x 3 | |

| Advanced | | | | | | | | Answer |
| 884 | 3/17 of this | + 395 | 3/19 of this | + 2/3 of this | 5/29 of this | + 44 | 14/23 of this | |

Did You Know?:
The Horseshoe Falls is part of the Niagara River and lies between Canada and the USA. The fall is 170 feet and, over the years, many people have attempted to go over the Horseshoe Falls in some version of a barrel: eight have crossed the Falls on a tightrope.

HIGH-SPEED CROSSWORD

Across
1 Strata (6)
5 Excessive dirt (5)
9 Sparkling citrus fruit drink (9)
10 Receded (5)
11 Occasionally (9)
13 Religious leader (6)
15 Established customs (6)
19 Onyx marble (9)
21 Walks with a slow heavy gait (5)
22 Authoritative (9)
24 Glossy, smooth (5)
25 Straight sword with a narrow blade (6)

Down
2 Consternation (5)
3 Hen's produce (3)
4 Excessively ingratiating and wheedling (6)
5 Plant valued for its fragrant tubular flowers (7)
6 Young sheep (5)
7 School principal (12)
8 Reflex erection of hairs on the skin in response to cold or fear (5,7)
12 Augment (3)
14 Experiencing illness aboard a ship (7)
16 Form of transport, double-decker (3)
17 Sartorially smart (6)
18 Scoop out (5)
20 Treasure of unknown ownership (5)
23 Tear apart (3)

SUMMING UP

In the square below, change the positions of six numbers, one per horizontal row, vertical column and long diagonal line of six smaller squares, in such a way that the numbers in each row, column and long diagonal line total exactly 262. Any number may appear more than once in a row, column or line.

56	8	44	72	84	24
61	43	36	64	47	50
71	55	43	21	27	52
12	67	47	65	18	44
17	27	54	61	11	48
52	18	64	18	66	25

1 MINUTE NUMBER CRUNCH

Beginner							Answer
85	1/5 of this	x 2	+ 8	x 2	÷ 7	+ 88	24% of this

Intermediate							Answer
507	− 209	Double it	+ 25% of this	60% of this	+ 27	÷ 6	+ 98

Advanced							Answer
502	x 9	1/6 of this	÷ 3	÷ 0.25	− 695	+ 2/3 of this	− 3/5 of this

Did You Know?:
Using standard six-sided dice, the most likely result of rolling two dice is seven, the most likely result of rolling three dice is either ten or eleven, and the most likely result of rolling four dice is 14.

WORDSEARCH WORKOUT

```
Z T Y O E R E M S E L L E
C R E T E I R E L A N D X
G I N E Y H J O I M R I M
A N R J H Q F I G Y U K A
I I E A Y O W A F A T H U
R D D W J T B D V E B V R
O A L V F U Q D K T Q O I
T D A T R O G C E Z D U T
C X V A Y V U G A D M W I
I U M A L T A N T N S M U
V Z B O N V Z A D S K D S
J A V A Z I I R P L H B P
Z T N S B W N H H B A M I
D T M A A U C V S O R N I
V H R N O D G R P Z G E D
```

ISLANDS OF THE WORLD

ALDERNEY
ARUBA
CRETE
CUBA
ELLESMERE
FIJI
IRELAND
JAVA
KHARG
MALTA
MAURITIUS
NANTUCKET
NEWFOUNDLAND
RHUM
SARK
TAIWAN
TOBAGO
TRINIDAD
VICTORIA
ZANZIBAR

DOUBLE FUN SUDOKU

TASTY TEASER

	4		9		1		8	
2				3				4
	8	5	6		4	7	3	
7			2	4	9			3
	6	4				9	1	
9			3	1	6			7
	9	1	7		5	3	2	
5				9				8
	2		4		3		9	

BRAIN BUSTER

		6	4		7	5		
9								2
	5		3		8		9	
3	8		1		4		6	5
1	6		2		5		4	3
	2		6		1		7	
7								1
		3	7		9	8		

WHATEVER NEXT?

In the diagram below, which number should replace the question mark?

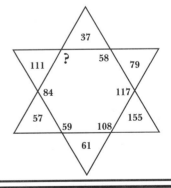

BRAIN TEASER

A man left a sum of money to his four children. Bert received 50% of Cyril's amount. Alan received as much as Bert and John combined. Cyril received 125% of John's amount. John received €840.

How much more did Alan receive than Cyril?

Mind Over Matter

Given that the letters are valued 1-26 according to their places in the alphabet, can you crack the mystery code to reveal the missing letter?

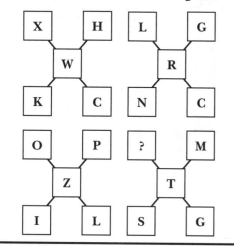

DOUBLE FUN SUDOKU

TASTY TEASER

5		2					4	
3	7			2		1	6	
			9	3	4			
9	5	7			2	6		
2			7		3			4
		1	6			8	2	7
			3	8	7			
	4	9		6			1	3
	6				5			2

BRAIN BUSTER

	1			4			6	
6			8		3			9
		3				8		
	9	8	3		7	5	1	
		4		9				
	3	2	5		1	9	4	
		4				2		
2			1		8			7
	7			5			9	

CODEWORD CONUNDRUM

A B C D E F G H I J K L M
N O P Q R S T U V W X Y Z

Reference Box

1	2 N	3 C	4	5	6	7	8	9	10	11	12	13
14	15	16	17	18	19	20	21	22 O	23	24	25	26

FUTOSHIKI

Fill the grid so that every horizontal row and vertical column contains the numbers 1-5. The 'greater than' or 'less than' signs indicate where a number is larger or smaller than that in the neighbouring square.

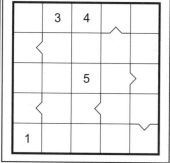

HIGH-SPEED CROSSWORD

Across

4 Shakes with cold or fear (7)
7 Sunshine State of the USA (7)
8 Believe in (5)
9 Brandished (5)
10 Field suitable for grazing by livestock (3)
11 Longs for (5)
12 Talk about (9)
14 Leisurely walk by the sea (9)
17 Native or inhabitant of Cambodia (5)
18 Consume food (3)
19 Column, of light for example (5)
21 Meat juices (5)
22 Dead and rotting flesh (7)
23 Lacking in playfulness (7)

Down

1 Not many (1,3)
2 Feet of an ungulate mammal (6)
3 Carnivorous creatures that hunt and kill other animals (5,2,4)
4 Seafarer (6)
5 Of horses (6)
6 Earmarked, reserved (3,5)
8 Flexible ruler (4,7)
12 Period of history between classical antiquity and the Italian Renaissance (4,4)
13 Make less effective (6)
15 Physical science relating to light (6)
16 Middle-Eastern (6)
20 Turns brown in the sun (4)

1 MINUTE NUMBER CRUNCH

Beginner								Answer
87	+ 9	÷ 12	+ 12	Plus 5% of this	÷ 7	x 19	+ 73	

Intermediate								Answer
31	x 8	Add to its reverse	3/10 of this	÷ 3	+ 65	+ 2/3 of this	Double it	

Advanced								Answer
24	÷ 0.25	7/12 of this	x 1.875	19/21 of this	7/19 of this	+ 5/7 of this	÷ 1.25	

Did You Know?:
Certain kinds of tree can communicate using chemicals. If a wood-eating insect attacks one tree it will send out chemicals into the air, and on receiving the chemical message other trees will produce a substance that deters the insect.

DOMINO PLACEMENT

A standard set of 28 dominoes has been laid out as shown. Can you draw in the edges of them all? The check-box is provided as an aid and the domino already placed will help.

Did You Know?:
Found on islands in Indonesia, Komodo dragons are the world's largest lizards. As well as having harmful bacteria in their mouths, they are able to produce a powerful paralysis-inducing venom, making them the largest venomous animals alive today.

```
            6 6
        6 2 5 1
        3 3 5 0
    3 4 4 0 4 2 3 5
  4 1 6 1 5 6 1 2 2 1
  2 2 0 4 3 1 5 0 6 1
    0 0 5 2 2 6 4 6
        4 1 3 3
        4 0 5 3
            0 5
```

0-0	0-1	0-2	0-3	0-4	0-5	0-6

1-1	1-2	1-3	1-4	1-5	1-6	2-2
				✓		

2-3	2-4	2-5	2-6	3-3	3-4	3-5

3-6	4-4	4-5	4-6	5-5	5-6	6-6

HIGH-SPEED CROSSWORD

Across
1 Writ entitling police to explore a property (6,7)
7 Writing implements (4)
8 Roof-supporting beam (6)
9 Musical pace (5)
10 Observe (4)
12 Abilities acquired by training (6)
13 End resistance (5)
15 Creased (5)
18 Cheap and nasty, inferior (6)
20 Blatant or sensational promotion (4)
21 Hospital worker (5)
22 Point in orbit (6)
23 Garden tool (4)
24 Unaffected by strong emotion or prejudice (13)

Down
1 Light evening meal (6)
2 Corroded (5)
3 Hurts, injures (5)
4 Spray can (7)
5 Branch of the armed forces that uses large-calibre guns (9)
6 Beat soundly (6)
11 Toxic (9)
14 Absence of moisture (7)
16 Ground surrounded by water (6)
17 Uncompromising in discipline (6)
19 Native of Basra, for example (5)
20 Wading bird with a long neck (5)

IQ WORKOUT

What number should replace the question mark?

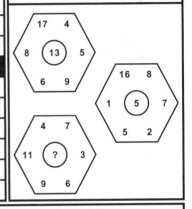

WORDWHEEL

Using only the letters in the Wordwheel, you have ten minutes to find as many words as possible, none of which may be plurals, foreign words or proper nouns. Each word must be of three letters or more, all must contain the central letter and letters can only be used once in every word. There is at least one nine-letter word in the wheel.

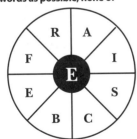

Nine-letter word(s):

_____

WORDSEARCH WORKOUT

```
G C M I N C M B X T W N I
N D H E R I S A U V D N A
E W L J O U K C V H U A J
D S I J H O O R H E A M U
N P M N Q C N B W W V A T
U F M U T G I E P G Y E A
B G A R N E Z R E O C Z Y
U O T U E T R N U E H O Z
A K E L N D E T I Z U N Y
R Q N T N V H O H D R R H
G L R W A K K B C U W A O
B B E E S A I H F O R C Z
D O C S U O R Z X N H O I
T S U U A S E U U F F L K
R Y L F L B S C J G F H V
```

SWISS PLACE NAMES

BASEL
BERN
CHUR
GENEVA
GRAUBUNDEN
HERISAU
JURA
KONIZ
LAUSANNE
LIMMAT
LOCARNO
LUCERNE
REUSS
SCHWYZ
URI
VAUD
VEVEY
WINTERTHUR
ZUG
ZURICH

DOUBLE FUN SUDOKU

TASTY TEASER

			9	3		7		
9	8	4		2		5		
					8	6		
5	4		1		2		6	7
3		1			8		4	
7	2		8		3		5	9
		2	5					
		9		6		4	1	5
		7		1	9			

BRAIN BUSTER

	4		5		6		3	
9								5
		2	8		9	1		
1	8		3		7		6	2
2	5		4		8		9	7
		8	9		3	4		
6								3
	2		7		5		1	

SUM CIRCLE

Fill the three empty circles with the symbols +, – and x in some order, to make a sum which totals the number in the centre. Each symbol must be used once and calculations are made in the direction of travel (clockwise).

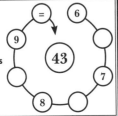

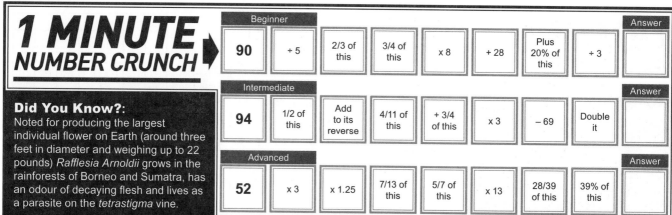

1 MINUTE NUMBER CRUNCH ▶

Beginner								Answer
90	÷ 5	2/3 of this	3/4 of this	x 8	+ 28	Plus 20% of this	÷ 3	

Intermediate								Answer
94	1/2 of this	Add to its reverse	4/11 of this	+ 3/4 of this	x 3	− 69	Double it	

Advanced								Answer
52	x 3	x 1.25	7/13 of this	5/7 of this	x 13	28/39 of this	39% of this	

Did You Know?:
Noted for producing the largest individual flower on Earth (around three feet in diameter and weighing up to 22 pounds) *Rafflesia Arnoldii* grows in the rainforests of Borneo and Sumatra, has an odour of decaying flesh and lives as a parasite on the *tetrastigma* vine.

HIGH-SPEED CROSSWORD

Across
1 Wound made by cutting (5)
5 Mungo ___, Scottish explorer of Africa (4)
7 Native of Sana'a, for example (6)
8 Removes the central part of an apple (5)
9 Represented in simplified or symbolic form (9)
10 The night before (3)
11 Boundary (9)
15 Area of linguistics concerned with the meanings of words (9)
19 Popular vegetable (3)
20 Tequila cocktail (9)
21 Pig (5)
22 Spanish city famous for steel and swords (6)
23 And nothing more (4)
24 Destitute (5)

Down
1 Receptacle into which an electrical plug is inserted (6)
2 Consented (6)
3 European mint with aromatic and pungent leaves (6)
4 Plant grown for its edible aromatic root (8)
5 Buccaneers (7)
6 Systematic plan for therapy, often including diet (7)
12 Holds spellbound (8)
13 Country, capital Beirut (7)
14 Badly behaved (7)
16 Lend flavour to (6)
17 Join together by overlapping (6)
18 As follows (6)

IQ WORKOUT

What number should replace the question mark?

16		14
	10	
10		4

37		15
	6	
8		10

29		3
	?	
18		10

CODEWORD **CONUNDRUM**

A B C D E F G H I J K L M
N O P Q R S T U V W X Y Z

Reference Box

1	2	3 U	4	5	6	7	8 N	9	10	11	12	13
14	15	16	17	18 T	19	20	21	22	23	24	25	26

DOUBLE **FUN** SUDOKU

TASTY TEASER

2		7		4	6			
	1	9		7				8
	3	8					5	4
		5	1			9		
8	9		4		7		1	2
	6				2	3		
5	4					6	2	
3			1			9	7	
		6	5		8		1	

BRAIN BUSTER

6				9		7	4	
	7				5	3		
	1	8						9
	4		2					
		2				7		
				3		5		
1					8	6		
	9	1				3		
4	5		3					1

SPIDOKU

Each of the eight segments of the spider's web should be filled with a different number from 1 to 8, in such a way that every ring also contains a different number from 1 to 8.

LOGI-SIX

Every row and column of this grid should contain one each of the letters A, B, C, D, E and F. Each of the six shapes (marked by thicker lines) should also contain one each of the letters A, B, C, D, E and F. Can you complete the grid?

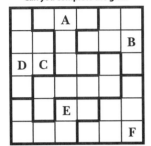

HIGH-SPEED CROSSWORD

Across
1 Make by sewing together quickly (3,2)
4 Throw or cast away (7)
8 One of the two symbols used in Morse code (3)
9 Small version of a larger image (9)
10 Device producing a loud sound as a warning (5)
11 Hangs around (7)
13 Canes used as supports when travelling on foot (7,6)
15 Emblems of high office (7)
17 Ladder-steps (5)
19 Next to (9)
21 Overwhelming feeling of wonder (3)
22 Container for small personal items (7)
23 Radio set (5)

Down
1 Travels as a passenger (5)
2 Uncontrived (7)
3 Promise shown (9)
4 System of windows with two panes of glass (6-7)
5 Weep (3)
6 Rounded like an egg (5)
7 Signs up to join the military (7)
12 Seize a thing on its way (9)
13 Hostile or belligerent mood (7)
14 Have within (7)
16 Utterance expressing disapproval (5)
18 Direct the course (5)
20 Gossip (3)

WORDSEARCH WORKOUT

```
G X Z D G S T Q L S H I R
R E J L G T I A D Q D E N
A M Z O U K R O C K P R S
E Y L U L L A M Q P O H S
P O N W R D O D A H G O E
T U E D E W F N T O U N B
E N V Y T B K I I D E E N
N G C L A R E T E W O Y W
G H D R W W T N B L R D O
Y E N S E U Y R V K D E R
C Y A O B P I N C L E W B
T D L B X D M A O N U L L
Q O R F G D S U I T G M C
M N A E G I N P T X S B Y
Z T B C I P H R O U S P Z
```

PEAR VARIETIES

BARLAND
BROWN BESS
BUTT
CIPHROUS
CLARET
CYGNET PEAR
GIN
HONEYDEW
KNAPPER
LULLAM
NEWBRIDGE
OLDFIELD
PINE
ROCK
SACK
STONY WAY
THORN
TUMPER
WATER LUGG
YOUNG HEYDON

DOUBLE FUN SUDOKU

TASTY TEASER

2		3			7		1
6	1	3				9	
		8	4		6		
	2		8	6	5	4	
	9	7		5	3		
	6	7	4	1		8	
	6		9	2			
	9			8	3	5	
7		4		8			2

BRAIN BUSTER

	9	5	6				
	7			5			
9	5	2		3	6	1	
8	1	5		4	9	2	
2						6	
6	9	1		2	4	8	
1	8	3		7	2	5	
	3				1		
	8	2	1				

MATCHSTICK MAGIC

Remove one matchstick and rearrange those remaining to make six triangles of equal size.

BRAIN TEASER

Out of 100 people surveyed, 75 per cent had a personal computer, 68 per cent had a dishwasher, 85 per cent had a refrigerator and 80 per cent had a video recorder.

How many people had all four items?

DOMINO PLACEMENT

A standard set of 28 dominoes has been laid out as shown. Can you draw in the edges of them all? The check-box is provided as an aid and the domino already placed will help.

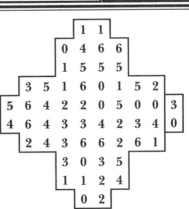

Did You Know?:
Of the world's islands, Java in Indonesia has the highest population (approximately 132,945,000 people) and Salsette (off the west coast of India) is the most densely populated island (approximately 24,400 people per square kilometre).

0-0	0-1	0-2	0-3	0-4	0-5	0-6
			✓			

1-1	1-2	1-3	1-4	1-5	1-6	2-2

2-3	2-4	2-5	2-6	3-3	3-4	3-5

3-6	4-4	4-5	4-6	5-5	5-6	6-6

CODEWORD CONUNDRUM

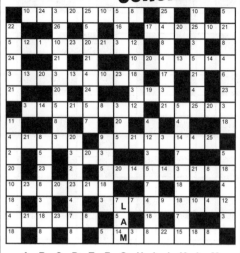

A B C D E F G H I J K L M
N O P Q R S T U V W X Y Z

Reference Box

1	2	3	4	5 A	6	7 L	8	9	10	11	12	13
14 M	15	16	17	18	19	20	21	22	23	24	25	26

DOUBLE FUN SUDOKU

TASTY TEASER

		6		1		5		
4		5		9		7		1
	2		6		5		4	
9		2	3		1	8		5
	5		9		2		1	
1		3	5		7	6		2
	7		1		6		8	
2		4		3		1		7
		8		2		9		

BRAIN BUSTER

	5		6		4		1	
		6	9		3	7		
3								6
8		9	3		2	5		1
1		2	7		8	9		3
7								4
		4	1		5	8		
	8		2		6		9	

PYRAMID PLUS

Every brick in this pyramid contains a number which is the sum of the two numbers below it, so that F=A+B, etc.
Just work out the missing numbers!

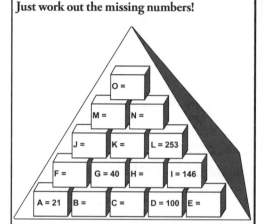

O =
M =   N =
J =   K =   L = 253
F =   G = 40   H =   I = 146
A = 21   B =   C =   D = 100   E =

WORK IT OUT

In the grid below, what number should replace the question mark?

32	27	22	17	12	7	2
41	38	35	32	29	26	23
26	22	18	14	10	6	2
87	76	65	54	43	32	21
60	51	42	33	24	15	6
14	12	10	8	6	4	2
57	49	41	33	25	17	?

HIGH-SPEED CROSSWORD

Across
1 Room (7)
5 Storehouse (5)
8 Someone undergoing a trial period (11)
9 Check marks (5)
11 Impose something unpleasant (7)
13 Female relatives (6)
14 Opening in the rear of the barrel of a gun (6)
17 Bondage (7)
18 Up to a time that (5)
19 Marked by independence and creativity in thought or action (11)
22 Scarper (5)
23 Immersed in a liquid to extract a flavour (7)

Down
1 Windlass used when weighing anchor (7)
2 *Much ___ About Nothing*, Shakespeare play (3)
3 Woman's undergarment (9)
4 Item of dried fruit (6)
5 Cacophony (3)
6 To the point (9)
7 Crisp bread (5)
10 Maurice ___, French actor and cabaret singer (9)
12 Lucky (9)
15 Pike fitted with an axe head (7)
16 Text of a popular song (6)
17 Economises (5)
20 Yearly assembly of shareholders (inits) (3)
21 Little rascal (3)

(Crossword grid numbered 1–23)

1 MINUTE NUMBER CRUNCH

Beginner							Answer
36	1/3 of this	− 4	Squared	x 2	1/4 of this	÷ 2	− 11

Intermediate							Answer
503	x 3	− 857	Double it	5/8 of this	4/5 of this	x 1.5	− 683

Advanced							Answer
15	x 75	2/3 of this	÷ 25	x 2.6	+ 1/3 of this	37.5% of this	+ 2/3 of this

Did You Know?:
The full name of the artist known as Pablo Picasso (1881-1973) was Pablo Diego José Francisco de Paula Juan Nepomuceno María de los Remedios Cipriano de la Santísima Trinidad Ruiz y Picasso.

HIGH-SPEED CROSSWORD

Across
1 Thoughtlessly hasty (9)
5 Type of lettuce (3)
7 Glassy compound fused to the surface of an object for decoration (6)
8 Proclaim (6)
10 Halo of light (4)
11 Cut up (7)
13 Enchant (7)
17 Tube which conveys air in and out of the lungs (7)
19 Cleared a debt (4)
21 Shoot arising from a plant's roots (6)
22 Fats ___, rhythm and blues pianist, singer and composer (6)
23 Not either (3)
24 Industry and technology concerned with aviation, satellites, etc (9)

Down
1 Notion (4)
2 Popular snack, often roasted and salted (6)
3 Relating to those 13 to 19 years old (7)
4 Turns or places at an angle (5)
5 Scratched at, as if with talons (6)
6 State of reduced excitement or anxiety (8)
9 Commander of a fleet (7)
12 Ardent and enthusiastic supporter (8)
14 Ample, plentiful (7)
15 Sign of the zodiac (6)
16 Mineral such as quartz (6)
18 Dog-like nocturnal mammal (5)
20 Bird symbolising peace (4)

IQ WORKOUT
Draw in the hands on the final clock.

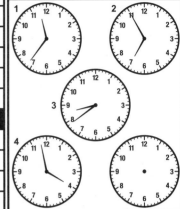

1 MINUTE NUMBER CRUNCH

Beginner							Answer
17	x 2	+ 28	− 14	÷ 3	x 5	x 1.25	14% of this

Intermediate							Answer
24	175% of this	x 6	− 85	Double it	+ 116	90% of this	÷ 9

Advanced							Answer
15	Squared	x 4	33% of this	5/9 of this	60% of this	x 8	÷ 0.2

Did You Know?:
The population of the world is approximately 7,008,000,000. Excluding Antarctica, the population density of the world is approximately 52 people per square kilometre. This figure increases to more than double when uninhabitable places are also excluded.

WORDSEARCH WORKOUT

```
Y T E D V V E R D A N T C
A L H N A R C I S S U S A
M A R C H F H Y P R Q Z L
A W N B N U F R N L F P F
E T N E L E I O O N P B S
M E S E M N I Q D D U G H
C I V N G O E W X I G B T
W S G Q I F N S O E L M G
O C H R W K H E T H O Y V
L V Y O A F T S X S L L B
L W V G O T K A S C L I C
A D G A R T I O C T H L U
W D N N R G L O S S D U B
S X E M T B Z U N B S T P
T Q M V J F G R M M N I B
```

SPRING

ANEMONE	LILY
BLOSSOM	MARCH
BUDS	MAY
BUNNY	MIGRATION
CALF	NARCISSUS
CATKINS	NEST
DAFFODIL	SHOOT
EGGS	SPRING
GUST	SWALLOW
LENT	VERDANT

DOUBLE **FUN** SUDOKU

TASTY TEASER

7	3	4		2		9		
				3	9	8		
			7			5		
9	7		1		6		5	8
4		1				3		6
8	2		3		5		4	7
		2			1			
		8	9	6				
		7		5		4	1	9

BRAIN BUSTER

7			2		3			6
3		1		8		9		4
6	1						7	9
	2	7				3	4	
9	3						5	8
2		6		9		8		5
5			1		6			3

WHATEVER NEXT?
In the diagram below, which number should replace the question mark?

12
? 24
100
31 57
26

BRAIN **TEASER**

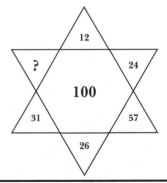

A B C D E F G H

What letter is immediately to the right of the letter two to the right of the letter which is immediately to the left of the letter three to the right of the letter B?

Mind Over Matter

Given that the letters are valued 1-26 according to their places in the alphabet, can you crack the mystery code to reveal the missing letter?

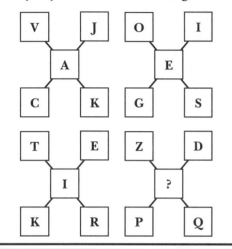

DOUBLE **FUN** SUDOKU

TASTY TEASER

			6	1	9			
	3						8	4
	7	2		3		5		9
7	6	8	4				3	
4		9		6				2
	5				3	4	1	6
9		6		4			3	5
8	4				2			
			2	9	7			

BRAIN BUSTER

		4	5		9	2		
	6		3				4	
1			7		8			3
	7	1				6	3	
5								1
	4	8				5	9	
3			2		5			4
	8			7			2	
		9	4		3	1		

CODEWORD **CONUNDRUM**

A B C D E F G H I J K L M
N O P Q R S T U V W X Y Z

Reference Box

1	2 U	3	4	5	6	7	8	9	10	11	12	13
14	15	16	17 L	18	19	20	21	22	23	24	25 E	26

FUTOSHIKI

Fill the grid so that every horizontal row and vertical column contains the numbers 1-5. The 'greater than' or 'less than' signs indicate where a number is larger or smaller than that in the neighbouring square.

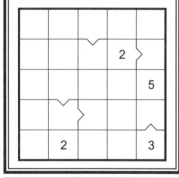

HIGH-SPEED CROSSWORD

Across
1 Surface of a walkway (6)
5 Old World monkey (6)
8 Singing jazz where nonsense syllables are substituted for the words of the song (4)
9 Menu having individual dishes listed with separate prices (1,2,5)
10 Public meeting for open discussion (5)
11 Groom's assistant at a wedding (4,3)
14 Small, roofed building affording shade and rest (6)
15 Inferior substitute or imitation (6)
17 Not one nor the other (7)
19 Pithy familiar statement (5)
21 Yellowing of the skin (8)
23 Placed in position (4)
24 Drink following straight after another (6)
25 Degree (6)

Down
2 Largest city in the state of Alaska (9)
3 Enter uninvited (7)
4 Snatch (4)
5 Ornament worn around the wrist (8)
6 Explosion (5)
7 Select as an alternative (3)
12 Wearing down through sustained attack or pressure (9)
13 Person who owns a guest-house (8)
16 Brilliant red (7)
18 Prongs of a fork (5)
20 Simple, bare (4)
22 Burnt remains (3)

1 MINUTE NUMBER CRUNCH ▶

Beginner								Answer
2	Squared	x 9	Square root of this	x 7	÷ 3	+ 8	+ 38	

Intermediate								Answer
484	Double it	3/8 of this	2/3 of this	− 25	+ 127	75% of this	1/2 of this	

Advanced								Answer
89	x 3	÷ 0.3	+ 60%	3/8 of this	+ 266	19% of this	5/19 of this	

Did You Know?:
In 1963, Tonga issued the world's first self-adhesive stamps; these were circular in shape and printed on embossed gilt-foiled paper. Later Tongan stamps employed other off-beat designs, including stamps shaped like hearts, bananas and parrots.

Page 2

1 Minute Number Crunch

Beginner
$385 - 187 = 198$, $198 \div 2 = 99$, $99 \div 9 = 11$, $11 \times 6 = 66$, $66 - 4 = 62$, $62 \div 2 = 31$, $31 + 17 = 48$

Intermediate
$543 + 181$ ($543 \div 3$) $= 724$, $724 \div 2 = 362$, $362 - 106 = 256$, square root of $256 = 16$, $16 \times 1.25 = 20$, $20 \div 0.5 = 40$, $40 \div 8 \times 5 = 25$

Advanced
$171 \div 9 = 19$, $19^2 = 361$, $361 - 59 = 302$, $302 \times 2.5 = 755$, $7 \times 5 \times 5 = 175$, $175 \div 7 \times 3 = 75$, $75 \div 0.75 = 100$

High-Speed Crossword

S	O	R	B	E	T		N		L		S
C		E		E	L	E	V	A	T	O	R
A	R	M		P		U		X		L	
R		A	B	S	E	N	T		A	R	E	A
E		K		E		R		T		M	
S	T	E	I	N		P	A	T	I	E	N	T
		N		B		L		V			
S	M	O	T	H	E	R		H	E	E	L	S
	A		R		L		C		A		I
F	I	L	E		A	N	I	M	U	S		C
	D		P		T		V		I	L	K
B	E	R	I	B	E	R	I		L		E
	N		D		D		C	A	N	Y	O	N

IQ Workout
B – The others are the same figure rotated.

Codeword Conundrum

T	A	L	L	O	W		H		A		V	E	S	T
O		I		C		G	U	I	N	E	A		R
X	A	N	T	H	I	N	E		E		R	O	T	A
I		E		R		A		T	W	I	N		P
C	O	N	N	E	C	T	O	R		I	S	L	E
	V		R			E	O	N	S		Z
M	A	R	Q	U	E	S	S	E	S		H	Y	P	E
	T		U		K		M		E		I
F	E	T	E		P	R	I	M	O	R	D	I	A	L
A		S	T	Y	E		S		S		N
B	O	U	T			I	N	J	E	C	T	I	O	N
R		I	C	O	N		E		U		D		I
I	N	T	O		U		Y	E	A	R	L	I	N	G
C		N	E	C	T	A	R		V		O		H
S	E	W	S		H		K		S	E	P	T	E	T

Tasty Teaser

9	7	3	4	2	1	5	8	6
8	1	2	7	6	5	3	9	4
6	4	5	9	8	3	7	1	2
1	2	4	8	3	7	9	6	5
5	6	9	1	4	2	8	3	7
7	3	8	5	9	6	4	2	1
3	5	7	2	1	8	6	4	9
4	8	1	6	5	9	2	7	3
2	9	6	3	7	4	1	5	8

Brain Buster

8	7	1	6	3	4	5	2	9
4	5	6	9	2	1	8	7	3
3	2	9	7	8	5	4	6	1
6	3	4	2	5	7	9	1	8
7	8	5	3	1	9	2	4	6
9	1	2	8	4	6	3	5	7
1	4	3	5	7	8	6	9	2
5	6	8	1	9	2	7	3	4
2	9	7	4	6	3	1	8	5

Spidoku

Page 3

Logi-Six

D	B	F	C	A	E
C	E	B	A	D	F
F	D	C	B	E	A
E	A	D	F	B	C
A	C	E	D	F	B
B	F	A	E	C	D

High-Speed Crossword

M	A	R	T	I	N		A	C	C	O	R	D
	N		W		I		I		Y		E
U	G	L	I		S		R	E	P	E	L	S
	U		C	H	I	P	S		R		E
G	L	U	E			P		E	M	I	R
	A			D	I	V	E	R	S		V
C	R	I	B		N		E		S	I	D	E
O			U	N	T	I	D	Y			I
M	A	R	S		R			B	U	S	Y
M		K		U	D	D	E	R		E
A	L	L	I	E	D		A		O	K	A	Y
N			N		E		U		W		S
D	O	D	G	E	R		B	A	N	K	E	R

Wordsearch Workout

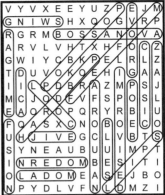

Double Fun Sudoku

Tasty Teaser

2	9	5	1	8	7	6	3	4
6	3	8	4	2	5	1	9	7
1	7	4	3	9	6	2	8	5
8	5	2	6	7	3	4	1	9
4	6	3	9	5	1	8	7	2
9	1	7	8	4	2	5	6	3
7	2	6	5	3	8	9	4	1
5	8	9	7	1	4	3	2	6
3	4	1	2	6	9	7	5	8

Brain Buster

6	7	8	9	4	5	1	3	2
4	3	1	6	2	7	8	9	5
9	5	2	8	1	3	6	4	7
2	6	7	3	5	8	9	1	4
1	4	5	2	6	9	7	8	3
8	9	3	4	7	1	2	5	6
5	8	9	7	3	2	4	6	1
7	1	4	5	9	6	3	2	8
3	2	6	1	8	4	5	7	9

Matchstick Magic
The matchsticks which have been moved are outlined.

Brain Teaser
Friday

Domino Placement

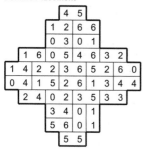

Page 4

Codeword Conundrum

F	E	W	E	R		E	F	F	U	L	G	E	N	T
O		O		E		R		L		I				U
R	E	L	E	V	A	N	C	Y		Q	U	A	L	M
E		D		I		E		C		U		Z		M
S	Y	S	T	E	M		M	A	J	O	R	I	T	Y
T			W		C		T		R		M			
A	I	S	L	E		O	N	C	E		A	U	N	T
L		O		R		N		H		C		T		U
L	E	A	K		A	C	R	E		A	B	H	O	R
		P		S		L		R		R				B
S	A	B	O	T	E	U	R		O	R	M	O	L	U
A		O		O		S		O		Y		V		L
F	I	X	E	D		I	M	P	L	I	C	A	T	E
E			G		V		U		N		T		N	
S	O	R	C	E	R	E	S	S		G	U	E	S	T

Double Fun Sudoku

Tasty Teaser

5	4	8	3	6	1	2	9	7
9	3	2	8	5	7	4	6	1
1	7	6	2	9	4	5	8	3
6	8	9	1	3	5	7	4	2
4	1	3	6	7	2	9	5	8
7	2	5	4	8	9	1	3	6
8	5	4	7	1	6	3	2	9
3	9	1	5	2	8	6	7	4
2	6	7	9	4	3	8	1	5

Brain Buster

1	7	9	3	2	5	4	8	6
3	5	6	8	4	7	1	2	9
2	4	8	1	6	9	3	5	7
6	3	7	9	8	1	5	4	2
8	1	2	5	7	4	9	6	3
4	9	5	2	3	6	8	7	1
5	8	1	6	9	2	7	3	4
9	2	4	7	5	3	6	1	8
7	6	3	4	1	8	2	9	5

Pyramid Plus

A=143, B=54, C=63, D=73, E=106, F=197, G=117, H=136, I=179, J=314, K=253, L=315, M=567, N=568, O=1135.

Work it Out

63 – All of the numbers in any column down total 267.

High-Speed Crossword

S	A	G	A		H	A	R	M	L	E	S	S	
E		E		R		R		O		A		L	
C	O	N	C	E	P	T		T	O	R	S	O	
R		U		F		H		N				T	
E	X	S	E	R	V	I	C	E	M	E	N		
T			I		R		R		S			I	
L	Y	E		G	U	I	L	T		T	A	D	
Y		L		E		S		O				L	
	S	E	A	R	C	H	E	N	G	I	N	E	
B		G		A			G		M			N	
A	W	A	I	T		S	T	U	B	B	L	E	
T		N		O		A		E		U		S	
S	A	T	U	R	A	T	E		G	E	M	S	

1 Minute Number Crunch

Beginner
$49 ÷ 7 = 7$, $7 + 26 = 33$, $33 ÷ 3 = 11$, $11 − 7 = 4$, $4^2 = 16$, $16 − 15 = 1$, $1 × 8 = 8$

Intermediate
$66 + 149 = 215$, $215 ÷ 5 = 43$, $43 × 7 = 301$, $301 × 4 = 1204$, $1204 ÷ 7 × 5 = 860$, $860 + 4 × 3 = 645$, $645 + 297 = 942$

Advanced
$238 ÷ 14 × 5 = 85$, 240% of $85 = 204$, $204 + 6 × 5 = 170$, $170 ÷ 10 × 9 = 153$, $153 ÷ 9 × 7 = 119$, $119 × 4 = 476$, $476 + 787 = 1263$

Page 5

High-Speed Crossword

S	U	A	V	E		D	I	G	R	E	S	S	
O		R		S	E	A		O		X		C	
J	E	A	N	S		N		A	C	C	R	A	
O		B		E		G		L		R		N	
U		S	U	N	G	L	A	S	S	E	S		
R			C		E					T		C	
N	E	S	T	E	D		E	C	Z	E	M	A	
S		C			C			R				R	
	S	A	C	C	H	A	R	I	N	E		A	
A		T		O		L		P		R		P	
D	E	T	E	R		V		P	L	A	Z	A	
D		E		A		E	E	L		T		C	
S	U	R	P	L	U	S		E	L	O	P	E	

IQ Workout

The minute hand moves forward by 11 minutes and the hour hand moves back by 3 hours each time.

1 Minute Number Crunch

Beginner
$194 + 42 = 236$, 50% of $236 = 118$, $118 − 78 = 40$, 20% of $40 = 8$, $8 × 14 = 112$, $112 − 4 = 108$, $108 ÷ 4 = 27$

Intermediate
$414 ÷ 9 × 5 = 230$, $230 × 0.9 = 207$, $207 × 5 = 1035$, $1035 ÷ 3 × 2 = 690$, $690 + 230$ ($690 ÷ 3$) $= 920$, $920 ÷ 20 = 46$, $46 × 3 = 138$

Advanced
$161 ÷ 7 × 4 = 92$, $92 + 749 = 841$, $841 × 3 = 2523$, $2523 + 1682$ ($2523 ÷ 3 × 2$) $= 4205$, $4205 ÷ 5 = 841$, $841 + 92 = 933$, $933 − 719 = 214$

Wordsearch Workout

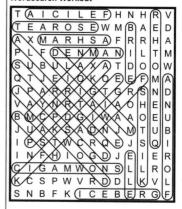

Double Fun Sudoku

Tasty Teaser

7	5	9	6	1	8	3	4	2
8	3	1	7	2	4	6	5	9
6	4	2	9	3	5	7	8	1
4	9	5	8	6	7	1	2	3
2	8	7	3	9	1	4	6	5
3	1	6	5	4	2	8	9	7
5	6	4	2	7	3	9	1	8
1	7	8	4	5	9	2	3	6
9	2	3	1	8	6	5	7	4

Brain Buster

6	9	4	1	5	3	7	2	8
5	1	8	6	2	7	4	9	3
2	7	3	4	8	9	5	6	1
9	4	5	7	1	8	2	3	6
7	8	1	3	6	2	9	4	5
3	2	6	9	4	5	8	1	7
8	6	7	2	9	1	3	5	4
4	5	2	8	3	6	1	7	9
1	3	9	5	7	4	6	8	2

Whatever Next?

A – Assign a number to each letter according to its place in the alphabet, so E=5, F=6, M=13, W=23 and C=3, making a total of 50. The total in the centre is 51, so the missing letter is A (=1).

Brain Teaser

132

$$\frac{22}{\begin{array}{cc}2 & 1 \\ 3 & 2\end{array}} = \frac{22}{\begin{array}{cc}4 & 3 \\ 6 & 6\end{array}} =$$

$$\frac{22}{\begin{array}{c}1 \\ 6\end{array}} = 22 × 6 = 132$$

Page 6

Mind Over Matter

The sum total of the values of the letter in the top right and central squares is equal to the sum total of the values of the letters in the other squares. Thus the missing value is 1, so the missing letter is A.

Double Fun Sudoku

Tasty Teaser

8	7	3	5	4	1	2	9	6
5	1	9	2	3	6	7	8	4
2	4	6	8	9	7	1	5	3
6	9	4	7	5	3	8	2	1
1	8	7	9	6	2	3	4	5
3	2	5	1	8	4	9	6	7
4	3	2	6	7	8	5	1	9
7	5	8	4	1	9	6	3	2
9	6	1	3	2	5	4	7	8

Brain Buster

2	6	3	1	9	5	4	7	8
1	4	9	7	3	8	2	6	5
8	5	7	4	2	6	1	3	9
9	7	8	2	1	3	6	5	4
4	3	2	6	5	9	7	8	1
6	1	5	8	4	7	3	9	2
5	8	4	3	7	2	9	1	6
7	2	6	9	8	1	5	4	3
3	9	1	5	6	4	8	2	7

Codeword Conundrum

S	P	R	U	C	E		F	O	N	D	L	I	N	G
T		U		R		V		R		N				E
A	B	S	E	I	L		P	A	R	A	F	F	I	N
T		T		N		C	A	R		W		E		E
I	L	L	E	G	A	L	L	Y		B	U	R	N	T
O		E		E		A		A		N				
N	O	D	E		T	R	A	J	E	C	T	O	R	Y
E			M		E		I		K					A
R	E	Q	U	E	S	T	I	N	G		S	C	A	R
		U		A			X		S		H			D
E	X	E	R	T		G	R	E	A	T	N	E	S	S
S		L		B		A	I	D		R		W		T
S	Y	L	L	A	B	U	B		G	E	M	I	N	I
A		E		L		Z			W		E			C
Y	O	D	E	L	L	E	R		A	N	O	R	A	K

Futoshiki

1	5	3	2	4
2	3	4	5	1
3	4	5	1	2
4	1	2	3	5
5	2	1	4	3

High-Speed Crossword

S	T	R	A	T	A		P		C		A	
I		U			S	Y	L	L	A	B	L	E
D	I	S	C		T		A		B		W	
E		H	O	N	E	S	T		S	W	A	G
R		V		R		O		Y			Y	
E	X	P	E	L		C	O	N	T	E	S	T
A			R		N		R		R			O
L	E	T	T	U	C	E		B	I	K	E	R
	N		E		E		B		V			T
A	J	A	X		R	E	A	M	E	R		U
	O		R		B		S			T	O	D	O
D	Y	N	A	M	I	T	E			T		U
	S		Y		C		D	U	R	E	S	S

1 Minute Number Crunch

Beginner
184 ÷ 4 = 46, 46 + 18 = 64, 64 ÷ 4 = 16, 16 + 18 = 34, 34 ÷ 2 = 17, 17 + 18 = 35, 35 ÷ 7 x 3 = 15

Intermediate
16² = 256, 256 + 429 = 685, 685 ÷ 5 x 4 = 548, 50% of 548 = 274, 274 x 3 = 822, 822 + 36 = 858, 858 − 377 = 481

Advanced
324 x 6 = 1944, 1944 ÷ 18 x 7 = 756, 756 ÷ 18 = 42, 42 + 12 (42 ÷ 7 x 2) = 54, 54 + 21 (54 ÷ 18 x 7) = 75, 75 x 13 = 975, 20% of 975 = 195

Page 7

Battleships

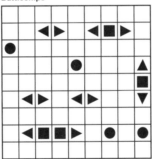

High-Speed Crossword

	F	L	Y	I	N	G	S	A	U	C	E	R
P		I		M		R		D		O		A
U	N	C	A	P		I		A	N	N	U	L
B		I		R	A	N		M		N		L
L	A	T	T	E		D	E	S	T	I	N	Y
I				S		S		V				
C	R	E	A	S	E		B	I	P	E	D	S
		L			B		N					U
P	R	A	N	C	E	R		C	H	A	R	M
A		S		A		I	O	U		M		M
P	E	T	E	R		D		B	I	B	L	E
U		I		O		A	U		L			R
A	C	C	O	M	P	L	I	S	H	E	D	

IQ Workout

52

6 x 5 = 30 − 7 = 23
2 x 8 = 16 − 9 = 7
14 x 2 = 28 − 6 = 22
8 x 7 = 56 − 4 = 52

Wordwheel

The nine-letter word is: EVACUATED

Wordsearch Workout

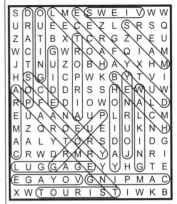

Double Fun Sudoku

Tasty Teaser

5	8	9	6	3	7	4	2	1
4	1	3	8	2	9	6	7	5
2	7	6	4	1	5	8	3	9
9	2	7	5	8	1	3	6	4
1	4	5	3	7	6	2	9	8
6	3	8	9	4	2	1	5	7
3	9	1	2	5	4	7	8	6
7	5	2	1	6	8	9	4	3
8	6	4	7	9	3	5	1	2

Brain Buster

4	9	2	7	3	6	1	5	8
3	8	1	5	2	4	9	7	6
7	6	5	1	9	8	4	3	2
1	2	7	3	8	9	5	6	4
9	4	6	2	5	1	3	8	7
5	3	8	6	4	7	2	9	1
8	5	3	4	6	2	7	1	9
2	7	9	8	1	5	6	4	3
6	1	4	9	7	3	8	2	5

Sum Circle

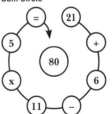

Page 8

1 Minute Number Crunch

Beginner
59 + 13 = 72, 72 ÷ 3 = 24, 24 + 26 = 50, 50 ÷ 5 x 2 = 20, 20 + 7 = 27, 27 ÷ 3 x 2 = 18, 18 + 59 = 77

Intermediate
329 − 24 = 305, 305 ÷ 5 = 61, 61 + 99 = 160, 160 ÷ 5 x 4 = 128, 128 x 3 = 384, 384 ÷ 6 x 5 = 320, 320 ÷ 16 = 20

Advanced
257 + 752 = 1009, 1009 − 638 = 371, 371 ÷ 7 x 5 = 265, 265 + 159 (265 ÷ 5 x 3) = 424, 424 + 318 (424 ÷ 4 x 3) = 742, 742 x 4 = 2968, 2968 ÷ 8 x 3 = 1113

High-Speed Crossword

F	O	R	E	S	T		S	E	C	U	R	E
A		E		H		U		H			G	
C	E	L	L	A	R		R		A		G	
T		A		H	E	A	R	T	L	E	S	S
S	O	Y	A		S		O		L		N	
	P		R	U	P	T	U	R	E		A	
S	P	A	T		O		N		N	U	T	S
	O		H	A	N	G	D	O	G		C	
	S		R		S		I		E	C	H	O
R	E	C	I	P	I	E	N	T		O		W
U		T		B		G	A	M	M	O	N	
N		I		L		L		E		E		
G	A	U	C	H	E		L	E	T	T	E	R

IQ Workout

E (contains 'o x o')

Codeword Conundrum

I	M	P	O	S	E		O	B	S	C	U	R	E	D
N		E		U		A		H		E		I	
J	U	R	I	S	T	S		M		A	C	U	T	E
U		K		H		E	M	B	E	R		N		S
R	E	S	P	I	T	E		O		N	O	I	S	E
I		I			O	P	P	O	S	E		O		L
E	L	I	X	I	R		E		E	L	A	N	
S		I		Q	U	E	U	E		D			P
	M	E	N	U		V		S	H	I	N	T	O
H		I		O	E	D	E	M	A		E		L
A	N	N	E	X		Y		A	W	F	U	L	L	Y
Z		G		I	N	N	E	R		I		A		G
I	G	L	O	O		A		K	E	S	T	R	E	L
E		E	U	M				H		V		O	
R	E	S	I	S	T	O	R		D	Y	N	A	S	T

Tasty Teaser

2	4	5	8	9	6	3	1	7
1	8	7	4	2	3	6	5	9
3	9	6	7	5	1	8	2	4
9	7	2	3	4	8	1	6	5
5	3	4	6	1	9	7	8	2
6	1	8	2	7	5	4	9	3
8	2	1	9	3	4	5	7	6
4	6	9	5	8	7	2	3	1
7	5	3	1	6	2	9	4	8

Brain Buster

6	4	8	2	5	3	1	7	9
1	5	2	9	7	4	3	8	6
7	3	9	6	1	8	2	5	4
8	9	1	5	3	2	6	4	7
4	7	6	1	8	9	5	2	3
5	2	3	7	4	6	9	1	8
9	6	5	4	2	7	8	3	1
2	8	4	3	9	1	7	6	5
3	1	7	8	6	5	4	9	2

Spidoku

Page 9

Logi-Six

F	D	E	C	B	A
A	F	B	D	E	C
B	C	D	F	A	E
E	B	C	A	D	F
D	A	F	E	C	B
C	E	A	B	F	D

High-Speed Crossword

E	A	R	D	R	U	M		B		C		B
S		E		A		A	C	R	E	A	G	E
P	L	A	Y	B	O	Y		U		R		F
I		C		B		A	T		G	O		O
E	N	T	A	I	L		D	E	T	O	U	R
D		O		A		R		H				E
	A	R	C	T	I	C	O	C	E	A	N	
G			O		T		P		S			H
O	N	E	W	A	Y		S	A	L	I	V	A
V		N		P		V		S		N		V
E		E		R		I	N	C	L	I	N	E
R	E	M	A	I	N	S		O				N
N		A		L		A	R	T	L	E	S	S

Wordsearch Workout

Double Fun Sudoku

Tasty Teaser

5	8	3	6	7	2	1	4	9
6	4	7	5	9	1	2	3	8
9	2	1	3	4	8	5	6	7
8	7	6	2	1	3	4	9	5
3	5	9	7	8	4	6	1	2
4	1	2	9	6	5	8	7	3
7	3	4	8	2	6	9	5	1
2	6	5	1	3	9	7	8	4
1	9	8	4	5	7	3	2	6

Brain Buster

7	4	1	5	8	3	6	2	9
6	2	3	9	4	7	5	1	8
9	5	8	1	2	6	4	3	7
5	9	7	6	3	2	1	8	4
4	3	2	8	9	1	7	5	6
8	1	6	7	5	4	3	9	2
2	6	5	3	7	9	8	4	1
1	8	4	2	6	5	9	7	3
3	7	9	4	1	8	2	6	5

Matchstick Magic

The matchsticks which have been removed are outlined.

Brain Teaser

4 − In each row and column, the middle number is the sum of the two other numbers divided by 2.

1 Minute Number Crunch

Beginner
48 ÷ 6 = 8, 8 + 99 = 107, 107 reversed = 701, 701 − 501 = 200, 25% of 200 = 50, 50 + 8 = 58, 58 ÷ 2 = 29

Intermediate
924 ÷ 3 = 308, 308 + 16 = 324, 324 ÷ 9 = 36, 36 x 4 = 144, 144 + 8 x 3 = 54, 54 + 9 (54 ÷ 6) = 63, 63 − 39 = 24

Advanced
571 x 2 = 1142, 1142 + 691 = 1833, 1833 ÷ 3 x 2 = 1222, 1222 ÷ 2 = 611, 611 − 447 = 164, 275% of 164 = 451, 451 x 7 = 3157

Page 10

Codeword Conundrum

C	A	G	E	D		L	A	U	N	C	H	P	A	D
A		I		E		I		N		O				U
L	A	Z	Y	B	O	N	E	S		Q	U	E	E	N
O		M	A	R		K		W		U		R		R
R	O	O	K	I	E		F	E	D	E	R	A	T	E
I			E		R	R		T		S				
F	L	U	F	F		E	N	V	Y		F	U	N	D
I		K		S		J		I		M		R		E
C	R	U	X		B	U	R	N		O	V	E	R	T
		L		S		V		G		L				E
B	R	E	A	T	H	E	D		F	A	L	T	E	R
A		L		O		N		F		S	I	R		G
S	P	E	C	K		A	E	R	O	S	P	A	C	E
I			E		T		E		E		E	C		N
C	L	O	U	D	I	E	S	T			S	W	E	A	T

Double Fun Sudoku

Tasty Teaser

2	7	3	5	4	1	8	9	6
5	6	4	2	8	9	7	3	1
8	1	9	6	7	3	5	2	4
7	4	5	3	2	8	1	6	9
9	8	6	4	1	5	3	7	2
1	3	2	7	9	6	4	5	8
4	5	8	9	3	2	6	1	7
3	9	7	1	6	4	2	8	5
6	2	1	8	5	7	9	4	3

Brain Buster

3	8	6	1	2	9	5	4	7
2	1	7	5	4	3	6	8	9
4	5	9	6	8	7	3	2	1
5	6	2	7	3	4	9	1	8
1	7	8	9	6	5	4	3	2
9	3	4	2	1	8	7	6	5
6	9	3	8	5	2	1	7	4
7	2	1	4	9	6	8	5	3
8	4	5	3	7	1	2	9	6

Pyramid Plus

A=50, B=60, C=32, D=94, E=66, F=110, G=92, H=126, I=160, J=202, K=218, L=286, M=420, N=504, O=924.

Work it Out

17 – The numbers in each vertical column total 98.

High-Speed Crossword

C	A		B		E	X	P	L	O	R	E	
A	M	B	E	R		N		O		U		S
S		S		A	R	T	H	R	I	T	I	S
T	I	T	A	N		I		T		D		A
L		A		D	O	R	M	I	T	O	R	Y
E		I		E		E		C		U		
S	E	N	A	T	E		W	O	R	S	E	N
		R		R		M				E		O
F	A	B	R	I	C	A	T	E		T		U
U		O		R		R		M	E	T	E	R
S	N	A	K	E	B	I	T	E		I		I
E		T		M		A		R	I	N	G	S
D	I	S	C	E	R	N		Y		G		H

1 Minute Number Crunch

Beginner
92 ÷ 2 = 46, 46 x 3 = 138, 138 − 24 = 114, 114 ÷ 2 = 57, 57 + 13 = 70, 70 ÷ 7 x 2 = 20, 20 + 320 = 340

Intermediate
396 + 264 (396 ÷ 3 x 2) = 660, 660 ÷ 11 x 4 = 240, 240 ÷ 12 x 5 = 100, 100 x 0.33 = 33, 33 x 9 = 297, 297 x 2 = 594, 594 ÷ 18 x 5 = 165

Advanced
72 x 12 x 7 = 42, 300% of 42 = 126, 126 ÷ 14 x 11 = 99, 99 ÷ 0.3 = 330, 330 ÷ 11 x 10 = 300, 94% of 300 = 282, 282 ÷ 3 x 2 = 188

Page 11

High-Speed Crossword

S	H	A	L	L	O	T		L	I	N	K	S
O		S		I		U		L		L		L
L	E	T		N	O	S	T	A	L	G	I	A
I		R		K		N		N				K
C	H	I	D	E		C		E	P	E	E	
I		D		T	R	O	O	P	S			
T	E	E	M		O		V		S	T	U	B
		A	N	T	H	E	M		U			A
C	O	G	S		S		A	C	R	I	D	
U		S		N		D		B		B		D
B	E	H	A	V	I	O	U	R		I	K	E
I		G		U		A	N		A	N		B
C	H	E	E	P		S	U	S	P	E	C	T

Summing Up

14	**21**	10	23	14	14
25	26	18	21	**2**	4
22	9	**6**	28	21	10
12	9	30	4	17	24
9	8	6	11	32	**30**
14	23	26	**9**	10	14

Domino Placement

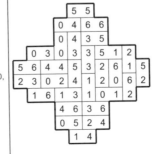

Wordsearch Workout

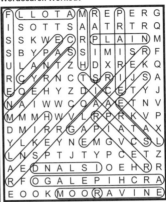

Double Fun Sudoku

Tasty Teaser

9	2	4	3	1	5	7	8	6
7	3	1	8	4	6	2	5	9
8	6	5	2	7	9	3	4	1
2	7	8	4	6	3	9	1	5
5	4	3	9	2	1	6	7	8
6	1	9	7	5	8	4	3	2
1	9	6	5	3	4	8	2	7
4	8	7	1	9	2	5	6	3
3	5	2	6	8	7	1	9	4

Brain Buster

1	3	9	4	2	5	7	6	8
5	8	2	1	6	7	4	3	9
4	6	7	3	9	8	1	2	5
7	5	6	9	8	2	3	1	4
9	4	8	6	1	3	2	5	7
2	1	3	7	5	4	8	9	6
3	7	5	2	4	6	9	8	1
8	9	4	5	3	1	6	7	2
6	2	1	8	7	9	5	4	3

Whatever Next?

44 – The numbers on opposite points of the star total the number in the centre.

Brain Teaser

4.5 cm

Page 12

Mind Over Matter

The sum total of the values of the letters in the top right, central and bottom left squares equals that of the sum total of the value of the letters in the top left and bottom right squares. Thus the missing value is 19, so the missing letter is S.

Double Fun Sudoku

Tasty Teaser

5	2	4	3	8	9	1	6	7
1	3	9	6	7	2	5	8	4
7	6	8	4	5	1	3	2	9
6	8	2	1	4	5	7	9	3
3	9	1	7	2	8	4	5	6
4	5	7	9	3	6	2	1	8
2	7	5	8	9	3	6	4	1
9	1	3	2	6	4	8	7	5
8	4	6	5	1	7	9	3	2

Brain Buster

8	9	2	4	3	1	6	7	5
6	7	5	8	2	9	3	1	4
4	1	3	5	7	6	2	8	9
3	8	4	9	1	2	5	6	7
9	6	1	7	4	5	8	2	3
2	5	7	6	8	3	4	9	1
7	3	6	1	5	8	9	4	2
1	2	9	3	6	4	7	5	8
5	4	8	2	9	7	1	3	6

Codeword Conundrum

Q	U	I	C	K	E	S	T		G	A	M	M	O	N
	L		R		D		I	C	Y		A		O	
S	N	E	E	Z	I	N	G		M	O	R	B	I	D
	A		P		C		E		A		O			
M		D	E	X	T	E	R	O	U	S		O	A	F
O		I		E		L		U		T		T		O
D	I	S	I	N	F	E	C	T		H	E	L	I	X
E		J		O		V		I		O		A		T
S	W	O	O	P		A	N	N	O	U	N	C	E	R
T		I		H		T		G		S		E		O
Y	E	N		O	V	E	R	S	T	E	P	S		T
		T		B		A		H		O		F		
R	U	S	S	E	T		N	A	R	R	A	T	O	R
E		K		A	R	C		O		C		U		
P	L	A	Y	E	R		H	A	W	T	H	O	R	N

Futoshiki

5	2 >	1	4	3
3	1	4	5	2
1	3	5	2	4
4	5	2	3 >	1
2	4	3	1	5

High-Speed Crossword

S	T	R	I	F	E		A	L	P	A	C	A
E		A		B		O						N
C	L	E	A	R	H	E	A	D	E	D		Y
R		L		M		A		E		O		O
E	Y	E	G	L	A	S	S		E	L	A	N
T		V		A		T		H	C	E		
	P	A	I	N	S		C	A	M	E	O	
P		T		D		F		C		V		R
A	K	I	N		H	O	M	I	C	I	D	E
P		O		O		R		E		T		N
E		N	I	G	H	T	I	N	G	A	L	E
R			E		Y		D					G
S	A	L	V	E	R		C	A	J	O	L	E

1 Minute Number Crunch

Beginner
165 − 3 = 162, 162 ÷ 3 = 54, 54 + 9 = 63, 63 ÷ 7 = 9, 9^2 = 81, 81 − 65 = 16, 25% of 16 = 4

Intermediate
563 + 298 = 861, 861 ÷ 3 x 2 = 574, 50% of 574 = 287, 287 − 125 = 162, 162 x 3 = 486, 486 ÷ 18 = 27, cube root of 27 = 3

Advanced
575 ÷ 23 x 3 = 75. 75^2 = 5625, 5625 ÷ 625 = 9, 9 x 83 = 747, 747 x 4 = 2988, 2988 ÷ 18 x 5 = 830, 830 − 581 (830 ÷ 10 x 7) = 249

Page 13

1 Minute Number Crunch

Beginner
79 − 17 = 62, 62 ÷ 2 = 31, 31 x 3 = 93, 93 + 17 = 110, 110 ÷ 2 = 55, 55 + 17 = 72, 72 ÷ 2 = 36

Intermediate
749 + 582 = 1331, cube root of 1331 = 11, 11 x 14 = 154, 154 ÷ 2 = 77, 77 ÷ 11 x 4 = 28, 28 x 3 = 84, 84 ÷ 12 x 5 = 35

Advanced
6726 + 2880 = 9606, 9606 ÷ 6 x 5 = 8005, 220% of 8005 = 17611, 17611 − 8764 = 8847, 8847 + 2949 (8847 ÷ 3) = 11796, 11796 ÷ 2 = 5898, 5898 + 8985 = 14883

High-Speed Crossword

P	A	C	I	F	I	E	D		T	A	L	C
L		R		R		P			U		I	
A	P	E	R	I	T	I	F		N		T	
I		M		E		C	L	U	T	T	E	R
C	H	A	I	N		A			A		U	
E		T		D	I	A	G	N	O	S	I	S
		E		N		O		H				
R	E	S	I	S	T	A	N	T		E		N
A			E			A	U	D	I	O		
P	A	R	V	E	N	U		R		D		U
P		O		T	R	A	I	N	I	N	G	
E		P		D		F		N				H
R	E	E	K		G	U	N	F	I	G	H	T

Partitions

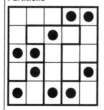

Wordwheel

The nine-letter word is: MANHANDLE

Wordsearch Workout

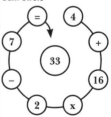

Double Fun Sudoku

Tasty Teaser

5	4	2	8	9	1	6	3	7
8	6	3	5	2	7	1	4	9
9	1	7	4	6	3	8	2	5
2	7	1	9	8	6	4	5	3
4	3	8	2	1	5	9	7	6
6	9	5	7	3	4	2	8	1
7	5	6	1	4	2	3	9	8
3	2	9	6	5	8	7	1	4
1	8	4	3	7	9	5	6	2

Brain Buster

4	2	1	5	6	7	8	9	3
7	5	9	8	3	4	2	1	6
3	6	8	2	9	1	5	7	4
1	9	3	4	2	8	7	6	5
5	8	4	1	7	6	9	3	2
6	7	2	3	5	9	1	4	8
2	1	5	9	4	3	6	8	7
9	3	7	6	8	5	4	2	1
8	4	6	7	1	2	3	5	9

Sum Circle

(= , 4, 7, +, 33, −, 16, 2, x)

Page 14

1 Minute Number Crunch

Beginner
20% of 60 = 12, 12 x 2 = 24, 24 ÷ 8 = 3, 3 x 33 = 99, 99 + 7 = 106, 106 ÷ 2 = 53, 53 + 17 = 70

Intermediate
51 ÷ 3 = 17, 17 + 93 = 110, 110 ÷ 10 x 3 = 33, 33 ÷ 11 = 3, 3^3 = 27, 27 x 2 = 54, 54 ÷ 9 x 4 = 24

Advanced
76^2 = 5776, 5776 ÷ 8 x 5 = 3610, 3610 ÷ 10 x 7 = 2527, 2527 ÷ 7 x 2 = 722, 722 + 82 = 804, 804 ÷ 4 x 3 = 603, 603 ÷ 9 x 7 = 469

High-Speed Crossword

S	T	A	N	D	B	Y		C		S		M
H		N		O			T	O	M	A	T	O
O		O		Z		A		B		L		N
R	E	T	R	E	A	D		B	L	E	A	T
T		H		N		V		L		M		H
E	V	E	N		L	E	V	E	L			
N		R		B		R		R		R		W
		M	A	R	S	H		B	A	C	H	
A		T		N		A		M		V		I
F	L	O	S	S		R	E	A	L	I	S	T
O		K		H		Y		J		O		I
O	X	Y	G	E	N			O		L		N
T		O		E		E	A	R	R	I	N	G

IQ Workout

2573 – In all the other numbers multiply the first and last digits to obtain the middle two.

Codeword Conundrum

	U	N	D	U	L	A	N	T		G	Q		W
G		R		I		O		V	O	L	U	M	E
A		Z		I		A	U	R	I	C	L	E	
Z	I	G	Z	A	G	G	E	D		M	K		W
E		L		A		L	I	E		E		O	
	S	H	I	F	T	I	L	Y		T	I	D	A	L
O		N		E	A	S		N		F		
V	E	R	G	E		S	P	E	C	I	F	I	C
E		E		M	O	A		H		L		J
R		G	P		M	A	J	O	R	E	T	T	E
R	H	U	B	A	R	B		O		X		L
U		L		T		A	D	E	N	O	I	D	A	L
L	O	A	T	H	E		O		E		O		Y
E		R		Y		R	E	T	R	E	N	C	H

Tasty Teaser

5	8	3	9	6	4	1	2	7
7	1	4	8	3	2	9	5	6
9	2	6	1	5	7	8	4	3
4	5	1	7	2	3	6	9	8
3	9	2	6	4	8	5	7	1
8	6	7	5	9	1	2	3	4
1	7	5	3	8	9	4	6	2
2	3	9	4	1	6	7	8	5
6	4	8	2	7	5	3	1	9

Brain Buster

4	5	9	6	2	8	7	1	3
6	3	2	4	1	7	9	5	8
1	8	7	5	9	3	4	2	6
9	4	1	8	6	5	3	7	2
5	2	6	7	3	9	8	4	1
8	7	3	2	4	1	6	9	5
2	9	5	3	7	6	1	8	4
3	1	4	9	8	2	5	6	7
7	6	8	1	5	4	2	3	9

Spidoku

Page 15

Logi-Six

D	E	F	C	B	A
B	D	A	F	E	C
A	F	B	D	C	E
C	A	E	B	D	F
F	B	C	E	A	D
E	C	D	A	F	B

High-Speed Crossword

P	R	A	I	S	E		J	A	S	P	E	R
O		N		L		R		D		A		E
T	E	A	C	A	K	E		V		C		V
A		C		B		P	R	A	T	T	L	E
G	O	O	D	S		O		N				R
E		N			S		C	A	C	H	E	
		D		H	A	S	T	E		R		
H	E	A	V	E		E			E	D		
E			R		S		S	P	A	C	E	
A	R	D	U	O	U	S		M		T		
R		A		I		E	D	I	F	I	C	E
T		T		N		D		L		V		C
S	L	A	V	E	R		R	E	J	E	C	T

Wordsearch Workout

Double Fun Sudoku

Tasty Teaser

9	3	4	1	5	7	2	6	8
6	5	8	2	9	3	1	7	4
1	7	2	4	8	6	5	3	9
7	1	3	8	6	9	4	5	2
5	8	6	7	2	4	9	1	3
2	4	9	5	3	1	6	8	7
4	9	7	3	1	5	8	2	6
8	6	5	9	7	2	3	4	1
3	2	1	6	4	8	7	9	5

Brain Buster

8	9	3	7	6	2	1	5	4
1	5	6	4	8	9	3	2	7
7	4	2	3	5	1	6	8	9
3	2	1	5	9	8	4	7	6
5	7	4	6	1	3	2	9	8
6	8	9	2	4	7	5	3	1
2	1	5	9	7	4	8	6	3
9	3	8	1	2	6	7	4	5
4	6	7	8	3	5	9	1	2

Matchstick Magic

The matchsticks which have been removed are outlined.

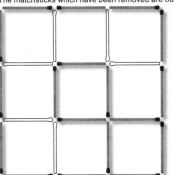

Brain Teaser

41

4 x 8 + 9

Simple as A, B, C

A	C	C	A	B	B
B	A	B	C	C	A
A	B	C	B	C	A
B	C	A	B	A	C
C	A	A	C	B	B
C	B	B	A	A	C

Page 16

Codeword Conundrum

W	H	I	M	S	I	C	A	L		R	E	C	A	P
O		N		I		O		Y		E		R		I
U	P	E	N	D		V	I	N	T	A	G	E		O
N		F		I		E		X		C		D		N
D	E	F	I	N	I	T	E		S	T	R	O	K	E
		A		G				D		I				E
J	I	B	E		H	E	L	I	C	O	P	T	E	R
I		L		A		R		V		N		H		E
T	H	E	O	L	O	G	I	A	N		Q	U	I	D
T				I		O		H		M				
E	N	A	M	E	L		S	Q	U	A	B	B	L	E
R		O		N		P		U		N		N		N
B		R	E	A	L	I	S	E		D	R	A	F	T
U		T		T		E		L		I		R		
G	L	A	Z	E		H	O	R	S	E	P	L	A	Y

Double Fun Sudoku

Tasty Teaser

3	6	5	8	4	1	7	2	9
4	9	2	3	6	7	1	5	8
8	1	7	9	2	5	4	6	3
1	8	3	6	9	2	5	7	4
2	4	9	5	7	8	6	3	1
5	7	6	1	3	4	9	8	2
6	5	8	4	1	3	2	9	7
9	2	4	7	8	6	3	1	5
7	3	1	2	5	9	8	4	6

Brain Buster

3	2	1	7	8	4	6	9	5
9	6	8	3	5	2	1	7	4
4	7	5	1	9	6	3	8	2
2	3	7	6	4	1	9	5	8
1	5	4	9	3	8	2	6	7
8	9	6	2	7	5	4	3	1
7	8	9	4	2	3	5	1	6
5	1	2	8	6	9	7	4	3
6	4	3	5	1	7	8	2	9

Pyramid Plus

A=118, B=73, C=27, D=102, E=91, F=191, G=100, H=129, I=193, J=291, K=229, L=322, M=520, N=551, O=1071.

Work it Out

18 – The totals of the numbers in the horizontal rows increases by 10.

High-Speed Crossword

C	O	C	O	A		S	L	I	P	P	E	D
H		U		L		U		N		R		E
A	R	R	A	I	G	N		D	R	O	O	P
R		T		M		D		U		J		L
T	R	A	D	E		A	U	S	T	E	R	E
		I		N		E		C		T		
V	A	N	I	T	Y		B	O	O	T	E	E
I		R		R		S		I				
S	P	A	T	U	L	A		T	O	O	T	H
C		I		N		D		R		N		I
E	P	S	O	M		I	N	I	T	I	A	L
R		E		A		A		C		S		L
A	D	R	E	N	A	L		H	O	T	L	Y

1 Minute Number Crunch

Beginner
83 − 49 = 34, 50% of 34 = 17, 17 x 3 = 51, 51 + 19 = 70, 70 ÷ 10 = 7, 7 x 40 = 280, 280 ÷ 4 = 70

Intermediate
601 − 190 = 411, 411 ÷ 3 = 137, 137 + 89 = 226, 226 x 4 = 904, 904 ÷ 8 x 3 = 339, 339 x 2 = 678, 678 − 199 = 479

Advanced
166 x 4 = 664, 664 ÷ 8 x 7 = 581, 581 − 494 = 87, 87 + 58 (87 ÷ 3 x 2) = 145, 145 + 116 (145 ÷ 5 x 4) = 261, 261 x 4 = 1044, 1044 ÷ 6 x 5 = 870

Page 17

High-Speed Crossword

	S	U	B	S	T	A	N	D	A	R	D	
T		N		T		P		W		E		C
R		N		A	L	P	H	A		C	U	R
A	V	E	R	T		L		R		T		O
I		R		U		E	F	L	O	W	S	
L	E	V	I	T	A	T	E			S		S
B		E		E			R		B			S
L			B	A	R	E	F	O	O	T		I
A	L	I	V	E		V		F	F			I
Z		R		M		E	U	N	F	I	T	
E	T	A		B	E	N	D	S		I		C
R		Q		E		G		A		N		H
	M	I	D	D	L	E	C	L	A	S	S	

Summing Up

25	**3**	10	28	43	21
30	21	25	**8**	25	21
27	32	**21**	17	10	23
18	34	25	25	**12**	16
15	27	23	32	11	**22**
15	13	26	20	29	27

1 Minute Number Crunch

Beginner
95 − 6 = 89, 89 x 2 = 178, 178 + 4 = 182, 182 ÷ 7 = 26, 26 ÷ 2 = 13, 13 x 6 = 78, 78 + 14 = 92

Intermediate
221 ÷ 13 = 17, 17 x 4 = 68, 68 ÷ 4 x 3 = 51, 51 ÷ 3 = 17, 17 + 64 = 81, square root of 81 = 9, 9 x 14 = 126

Advanced
47 x 9 = 423, 423 − 219 = 204, 275% of 204 = 561, 561 ÷ 3 x 2 = 374, 374 x 6 = 2244, 2244 − 374 (2244 ÷ 6) = 1870, 1870 ÷ 10 x 3 = 561

Wordsearch Workout

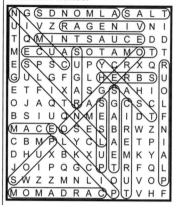

Double Fun Sudoku

Tasty Teaser

3	2	8	9	6	5	4	1	7
4	5	6	7	1	2	9	8	3
9	1	7	8	3	4	5	2	6
1	4	2	5	7	6	3	9	8
5	6	9	3	4	8	1	7	2
8	7	3	2	9	1	6	4	5
7	3	4	6	2	9	8	5	1
2	8	1	4	5	3	7	6	9
6	9	5	1	8	7	2	3	4

Brain Buster

6	1	7	9	2	4	5	8	3
8	2	9	5	3	1	6	7	4
3	4	5	8	6	7	2	9	1
5	6	1	2	7	8	4	3	9
9	3	8	6	4	5	1	2	7
2	7	4	3	1	9	8	6	5
4	5	2	7	9	6	3	1	8
1	9	3	4	8	2	7	5	6
7	8	6	1	5	3	9	4	2

Whatever Next?

29 – The numbers in opposite points of the star total the number in the centre.

Brain Teaser

$$\frac{1}{13} \times \frac{1}{12} \times \frac{1}{11} \times \frac{1}{10} = \frac{1}{17160}$$

or

17159 to 1

Page 18

Mind Over Matter

The sum total of the values of the letters in the outer squares minus the value of the letter in the central square is 50. Thus the missing value is 3, so the missing letter is C.

Double Fun Sudoku

Tasty Teaser

7	1	6	3	5	8	9	4	2
9	8	2	4	1	6	5	3	7
5	3	4	7	2	9	8	1	6
3	9	7	1	4	2	6	5	8
8	2	1	5	6	3	4	7	9
4	6	5	8	9	7	3	2	1
1	4	9	6	7	5	2	8	3
2	5	3	9	8	1	7	6	4
6	7	8	2	3	4	1	9	5

Brain Buster

6	1	9	3	4	8	7	2	5
2	5	4	1	7	6	8	9	3
8	7	3	9	2	5	6	1	4
1	2	7	8	5	3	4	6	9
3	4	6	2	9	1	5	8	7
5	9	8	4	6	7	2	3	1
4	8	5	6	1	9	3	7	2
7	3	1	5	8	2	9	4	6
9	6	2	7	3	4	1	5	8

Codeword Conundrum

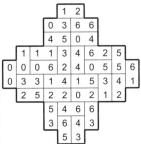

Futoshiki

1	3	4	5	2
4	1	5	2	3
2	4	1	3	5
3	5	2	1	4
5	2	3	4	1

High-Speed Crossword

1 Minute Number Crunch

Beginner
66 – 17 = 49, 49 ÷ 7 = 7, 7 x 5 = 35, 35 ÷ 5 x 3 = 21, 21 x 4 = 84, 84 + 6 = 90, 90 ÷ 3 x 2 = 60

Intermediate
90 x 1.5 = 135, 135 ÷ 15 x 4 = 36, square root of 36 = 6, 6 + 8 = 14, 14 + 49 = 63, 63 – 47 = 16, 16 x 2.5 = 40

Advanced
841 + 29 (square root of 841) = 870, 870 ÷ 1.25 = 696, 696 x 3 = 2088, 2088 – 1740 (2088 ÷ 6 x 5) = 348, 348 ÷ 29 x 9 = 108, 108 + 60 (108 ÷ 9 x 5) = 168, 168 + 224 = 392

Page 19

Domino Placement

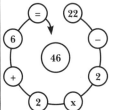

High-Speed Crossword

(crossword grid)

IQ Workout

C – The dark dot moves 90° anticlockwise and the small circle 90° clockwise each time.

Wordwheel

The nine-letter word is: DISBELIEF

Wordsearch Workout

(wordsearch grid)

Double Fun Sudoku

Tasty Teaser

7	8	1	5	4	2	3	6	9
2	3	6	9	7	1	4	8	5
5	4	9	8	6	3	2	1	7
3	5	8	7	9	6	1	2	4
6	2	7	4	1	5	9	3	8
1	9	4	2	3	8	5	7	6
9	7	3	1	8	4	6	5	2
4	6	5	3	2	7	8	9	1
8	1	2	6	5	9	7	4	3

Brain Buster

2	6	1	9	5	8	3	7	4
5	8	4	3	6	7	1	9	2
7	9	3	4	2	1	5	8	6
3	7	9	5	8	4	6	2	1
6	1	2	7	3	9	8	4	5
4	5	8	2	1	6	9	3	7
8	4	6	1	9	2	7	5	3
9	2	5	6	7	3	4	1	8
1	3	7	8	4	5	2	6	9

Sum Circle

(circle diagram: = , 22, 6, –, 46, +, 2, 2, x)

Page 20

1 Minute Number Crunch

Beginner
88 − 49 = 39, 39 ÷ 3 = 13, 13 x 7 = 91, 91 − 15 = 76, 76 ÷ 4 = 19, 19 − 11 = 8, 8 x 9 = 72

Intermediate
470 ÷ 10 x 3 = 141, 141 + 97 = 238, 238 ÷ 2 = 119, 119 − 62 = 57, 57 ÷ 3 x 2 = 38, 38 ÷ 19 x 8 = 16, 16² = 256

Advanced
94 x 15 = 1410, 1410 + 2686 = 4096, cube root of 4096 = 16, 16 x 11 = 176, 176 + 110 (62.5% of 176) = 286, 286 x 9 = 2574, 2574 ÷ 18 x 7 = 1001

High-Speed Crossword

C	H	A	O	T	I	C		S	A	U	C	E
A		N		R		A		H			R	
R	O	N	D	O		C	H	A	P	T	E	R
I		U		H		R		R			V	
B	R	A	M	B	L	E		K	L	E	I	N
O		L		L		T		E		C		
U	L	S	T	E	R		W	E	A	V	E	S
	E		U		A		N		A		U	
P	A	N	T	S		S	I	L	I	C	O	N
	K		C		T		C		A		A	
M	A	N	D	A	T	E		R	A	T	I	O
	G		T		N		G		E		E	W
D	E	U	C	E		T	R	E	A	S	O	N

IQ Workout

The other shapes are symmetrical

Codeword Conundrum

C	I	N	E	M	A		B		H	O	A	R	D	S
O		A		G	U	L	L	Y		X		A		
C	O	R	N	E	A		O		P		I	T		
A		O		H	E	R	D		D		D		L	
	A	W	A	Y		E		Z		S	E	I	Z	E
B			S	U	B	J	E	C	T		F		X	
E	A	S	E	S		A		N		R	H	Y	M	E
D		P		O	U	T	L	I	V	E			D	
E	Q	U	I	P		E		T		A	R	C	H	
C		M			C		W	H	I	M		I		A
K	N	E	E	H	O	L	E		R		N		N	P
	I		A		W		A		A	F	R	E	S	H
	C		R	E	G	R	E	T			M		I	
C	E	L	L	A	R		Y		E	R	R	A	N	D

Tasty Teaser

5	1	3	7	4	8	2	6	9
2	9	7	6	3	5	1	4	8
6	8	4	1	2	9	3	5	7
1	4	8	2	5	7	9	3	6
3	7	6	4	9	1	5	8	2
9	2	5	8	6	3	7	1	4
7	3	9	5	8	6	4	2	1
4	6	1	3	7	2	8	9	5
8	5	2	9	1	4	6	7	3

Brain Buster

5	2	8	4	3	9	6	7	1
6	3	4	5	1	7	2	8	9
1	7	9	6	2	8	5	4	3
7	9	3	8	5	1	4	6	2
4	5	2	7	6	3	1	9	8
8	6	1	9	4	2	3	5	7
2	8	6	1	7	5	9	3	4
3	4	7	2	9	6	8	1	5
9	1	5	3	8	4	7	2	6

Spidoku

Page 21

Logi-Six

C	E	D	B	F	A
D	A	B	E	C	F
E	B	F	A	D	C
B	C	A	F	E	D
F	D	E	C	A	B
A	F	C	D	B	E

High-Speed Crossword

S	E	A	S	O	N		P	A	L	L	I	D
A		O		E		I		A			O	
S	H	O	R	T	S		P		O		L	
H		D		T	R	E	A	S	U	R	E	
	F		I		L		M			E		
D	A	W	D	L	E		C	A	L	M	L	Y
	C		A			Z				I		
V	I	C	U	N	A		R	E	D	D	E	N
	L		D		A		I			F		
H	E	L	M	S	M	A	N		N			T
I		I		A		S	T	E	A	D	Y	
N		M		I		O		R			R	
D	E	P	E	N	D		M	U	S	C	L	E

Wordsearch Workout

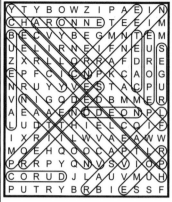

Double Fun Sudoku

Tasty Teaser

3	1	5	7	8	9	4	2	6
9	2	8	5	6	4	3	7	1
7	6	4	1	2	3	8	9	5
8	9	7	3	1	6	5	4	2
5	4	6	9	7	2	1	3	8
1	3	2	4	5	8	7	6	9
4	8	9	2	3	1	6	5	7
2	7	1	6	4	5	9	8	3
6	5	3	8	9	7	2	1	4

Brain Buster

9	4	5	7	2	1	6	8	3
6	3	2	5	4	8	7	9	1
7	8	1	6	9	3	5	4	2
3	9	7	4	6	2	1	5	8
5	6	8	1	3	9	2	7	4
2	1	4	8	7	5	3	6	9
8	5	9	3	1	7	4	2	6
4	2	3	9	5	6	8	1	7
1	7	6	2	8	4	9	3	5

Matchstick Magic

The matchsticks which have been moved are outlined.

Brain Teaser

1½

$$\frac{9}{72} \div \frac{36}{144} \div \frac{12}{36} =$$

$$\frac{1}{8} \div \frac{1}{4} \div \frac{1}{3} =$$

$$\frac{1}{8} \times \frac{4}{1} \times \frac{3}{1} = 1½$$

Domino Placement

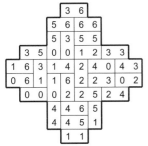

Page 22

Codeword Conundrum

Double Fun Sudoku

Tasty Teaser

6	8	5	4	7	3	2	9	1
1	7	2	8	6	9	4	5	3
9	3	4	2	1	5	6	8	7
8	6	9	1	3	2	7	4	5
5	4	7	6	9	8	3	1	2
2	1	3	5	4	7	9	6	8
4	5	6	3	2	1	8	7	9
7	2	8	9	5	4	1	3	6
3	9	1	7	8	6	5	2	4

Brain Buster

1	7	6	9	5	3	2	4	8
2	4	3	7	8	6	1	9	5
8	9	5	2	4	1	7	3	6
5	1	2	4	3	9	6	8	7
7	6	4	8	1	2	3	5	9
9	3	8	5	6	7	4	1	2
6	8	9	1	2	4	5	7	3
3	5	1	6	7	8	9	2	4
4	2	7	3	9	5	8	6	1

Pyramid Plus

A=86, B=67, C=75, D=121, E=68, F=153, G=142, H=196, I=189, J=295, K=338, L=385, M=633, N=723, O=1356.

Work it Out

49 – Reading along each row from left to right, the sequence of numbers is the first number plus 1 equals the second number minus 2 equals the third number plus 3 equals the fourth number minus 4 equals the fifth number plus 5 equals the sixth number minus 6 equals the seventh number.

High-Speed Crossword

1 Minute Number Crunch

Beginner
70 + 15 = 85, 85 ÷ 5 x 2 = 34, 34 ÷ 2 = 17, 17 + 7 = 24, 24 ÷ 4 = 6, 6 + 19 = 25, 20% of 25 = 5

Intermediate
465 ÷ 15 = 31, 31 x 4 = 124, 124 + 84 = 208, 208 ÷ 2 = 104, 104 – 87 = 17, 17 x 6 = 102, 102 ÷ 3 = 34

Advanced
59 x 4 = 236, 236 + 177 (236 ÷ 4 x 3) = 413, 413 – 78 = 335, 335 x 0.2 = 67, 67 + 233 = 300, 61% of 300 = 183, 183 + 122 (183 ÷ 3 x 2) = 305

Page 23

High-Speed Crossword

(crossword grid: BREADWINNER / RADIATOR GIST / ENTICE HANGAR / MINESWEEPER / ACTUAL STATUE / TAXI STAGNATE / BESTSELLERS)

IQ Workout

The hour hand alternately gains 3 and 7 hours and the minute hand alternately loses 7 and 3 minutes each time.

1 Minute Number Crunch

Beginner
43 + 188 = 231, 231 reversed = 132, 132 ÷ 6 = 22, 22 x 4 = 88, 88 – 18 = 70, 70 ÷ 2 = 35, 35 + 36 = 71

Intermediate
126 ÷ 9 x 5 = 70, 70 – 7 (10% of 70) = 63, 63 x 5 = 315, 315 + 3 x 2 = 210, 210 ÷ 7 x 4 = 120, 120 + 100 (120 ÷ 6 x 5) = 220, 220 – 79 = 141

Advanced
605 ÷ 11 x 4 = 220, 220 x 3.5 = 770, 770 x 4 = 3080, 3080 ÷ 154 = 20, 20^3 = 8000, 8000 – 5678 = 2322, 2322 ÷ 18 x 11 = 1419

Wordsearch Workout

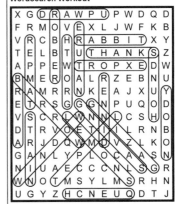

Double Fun Sudoku

Tasty Teaser

1	9	7	2	4	5	8	6	3
8	4	3	6	7	9	2	1	5
6	5	2	8	1	3	9	7	4
7	2	8	5	9	1	4	3	6
5	1	4	3	6	8	7	2	9
9	3	6	7	2	4	1	5	8
4	6	1	9	3	7	5	8	2
2	7	5	4	8	6	3	9	1
3	8	9	1	5	2	6	4	7

Brain Buster

1	3	7	8	5	2	4	6	9
6	4	2	3	9	1	5	8	7
5	9	8	6	7	4	2	3	1
7	1	4	2	6	5	8	9	3
8	2	5	9	1	3	6	7	4
9	6	3	4	8	7	1	5	2
2	7	1	5	3	6	9	4	8
3	8	6	1	4	9	7	2	5
4	5	9	7	2	8	3	1	6

Whatever Next?

C – Each letter in opposite points of the star is opposite in position in the alphabet, so R is 9th from the end and I is 9th from the beginning, T is 7th from the end and G is 7th from the beginning, and X is 3rd from the end and C is 3rd from the beginning.

Brain Teaser

24 minutes

$$\frac{40 \times 6}{10}$$

Page 24

Mind Over Matter

The sum total of the values of the letters in the outer squares divided by ten equals the value of the letter in the central square. Thus the missing value is 19, so the missing letter is S.

Double Fun Sudoku

Tasty Teaser

7	8	6	4	5	3	1	2	9
1	9	5	7	2	8	4	3	6
2	4	3	1	6	9	7	5	8
4	7	9	8	1	5	3	6	2
6	5	1	2	3	4	9	8	7
3	2	8	9	7	6	5	1	4
8	6	7	5	4	1	2	9	3
9	1	2	3	8	7	6	4	5
5	3	4	6	9	2	8	7	1

Brain Buster

4	5	6	2	9	3	8	1	7
2	7	9	1	6	8	5	4	3
3	1	8	5	7	4	2	9	6
1	3	4	7	8	5	9	6	2
5	8	2	6	4	9	7	3	1
9	6	7	3	1	2	4	5	8
8	4	1	9	2	6	3	7	5
6	9	5	8	3	7	1	2	4
7	2	3	4	5	1	6	8	9

Codeword Conundrum

J		H		P	R	A	C	T	I	C	A	B	L	E
I	D	Y	L	L		C		E		W		I		
N		P		A	W	N	I	N	G		A	X	L	E
G	E	N	E	T		E		R		K		A		
O		O		F		C	O	A	L	E	S	C	E	
		P		O	O	Z	E		N		P		N	
A	B	H	O	R		N		G		V	E	E	R	
F		O		M	I	N	T	I	E	R		C		O
O	R	B	S		M		R			U	S	U	A	L
O		I		P		A	B	U	T		L			
T	R	A	N	Q	U	I	L			H		A		F
	I		E		G		D		L	I	T	R	E	
A	V	O	W		N	E	G	A	T	E		I		I
	E		T		G		D		S	E	V	E	N	
P	R	E	S	T	I	G	I	O	U	S		E		T

Futoshiki

5	4	2	3	1
3	5	1	2	4
1	2	3	4	5
2	1	4	5	3
4	3	5	1	2

High-Speed Crossword

A	C	M	E		T	O	R	T	U	R	E	S
N		O		C		U		A		U		E
T	O	U	G	H	E	N		B	A	N	A	L
I		R		A		C		L		R		F
H	A	N	O	I		E	L	E	G	I	A	C
I			S		S		M		O			O
S	A	G	G	E	D		F	A	T	T	E	N
T		R		L		K		N				T
A	B	A	L	O	N	E		N	U	B	I	A
M		N		N		N		T		E		L
I	C	I	N	G		T	E	R	R	A	I	N
N		T		U		L		S		R		E
E	X	E	G	E	T	E	S		S	E	N	D

1 Minute Number Crunch

Beginner
147 ÷ 7 = 21, 21 x 6 = 126, 126 ÷ 14 = 9, 9^2 = 81, 81 reversed = 18, 18 ÷ 3 x 2 = 12, 12 x 13 = 156

Intermediate
20% of 475 = 95, 95 x 2 = 190, 190 − 19 (10% of 190) = 171, 171 ÷ 9 = 19, 19 x 3 = 57, 57 − 39 = 18, 18 ÷ 9 x 7 = 14

Advanced
156 + 35 = 191, 191 x 3 = 573, 573 + 382 (573 ÷ 3 x 2) = 955, 955 − 151 = 804, 804 + 536 (804 ÷ 3 x 2) = 1340, 1340 ÷ 20 x 7 = 469, 469 ÷ 7 x 4 = 268

Page 25

Battleships

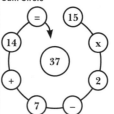

High-Speed Crossword

S	U	P	E	R	B		L		B		H	
	N		P		E	C	O	N	O	M	I	C
P	I	V	O	T	S		O		U		A	
	F		C		T	E	M	P	L	A	T	E
C	Y	P	H	E	R		D		U			
O				I	N	C	R	E	A	S	E	
T		M		D		O		R			R	
S	O	Y	A	B	E	A	N				I	
	R		L		D	E	M	I	S	E	
D	I	S	T	A	S	T	E		O		T	
	S		E		L		N	A	T	I	O	N
C	O	U	S	C	O	U	S		I		U	
	N		E	W		E	F	F	E	T	E	

IQ Workout

7 – Start at 12 and move clockwise. Opposite segments as indicated in the diagram below are plus 1, then plus 2, etc.

17	14	5	16
12			1
?			13
21	9	17	19

Wordwheel

The nine-letter word is: ADVENTURE

Wordsearch Workout

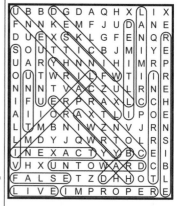

Double Fun Sudoku

Tasty Teaser

2	3	8	5	9	6	1	7	4
5	6	4	3	1	7	9	8	2
1	9	7	2	4	8	3	5	6
8	7	9	6	3	4	2	1	5
6	4	5	1	8	2	7	9	3
3	1	2	7	5	9	6	4	8
4	8	6	9	7	3	5	2	1
9	2	1	4	6	5	8	3	7
7	5	3	8	2	1	4	6	9

Brain Buster

2	6	4	7	8	1	3	5	9
5	3	8	6	9	2	7	4	1
1	7	9	3	4	5	8	2	6
7	8	2	5	6	4	1	9	3
4	9	1	2	3	8	5	6	7
3	5	6	1	7	9	2	8	4
9	4	5	8	1	7	6	3	2
8	1	3	4	2	6	9	7	5
6	2	7	9	5	3	4	1	8

Sum Circle

Circle diagram: 14, =, 15, x, 2, −, 7, +, with 37 in the centre.

Page 26

1 Minute Number Crunch

Beginner
90 ÷ 5 = 18, 18 + 62 = 80, 25% of 80 = 20, 20 ÷ 5 = 4, 4 x 15 = 60, 60 ÷ 5 = 12, 25% of 12 = 3

Intermediate
12 x 6 = 72, 72 ÷ 8 x 3 = 27, 27 + 12 (27 ÷ 9 x 4) = 39, 39 + 83 = 122, 122 x 2 = 244, 244 ÷ 4 x 3 = 183, 183 − 57 = 126

Advanced
576 x 0.75 = 432, 432 + 64 = 496, 496 ÷ 4 (cube root of 64) = 500, 71% of 500 = 355, 355 − 15 = 340, 340 ÷ 17 x 3 = 60, 60 ÷ 12 x 7 = 35

High-Speed Crossword

F	E	S	T	I	V	A	L		G	L	E	E
E		T		L		C		S		I		V
A	V	A	I	L		R	E	T	I	N	U	E
R		L		C	O	O		E		D		R
		E		O		S	T	A	T	E	L	Y
S	T	R	I	N	G	S		K		N		D
T		C		T				C				A
I		B		E		B	E	A	S	T	L	Y
M	O	R	T	I	S	E		R		A		
U		O		V		T	I	T		T	E	
L	E	N	I	E	N	T		A	L	T	E	R
U		C		D		E		R		L		O
S	N	O	B		C	R	E	E	P	E	R	S

IQ Workout

14

(17 + 11 + 12) - (14 + 19) = 7
(18 + 16 + 15) - (6 + 5) = 38
(19 + 16 + 2) - (15 + 8) = 14

Codeword Conundrum

V	E	R	B	E	N	A			H	A	L	V	E	D
I		A		X		N	O	V	A		A		Y	
C	U	B	I	C		G		L		M		S		
A		B		H	U	E	S		C	O	B	B	L	E
R	A	I	S	E		L	A	Z	Y		A		N	
	G		Q		G		O		R		T		E	
C	O	Y	P	U		M	O	O	N	S	H	I	N	E
H		O		E		O		W		U		U		R
I	N	N	E	R	V	A	T	E		B	U	M	P	Y
E		D		O		E			J			H		
F		E		L	I	N	K		E	Q	U	I	P	
T	U	R	B	O	T		T	A	L	C		N		R
A		O		A		Y		T	W	I	N	E		
I		U		G	A	L	A		E		T		S	
N	E	S	T	L	E		K	I	D	N	E	Y	S	

Tasty Teaser

8	6	5	4	3	9	2	7	1
2	9	4	6	1	7	8	3	5
7	3	1	2	8	5	9	4	6
4	7	6	9	5	8	1	2	3
9	1	3	7	2	4	5	6	8
5	2	8	3	6	1	7	9	4
1	4	7	5	9	3	6	8	2
3	8	2	1	7	6	4	5	9
6	5	9	8	4	2	3	1	7

Brain Buster

1	2	6	7	3	5	4	8	9
4	8	5	6	9	1	7	3	2
7	9	3	4	8	2	6	1	5
8	3	7	5	1	9	2	4	6
2	4	9	8	6	7	3	5	1
6	5	1	3	2	4	8	9	7
5	6	4	9	7	3	1	2	8
3	7	2	1	5	8	9	6	4
9	1	8	2	4	6	5	7	3

Spidoku

Page 27

Logi-Six

E	D	F	C	B	A
A	E	D	B	F	C
F	B	C	D	A	E
B	C	A	E	D	F
D	A	E	F	C	B
C	F	B	A	E	D

High-Speed Crossword

S		D		T		B	U	T	T	I	N	
T	A	K	E	S	I	D	E	S		C		
	L		F		T		D	E	N	I	E	R
C	A	V	E		L	I	E	D		A		
	M		R		E		V		S	G		
S	I	N	E	W		D	I	S	O	B	E	Y
E		N		D		L		P			E	
C	R	A	C	K	E	D		C	O	M	E	S
	A		E		C		S		R		V	
	F		V	I	E	W		I	B	E	X	
A	F	R	A	I	D		A		F		N	
	I		C	E	R	T	A	I	N	L	Y	
M	A	R	K	E	D		S		C		Y	

Wordsearch Workout

Double Fun Sudoku

Tasty Teaser

5	8	3	9	6	2	4	1	7
1	6	2	7	3	4	9	5	8
4	7	9	1	5	8	2	6	3
6	4	7	5	8	1	3	2	9
8	2	5	3	9	6	7	4	1
9	3	1	2	4	7	5	8	6
2	1	8	4	7	3	6	9	5
7	9	4	6	1	5	8	3	2
3	5	6	8	2	9	1	7	4

Brain Buster

4	9	2	5	7	1	3	8	6
6	3	8	9	4	2	5	1	7
7	5	1	3	6	8	9	2	4
9	8	4	2	5	7	1	6	3
3	1	6	8	9	4	2	7	5
5	2	7	1	3	6	8	4	9
8	6	9	4	2	5	7	3	1
1	7	3	6	8	9	4	5	2
2	4	5	7	1	3	6	9	8

Matchstick Magic

The matchsticks which have been moved are outlined.

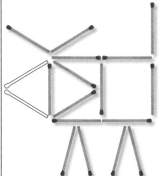

Brain Teaser

1 hour
40 kilometres @ 40 kph = 1 hour;
60 kilometres @ 60 kph = 1 hour.

1 Minute Number Crunch

Beginner
26 + 26 = 52, 52 ÷ 4 = 13, 13 x 8 = 104, 104 − 54 = 50, 50 x 7 = 350, 350 − 48 = 302, 302 reversed = 203

Intermediate
549 ÷ 9 = 61, 61 x 4 = 244, 244 + 119 = 363, 363 x 2 = 726, 726 − 639 = 87, 87 + 29 x 27 = 81, 81 x 8 = 648

Advanced
203 + 29 x 5 = 35, 120% of 35 = 42, 42 ÷ 7 x 3 = 18, 18^2 = 324, 324 + 276 = 600, 32% of 600 = 192, 192 + 128 (192 ÷ 3 x 2) = 320

Page 28

Codeword Conundrum

T	H	R	I	F	T		S	K	I	P	J	A	C	K
O			C		I		O		L		B		I	
T	A	L	I	S	M	A	N		T	Y	C	O	O	N
E		N		P		A	G	O		M			D	
M	A	Z	E		A	F	T		M	E	N	I	A	L
	S		S		N		A	P	E		N		I	
C	H	A	S	S	I	S		I	S	O	L	A	T	E
A		F		K		O	W	N		R		T		S
P	R	O	X	I	M	O		K	E	E	N	E	S	T
A		R		A	T	E		R		A		H		
C	H	E	E	K	Y		V	I	A		S	U	E	T
I		S		B	E	E		S	T			I		I
O	P	A	Q	U	E		N	A	U	T	I	C	A	L
U		I		S		L			R		E		T	
S	U	D	D	E	N	L	Y		E	N	R	I	C	H

Double Fun Sudoku

Tasty Teaser

2	1	5	6	7	3	9	4	8
6	7	4	8	5	9	1	2	3
9	3	8	1	2	4	5	6	7
4	9	1	7	6	8	3	5	2
5	8	2	9	3	1	4	7	6
7	6	3	2	4	5	8	9	1
3	5	7	4	1	2	6	8	9
8	4	6	3	9	7	2	1	5
1	2	9	5	8	6	7	3	4

Brain Buster

3	5	6	4	8	7	9	2	1
4	9	2	6	5	1	3	7	8
8	7	1	3	9	2	4	6	5
7	1	5	2	4	8	6	3	9
6	4	9	7	3	5	8	1	2
2	3	8	1	6	9	5	4	7
9	2	3	8	7	4	1	5	6
1	8	4	5	2	6	7	9	3
5	6	7	9	1	3	2	8	4

Pyramid Plus

A=136, B=9, C=7, D=10, E=125, F=145, G=16, H=17, I=135, J=161, K=33, L=152, M=194, N=185, O=379.

Work it Out

46 – The numbers in the vertical columns decrease by 12, 11, 10, 9, 8, 7 and 6.

High-Speed Crossword

O	A	T	H	S		A			F			F
B		A		T		D	I	S	A	B	L	E
L	E	M	U	R		D			R			V
I		P		A	S	S	E	R	T	I	V	E
Q	U	E	E	N		L		H			R	
U		R		D	E	L	I	V	E	R	Y	
E		I		L		D		R			M	
	D	O	G	G	E	R	E	L		L		U
W		N		C		I	N	E	R	T		U
A	P	P	E	R	T	A	I	N		G		A
L		O		X		I	N	A	P	T		
E	X	P	U	N	G	E		N		T		E
S		S		L		G	R	O	S	S		

1 Minute Number Crunch

Beginner
99 + 99 = 198, 198 ÷ 6 = 33, 33 ÷ 3 x 2 = 22, 22 + 93 = 115, 115 ÷ 5 = 23, 23 + 17 = 40, 40 x 11 = 440

Intermediate
98 ÷ 7 x 4 = 56, 56 x 2 = 112, 112 ÷ 8 x 5 = 70, 70 + 14 (20% of 70) = 84, 84 ÷ 2 = 42, 42 ÷ 6 x 5 = 35, 35 x 3 = 105

Advanced
14^2 = 196, 196 x 2 = 392, 392 ÷ 8 x 3 = 147, 147 ÷ 49 x 5 = 15, 15 x 12 = 180, 180 x 0.45 = 81, square root of 81 = 9

Page 29

High-Speed Crossword

S	T	Y	L	U	S		E		B		R	
T		O		P	L	A	T	E	L	E	T	
R		B		O		R		A		V		
O	Y	S	T	E	R		S	A	T	E	E	N
L			W		T		H			I		
L	A	B	E	L		H	O	S	T	I	L	E
	G		E		P		T		E		L	
G	R	A	D	U	A	L		A	X	L	E	S
	A		G		L		A			A		
A	R	C	A	D	E		A	B	S	U	R	D
	I		P		A	S		G		I		
H	A	Z	E	L	N	U	T		L		S	
	N		X		T		S	O	D	I	U	M

Summing Up

25	31	**17**	35	11	25
12	**42**	36	15	34	5
31	20	14	**32**	36	11
12	15	22	26	31	38
39	6	21	26	12	**40**
25	30	34	10	**20**	25

Domino Placement

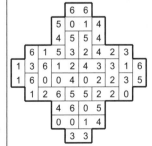

					6	6				
				5	0	1	4			
				4	5	5	4			
		6	1	5	3	2	4	2	3	
1	3	6	1	2	4	3	3	1	6
1	6	0	0	4	0	2	2	3	5
		1	2	6	5	5	2	2	0	
				4	6	0	5			
				0	0	1	4			
					3	3				

Wordsearch Workout

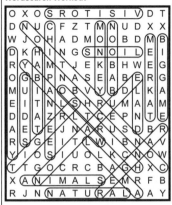

Double Fun Sudoku

Tasty Teaser

2	4	9	8	1	7	5	3	6
3	7	1	2	6	5	4	8	9
8	6	5	9	4	3	1	2	7
9	2	4	1	5	6	3	7	8
7	8	6	4	3	2	9	1	5
1	5	3	7	9	8	6	4	2
6	1	2	3	7	9	8	5	4
5	3	8	6	2	4	7	9	1
4	9	7	5	8	1	2	6	3

Brain Buster

2	5	1	9	3	8	7	4	6
7	9	8	6	2	4	5	3	1
4	6	3	7	5	1	2	9	8
1	8	2	4	7	3	9	6	5
3	4	6	5	8	9	1	7	2
5	7	9	1	6	2	4	8	3
9	2	5	3	4	6	8	1	7
6	1	7	8	9	5	3	2	4
8	3	4	2	1	7	6	5	9

Whatever Next?

P – Starting at the top and moving clockwise, first miss no letter, then one, then two, then three, then four, then five to arrive at V in the centre.

Brain Teaser

All widgets have a hole in the middle.

Page 30

Mind Over Matter

Starting clockwise from the top left square, the value of the second letter is added to the first, the third is subtracted and the fourth added, to give the value of the central square. Thus the missing value is 17, so the missing letter is Q.

Double Fun Sudoku

Tasty Teaser

6	4	2	5	8	3	9	1	7
3	7	1	9	4	2	6	5	8
9	5	8	7	1	6	2	3	4
7	8	4	2	9	1	5	6	3
2	9	3	4	6	5	7	8	1
5	1	6	3	7	8	4	2	9
8	2	9	1	5	7	3	4	6
4	6	5	8	3	9	1	7	2
1	3	7	6	2	4	8	9	5

Brain Buster

7	3	5	4	8	6	2	9	1
9	4	2	7	5	1	8	3	6
6	8	1	9	3	2	5	7	4
3	2	9	8	6	7	4	1	5
8	6	7	1	4	5	9	2	3
5	1	4	2	9	3	7	6	8
4	9	6	3	2	8	1	5	7
1	5	8	6	7	9	3	4	2
2	7	3	5	1	4	6	8	9

Codeword Conundrum

C	A	V	E	R	N	O	U	S		D	E	F	E	R
Y		A		E		K		U		O		L		A
N	U	L	L	S		A	L	L	E	G	R	O		I
I		U		C		P		K		F		S		N
C	H	E	R	U	B	I	M		J	I	G	S	A	W
		L		E		L		G				A		
U	R	E	A		S	Q	U	I	S	H	I	E	S	T
N		S		C		U		E		X				E
A	B	S	T	E	M	I	O	U	S		P	U	R	R
D				L		Z				M		B		
O	U	T	F	I	T		O	B	S	O	L	E	T	E
R		R		B		K		E		U		R		I
N		O	C	A	R	I	N	A		S	T	A	I	D
E		L		C		W		C		E		N		E
D	U	L	L	Y		I	N	H	E	R	I	T	O	R

Futoshiki

5	4	2	3	1
3	1	5	4	2
1	2	4	5	3
2	5	3 > 1	4
4 > 3	1	2	5

High-Speed Crossword

D	I	S	S	E	N	T		O		D		K
R		P			H	A	R	P	O	O	N	
E		O	C	H	R	E		A		P		O
A		T		U		S	O	L	V	E	N	T
M	O	L	A	R		I		I		T		
		E		D	E	S	I	R	A	B	L	E
T		S		L		U		U		U		D
H	Y	S	T	E	R	I	C	S		S		
R		E		N		S	M	I	T	H		
I	M	P	E	T	U	S		I		N		A
V		A		W		I	M	A	G	E		L
E	M	P	R	E	S	S		S		S		T
D		A		E		T	H	R	U	S	T	S

1 Minute Number Crunch

Beginner
46 + 69 = 115, 115 ÷ 5 = 23, 23 − 7 = 16, 16 x 5 = 80, 20% of 80 = 16, 16 + 5 = 21, 21 x 5 = 105

Intermediate
460 + 92 (20% of 460) = 552, 552 ÷ 2 = 276, 276 ÷ 3 = 92, 92 + 39 = 131, 131 x 3 = 393, 393 ÷ 3 x 2 = 262, 262 x 2 = 524

Advanced
285 ÷ 19 x 15 = 225, square root of 225 = 15, 15 ÷ 0.75 = 20, 20 x 23 = 460, 460 + 92 (20% of 460) = 552, 552 + 184 (552 ÷ 3) = 736, 736 x 0.875 = 644

Page 31

1 Minute Number Crunch

Beginner
54 − 49 = 5, 5 x 8 = 40, 25% of 40 = 10, 10 x 19 = 190, 190 ÷ 2 = 95, 95 + 3 = 98, 98 ÷ 2 = 49

Intermediate
242 ÷ 11 = 22, 22 x 2.5 = 55, 55 + 22 (55 ÷ 5 x 2) = 77, 77 + 79 = 156, 156 ÷ 3 x 2 = 104, 104 x 3 = 312, 312 ÷ 6 x 5 = 260

Advanced
7 to the power of 4 = 2401, 2401 − 701 = 1700, 29% of 1700 = 493, 493 x 2 = 986, 986 + 292 = 1278, 1278 ÷ 18 x 7 = 497, 497 − 147 = 350

High-Speed Crossword

S	H	R	I	L	L		A	T	H	E	N	A
	O		N		O	R	E		U		M	
K	N	E	A	D	S		R	E	N	A	M	E
	E		N		E	G	O		D		N	
B	Y	T	E	S		B		R		P		
	M			T	O	I	L	E	T	R	Y	
	O		H	W		C	D		O			
H	O	P	E	L	E	S	S		S			
	N		A		E		A	L	D	E	R	
L		V		Z	I	P		U		C		
O	F	F	I	C	E		R	U	N	O	U	T
C		E		R	Y	E		A		T		
H	U	B	R	I	S		P	A	R	C	E	L

Partitions

Wordwheel

The nine-letter word is: TENDERING

Wordsearch Workout

Double Fun Sudoku

Tasty Teaser

2	7	9	3	6	4	1	8	5
6	4	8	2	1	5	9	3	7
1	3	5	9	8	7	6	2	4
7	8	2	6	3	9	4	5	1
3	5	6	4	2	1	7	9	8
9	1	4	7	5	8	2	6	3
8	9	7	5	4	6	3	1	2
4	2	1	8	9	3	5	7	6
5	6	3	1	7	2	8	4	9

Brain Buster

9	5	4	2	7	1	6	8	3
8	2	3	6	5	9	1	4	7
1	7	6	8	4	3	5	9	2
2	6	9	3	1	7	8	5	4
3	1	5	4	9	8	2	7	6
4	8	7	5	2	6	9	3	1
7	4	2	9	6	5	3	1	8
6	9	8	1	3	4	7	2	5
5	3	1	7	8	2	4	6	9

Sum Circle

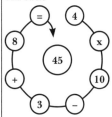

Page 32

1 Minute Number Crunch

Beginner
130 x 3 = 390, 390 − 46 = 344, 344 ÷ 2 = 172, 172 − 6 = 166, 50% of 166 = 83, 83 + 5 = 88, 88 ÷ 4 = 22

Intermediate
852 ÷ 4 = 213, 213 + 218 = 431, 431 x 2 = 862, 862 − 694 = 168, 168 ÷ 3 = 56, 56 + 65 = 121, 121 + 77 (121 ÷ 11 x 7) = 198

Advanced
476 ÷ 28 = 17, 17^2 = 289, 289 x 3 = 867, 867 − 292 = 575, 575 ÷ 23 x 19 = 475, 475 ÷ 0.76 = 625, 625 ÷ 125 = 5

High-Speed Crossword

H	O	N	E	Y	C	O	M	B		C		F
E		I		A		R		R	O	Y	A	L
A	I	R	E	R		N		A		C		O
R		V		D	R	A	Y	S		L		A
T	I	A	R	A		T		S	C	E	N	T
		N		G		E		H				E
C	H	A	L	E	T		T	R	I	P	O	D
R		I		A		E		A				
E	L	V	E	S		N		S	T	R	A	W
D		I		L	E	N	T	O		E		I
I		S		U		O		L	I	N	E	R
T	O	T	E	M		Y		V		T		E
S		A		P	O	S	S	E	S	S	E	D

IQ Workout

Top circle = 6, middle left circle = 12, middle right circle = 3, bottom left circle = 18, bottom right circle = 6.

The number in the top circle plus the number in the bottom right circle equals the number in the middle left circle. The number in the middle left circle plus the number in the top circle equals the number in the bottom left circle. The number in the bottom left circle divided by the number in the bottom right circle equals the number in the middle right circle.

Codeword Conundrum

E	N	F	O	L	D	I	N	G		F		V		E
X		B		A		A		N	A	T	I	O	N	
C	O	N	J	U	R	I	N	G		T		V		G
U			E		K			A	Z	U	R	I	T	E
S	T	O	C	K	R	O	O	M		O		D		N
E		T		O		E	M	U		L				D
	P	O	I	S	O	N	E	D		S	T	Y	L	E
P		V		M		G		A		R				R
A	P	N	E	A		M	O	S	Q	U	I	T	O	
S		A		B	O	A		U		B				W
S		S		A		T	E	D	I	O	U	S	L	Y
B	U	C	O	L	I	C			L		N			V
O		E		O		H	A	B	I	T	A	B	L	E
O	W	N	I	N	G			Y		N		L		R
K		T		E		R	E	V	E	R	S	I	O	N

Tasty Teaser

7	4	2	8	1	9	3	5	6
5	1	8	7	6	3	4	2	9
9	6	3	2	5	4	8	7	1
3	9	6	1	7	5	2	4	8
4	8	7	9	2	6	1	3	5
2	5	1	4	3	8	6	9	7
8	2	4	5	9	1	7	6	3
6	7	9	3	8	2	5	1	4
1	3	5	6	4	7	9	8	2

Brain Buster

2	6	5	9	7	3	8	1	4
3	4	8	5	1	6	2	7	9
9	1	7	2	8	4	5	3	6
7	9	4	1	6	5	3	2	8
1	5	6	8	3	2	4	9	7
8	2	3	4	9	7	6	5	1
5	3	1	6	4	9	7	8	2
4	8	2	7	5	1	9	6	3
6	7	9	3	2	8	1	4	5

Spidoku

Page 33

Logi-Six

E	C	D	B	F	A
A	E	F	C	B	D
F	A	E	D	C	B
C	B	A	E	D	F
D	F	B	A	E	C
B	D	C	F	A	E

High-Speed Crossword

C	O	U	C	H		L			S		D	
U		B		A		E	P	I	T	H	E	T
S	W	O	L	L	E	N			R		S	
T		A		E		S	O	L	I	C	I	T
O		T		L		B		P		R		
M	I	S	T	R	E	A	T		P	E	E	R
E			H		A		U		E		U	
R	U	H	R		R	E	S	I	D	E	N	T
	P		O		N		E			N		H
P	R	O	T	E	S	T		D		C		L
	O		T		E	P	I	S	O	D	E	
P	A	V	L	O	V	A		E		D		S
	R		E		R		S	E	E	R	S	

Wordsearch Workout

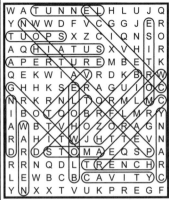

Double Fun Sudoku

Tasty Teaser

1	4	8	7	2	5	9	6	3
2	3	6	9	4	8	5	1	7
5	7	9	3	1	6	2	8	4
6	5	1	4	9	3	7	2	8
4	8	2	5	7	1	3	9	6
3	9	7	8	6	2	1	4	5
7	1	3	2	8	4	6	5	9
9	2	4	6	5	7	8	3	1
8	6	5	1	3	9	4	7	2

Brain Buster

6	1	3	5	4	9	7	2	8
7	9	5	2	8	3	1	4	6
8	4	2	6	1	7	9	3	5
4	5	9	8	7	6	2	1	3
1	6	7	4	3	2	8	5	9
3	2	8	1	9	5	4	6	7
9	3	4	7	6	1	5	8	2
5	7	1	3	2	8	6	9	4
2	8	6	9	5	4	3	7	1

Matchstick Magic

The matchsticks which have been moved are outlined.

Brain Teaser

The pentagon has the greatest number by 180°
Diamond 360°, Double triangle 360°, Pentagon 540°
(Divide the diamond and pentagon into 180° triangles).

Simple as A, B, C

A	B	B	C	C	A
C	B	A	C	B	A
C	A	B	A	B	C
B	C	C	A	A	B
A	C	A	B	C	B
B	A	C	B	A	C

Page 34

Codeword Conundrum

D		P		S	P	O	K	E	S	W	O	M	E	N
E	T	H	I	C		C		W		C		N		
T		O		E	L	E	P	H	A	N	T	I	N	E
O	F	T	E	N		A		L		E		U		
X		O		A		N	E	O	L	I	T	H	I	C
I		C	U	R	B		N		O		O		O	
F	R	O		I		S		W		O	M	E	N	
Y		P		O	C	U	L	I	S	T		O		J
I	R	I	S		A		A		R		G	N	U	
N		E		M	V		G	A	Z	E		G		
G	O	D	D	E	S	S	E	S		N		N		A
	D		A		H		T		Q	U	E	S	T	
P	O	R	T	M	A	N	T	E	A	U		O		I
	U		U		F		R		I	N	U	R	N	
P	R	O	M	O	T	I	O	N	A	L		S		G

Double Fun Sudoku

Tasty Teaser

8	1	2	6	5	9	7	4	3
6	7	9	3	4	1	8	2	5
3	5	4	8	2	7	1	9	6
4	2	5	1	7	8	3	6	9
7	3	6	2	9	5	4	1	8
9	8	1	4	3	6	5	7	2
1	6	3	7	8	2	9	5	4
5	4	7	9	6	3	2	8	1
2	9	8	5	1	4	6	3	7

Brain Buster

2	1	8	7	3	4	5	6	9
3	5	7	6	2	9	4	1	8
4	6	9	5	1	8	7	3	2
6	9	2	8	7	3	1	4	5
7	8	3	1	4	5	2	9	6
5	4	1	2	9	6	3	8	7
1	3	5	9	8	7	6	2	4
9	7	4	3	6	2	8	5	1
8	2	6	4	5	1	9	7	3

Pyramid Plus

A=39, B=9, C=12, D=60, E=35, F=48, G=21, H=72, I=95, J=69, K=93, L=167, M=162, N=260, O=422.

Work it Out

66 – The numbers in each horizontal row decrease by 7, 5, 3, 8, 6, 4 and 2.

High-Speed Crossword

E	X	C	E	P	T		P	A	T	O	I	S
V		O		R		A		M		U		
E	A	R	N	I	N	G	S		P	A	N	G
N		O		V		T		H		G		
T	O	N	G	A		R	A	T	R	A	C	E
		E		T		R		R				S
U	N	R	E	E	L		C	A	R	P	E	T
S				E		N		U				
E	N	D	O	R	S	E		S	A	C	K	S
L		O		E		C		C		C		I
E	D	G	E		A	D	H	E	S	I	V	E
S		M		M		M		N		N		
S	H	A	G	G	Y		A	D	V	I	C	E

1 Minute Number Crunch

Beginner
44 + 68 = 112, 25% of 112 = 28, 28 reversed = 82, 82 − 1 = 81, 81 ÷ 9 = 9, 9 x 7 = 63, 63 + 16 = 79

Intermediate
644 + 483 (0.75 of 644) = 1127, 1127 x 2 = 2254, 2254 ÷ 7 x 4 = 1288, 1288 ÷ 8 x 3 = 483, 483 ÷ 3 = 161, 161 − 52 = 109, 109 x 4 = 436

Advanced
406 ÷ 29 x 21 = 294, 294 ÷ 14 x 9 = 189, 189 ÷ 9 x 4 = 84, 84 x 12 = 1008, 1008 ÷ 18 x 7 = 392, 392 x 0.25 = 1568, 1568 ÷ 32 = 49

Page 35

High-Speed Crossword

C	H	E	E	K	S		M	I	L	L	E	T
Y		X		T		I		O		X		
A	T	O	P		A	N		U		C		
N		A		R	E	I	N	D	E	E	R	
	B		N		V		M		E		L	
H	A	N	D	L	E		S	C	R	O	L	L
	L		E			U		L			E	
M	A	D	C	A	P		S	E	C	O	N	D
	L		A		E		E		T		T	
B	A	C	T	E	R	I	A		N			F
	I		K		I		L		S	A	G	E
	K		I		O		L		E			T
C	A	N	N	E	D		S	H	R	I	N	E

Summing Up

53	**11**	14	36	42	21
14	31	34	50	**32**	16
34	36	**29**	29	27	22
33	47	58	3	9	27
33	27	2	33	26	**56**
10	25	40	**26**	41	35

Battleships

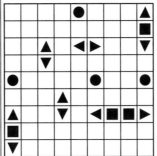

Wordsearch Workout

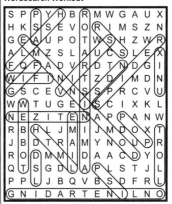

Double Fun Sudoku

Tasty Teaser

6	5	2	3	4	8	1	7	9
7	3	9	1	5	6	4	2	8
1	8	4	2	9	7	5	6	3
3	4	7	9	8	1	6	5	2
9	6	8	5	7	2	3	1	4
5	2	1	6	3	4	8	9	7
2	9	5	8	6	3	7	4	1
4	1	3	7	2	5	9	8	6
8	7	6	4	1	9	2	3	5

Brain Buster

9	8	6	3	7	5	4	1	2
3	2	7	4	1	8	9	5	6
4	1	5	6	2	9	7	3	8
8	5	2	7	9	1	3	6	4
7	4	9	2	6	3	1	8	5
6	3	1	8	5	4	2	7	9
2	9	3	1	8	6	5	4	7
5	6	4	9	3	7	8	2	1
1	7	8	5	4	2	6	9	3

Whatever Next?

9 – Each single digit number divides nine times into the number in the opposite point of the star.

Brain Teaser

Q P H – The second set are the same distance from the end of the alphabet as the first set is from the beginning of the alphabet.

Page 36

Mind Over Matter

The sum total of the values of the letters in the top left and central squares is the value in the bottom right square. The value in the top right minus that in the middle square is the value in the bottom left square. Thus the missing value is 8, so the missing letter is H.

Double Fun Sudoku

Tasty Teaser

1	7	8	6	9	2	5	4	3
2	9	5	4	3	1	7	6	8
3	4	6	8	5	7	2	1	9
5	6	4	1	2	3	9	8	7
7	3	1	5	8	9	4	2	6
8	2	9	7	4	6	3	5	1
9	5	7	2	6	8	1	3	4
6	1	2	3	7	4	8	9	5
4	8	3	9	1	5	6	7	2

Brain Buster

5	9	8	3	7	6	1	4	2
1	2	3	9	4	5	6	7	8
7	6	4	1	8	2	3	9	5
2	1	9	6	5	3	7	8	4
3	8	5	7	1	4	2	6	9
4	7	6	2	9	8	5	1	3
8	3	2	4	6	7	9	5	1
6	5	1	8	3	9	4	2	7
9	4	7	5	2	1	8	3	6

Codeword Conundrum

W	I	C	K		G	R	O	U	P		L	O	N	G
I			E	A	R		P		A		K		O	
N	U	M	B		O	V	E	R	L	Y		R		A
K		A		S		R			A	W	A	R	D	
	E	B	B	S		A	T	O	P			I		
R	A	N		E		Q		O		S	A	M	B	A
E		D		A	L	U	M	N	I		A		A	L
F	L	E	C	K		A		G		J	U	D	G	E
I		A		T	R	A	U	M	A		C		A	R
T	H	R	O	B		T		E		D		A	R	T
	I		R	A	Z	E		K	E	L	P			
U	M	B	R	A		P		I		E			A	V
N		U		T	H	R	O	W	N		A	U	R	A
I		R		E		E		X		K	I	P		S
T	U	N	A		W	R	Y	L	Y		T	Y	R	E

Futoshiki

2	5	1	4	3
3	1	4	2	5
1	4	3	5	2
4	2	5	3	1
5	3	2	1	4

High-Speed Crossword

B	O	S	S	Y		T	R	A	C	I	N	G
A		T		A		O		B		N		E
R		E	N	U	T	R	I	M	E	N	T	
T	W	E	A	K		D		X		U		
E		P	S	P	A	C	E	S	H	I	P	
R		L		E		H		A				
S	I	E	R	R	A		I	N	S	U	L	T
	C		C		N			S			A	
E	P	H	E	M	E	R	A	L		T		R
D		A		U			I	D	I	O	T	
I	N	S	I	S	T	E	N	T		B		L
T		E		I		D		R		L		E
S	I	R	O	C	C	O		E	R	E	C	T

1 Minute Number Crunch

Beginner
45 x 4 = 180, 180 ÷ 6 = 30, 30 + 18 = 48, 48 ÷ 8 = 6, 6 x 12 = 72, 72 − 18 = 54, 54 ÷ 2 = 27

Intermediate
60% of 160 = 96, 96 x 3 = 288, 288 ÷ 9 x 5 = 160, 85% of 160 = 136, 136 x 2 = 272, 272 − 47 = 225, Square root of 225 = 15

Advanced
44 ÷ 11 x 7 = 28, 28 ÷ 7 x 5 = 20, 20 + 60% = 32, 32^2 = 1024, 1024 ÷ 16 x 5 = 320, 320 ÷ 4 = 80, 80 ÷ 1.25 = 64

Page 37

Domino Placement

			3	4			
		1	3	5	6		
		2	4	1	6		
	2	3	0	6	2	4	0	0
1	6	5	2	5	2	1	2	5	0
3	3	3	5	3	6	2	1	1	1
	0	4	5	4	3	0	4	6
		5	4	0	6		
		4	1	6	2		
			0	5			

High-Speed Crossword

A	R	E	A		R	E	P	R	I	S	A	L
D		A		F		N		E		C		O
V	E	R	D	I	C	T		C	L	O	W	N
A		T		G		R		E		U		G
N	E	H	R	U		A	M	P	E	R	E	
C			R		P		T		G		P	
E	V	A	D	E	S		L	I	N	E	A	R
D		Q		S		W		O			I	
	G	U	R	K	H	A		N	Y	L	O	N
B		E		A		L		I		Y		C
A	D	O	P	T		R	E	S	P	I	R	E
L		U		E		U		T		N		S
M	I	S	T	R	E	S	S		A	G	E	S

IQ Workout

O – There are two alternate sequences:
AbCdeFghiJklmnO
ZyXwvUtsrQ

Wordwheel

The nine-letter word is: MISCREANT

Wordsearch Workout

Double Fun Sudoku

Tasty Teaser

2	3	4	5	8	6	9	7	1
7	1	6	4	9	2	3	5	8
9	8	5	7	1	3	6	4	2
5	2	1	9	7	4	8	6	3
8	6	7	1	3	5	2	9	4
3	4	9	2	6	8	7	1	5
1	5	3	6	2	9	4	8	7
4	9	2	8	5	7	1	3	6
6	7	8	3	4	1	5	2	9

Brain Buster

3	1	8	2	9	4	7	5	6
6	9	4	5	8	7	1	2	3
7	5	2	3	1	6	8	9	4
4	6	5	8	2	9	3	1	7
2	3	9	6	7	1	4	8	5
1	8	7	4	3	5	2	6	9
9	4	1	7	5	8	6	3	2
8	7	3	9	6	2	5	4	1
5	2	6	1	4	3	9	7	8

Sum Circle

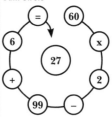

Page 38

1 Minute Number Crunch

Beginner
87 − 12 = 75, 75 ÷ 15 = 5, 5 + 87 = 92, 25% of 92 = 23, 23 + 15 = 38, 38 ÷ 2 = 19, 19 + 61 = 80

Intermediate
25% of 64 = 16, 16 x 7 = 112, 112 ÷ 2 = 56, 56 + 197 = 253, 253 x 2 = 506, 506 − 78 = 428, 428 x 1.5 = 642

Advanced
37^3 = 50653, 50653 − 6298 = 44355, 44355 ÷ 15 x 8 = 23656, 23656 x 0.875 = 20699, 20699 x 2 = 41398, 41398 + 974 = 42372, 42372 ÷ 36 = 1177

High-Speed Crossword

I	N	J	E	C	T	S		R	E	H	A	B
C		E		A		H		O		E		I
E	N	T	E	R	T	A	I	N	E	R		L
C			I		D			B		G		
A	C	E	R	B		E	N	C	L	A	V	E
P		Q		B		D		A		L		
S	A	U	C	E	R		A	F	F	I	R	M
		I			A		J	E		S		E
R	E	V	E	N	U	E		T	O	T	A	L
A		O			R			E				O
I		C	H	A	M	B	E	R	M	A	I	D
N		A		N		O		I		I		I
S	U	L	L	Y		A	N	A	E	M	I	C

IQ Workout

630 – Multiply by three quarters, one half, one quarter and repeat.

Codeword Conundrum

S	I	T	E	S		S	N	I	F	F	L	I	N	G
C		A		U		L		N		R				E
R	E	L	I	G	I	O	U	S		E	X	P	E	L
A		K		A		B		O		N		H		I
P	A	S	T	R	Y		B	L	I	Z	Z	A	R	D
H			I		O		V		Y		L		
E	L	F	I	N		V	I	E	W		B	A	I	L
A		O		G		E		N		S		N		A
P	Y	R	E		U	R	I	C		T	O	X	I	C
		E		O		G		Y		R				Q
J	A	I	L	B	I	R	D		G	A	T	E	A	U
E		G		T		O		F		N		R		E
S	E	N	N	A		W	R	O	N	G	D	O	E	R
T			I		T			L		L		D		
S	T	A	U	N	C	H	E	D		E	M	E	N	D

Tasty Teaser

7	9	5	3	8	4	1	2	6
1	8	2	5	6	9	3	7	4
6	4	3	1	7	2	8	5	9
8	3	4	2	9	5	6	1	7
2	6	9	7	1	3	4	8	5
5	7	1	8	4	6	2	9	3
9	1	8	6	3	7	5	4	2
3	5	7	4	2	8	9	6	1
4	2	6	9	5	1	7	3	8

Brain Buster

9	4	2	7	1	6	3	8	5
6	3	8	5	9	2	4	7	1
7	5	1	4	8	3	2	9	6
2	6	7	8	5	9	1	3	4
8	1	5	3	6	4	9	2	7
3	9	4	1	2	7	6	5	8
5	2	3	6	7	1	8	4	9
4	8	6	9	3	5	7	1	2
1	7	9	2	4	8	5	6	3

Spidoku

Page 39

Logi-Six

C	E	D	F	B	A
E	B	A	D	F	C
D	A	F	B	C	E
A	F	B	C	E	D
B	D	C	E	A	F
F	C	E	A	D	B

High-Speed Crossword

	A	C	E	T	I	C		C	Y	N	I	C		C
D		A		O		O		O		E		O		O
I	M	P	R	O	M	P	T	U		I		N		N
S		R			P		N	I	G	H	T			I
P	O	I	N	T	L	E	S	S		H		R		R
L			S		T		R		E			A		
A	S	T	H	M	A		C	L	E	V	E	R		
C			A		H			T				I		
E		C		S	C	A	R	E	C	R	O	W		
M	O	A	N	S		W			I			I		
E		N			I	N	S	I	D	I	O	U	S	
N		O		V			E		I		T			
T	I	N	G	E		R	E	P	O	S	E			

Wordsearch Workout

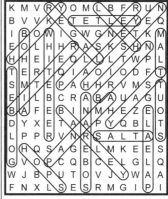

Double Fun Sudoku

Tasty Teaser

1	3	5	2	9	6	7	8	4
2	8	4	5	7	1	6	9	3
6	9	7	3	4	8	2	1	5
9	2	6	1	5	4	8	3	7
3	4	8	6	2	7	1	5	9
5	7	1	8	3	9	4	2	6
7	5	2	4	8	3	9	6	1
8	6	9	7	1	5	3	4	2
4	1	3	9	6	2	5	7	8

Brain Buster

1	3	4	2	7	6	9	5	8
5	9	6	4	3	8	1	2	7
2	8	7	9	1	5	6	4	3
9	4	2	6	8	7	3	1	5
3	6	8	5	2	1	7	9	4
7	1	5	3	4	9	2	8	6
4	5	9	7	6	2	8	3	1
6	2	1	8	5	3	4	7	9
8	7	3	1	9	4	5	6	2

Matchstick Magic

The matchsticks have been added as shown.

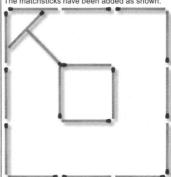

Brain Teaser

Jack

Domino Placement

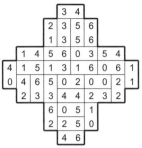

Page 40

Codeword Conundrum

|F|O|R|E|N|A|M|E|D| |B|L|O|O|M|
|L| |E| |A| |E| |I| |L| |A| |I|
|A|S|S|E|T| |S|U|R|P|A|S|S| |L|
|Y| |U| |I| |S| |K| |Z| |I| |L|
S	A	R	D	O	N	Y	X		B	O	N	S	A	I
	G		N		A		N		O					O
J	E	E	R		C	O	M	P	L	E	X	I	O	N
E		N		T		B		S		D		N		T
W	A	T	C	H	T	O	W	E	R		M	E	S	H
E		E		E		E		E		Q			
L	A	R	V	A	L		B	R	O	C	H	U	R	E
L		A		T		K		O		L		A		A
E		Z	E	R	O	I	N	G		A	M	B	E	R
R		O		E		W		U		I		L		L
Y	A	R	D	S		I	N	E	B	R	I	E	T	Y

Double Fun Sudoku

Tasty Teaser

1	6	5	7	2	3	9	8	4
2	7	4	1	9	8	3	5	6
3	9	8	6	5	4	1	2	7
9	8	2	5	4	7	6	1	3
5	3	6	8	1	9	4	7	2
7	4	1	3	6	2	5	9	8
6	2	7	9	3	1	8	4	5
4	1	3	2	8	5	7	6	9
8	5	9	4	7	6	2	3	1

Brain Buster

6	5	4	9	1	3	7	8	2
9	3	8	4	2	7	5	6	1
7	2	1	5	8	6	4	3	9
5	6	9	7	3	4	2	1	8
8	4	3	2	5	1	6	9	7
2	1	7	6	9	8	3	4	5
4	8	6	1	7	2	9	5	3
1	9	2	3	6	5	8	7	4
3	7	5	8	4	9	1	2	6

Pyramid Plus

A=138, B=90, C=86, D=84, E=8, F=228, G=176, H=170, I=92, J=404, K=346, L=262, M=750, N=608, O=1358.

Work it Out

31 – Reading down each column, add each number to the preceding number.

High-Speed Crossword

|B| |D| |N| |D|R|I|Z|Z|L|E|
|E|Y|E|S|O|R|E| | |E| |X|
|D| |V| |N| |T| |P|L|A|T|E|
S	N	O	O	P		E	M	A	I	L		C
	U		A		R		S	P	O	O	R
S	U	R	P	R	I	S	E	S		T		A
Y		T			T		I					T
L		D		I	M	P	R	O	V	I	S	E
L	O	O	K	S		O		N		G	
A		R	O	A	S	T		P	A	N	D	A
B	A	S	I	N		A	L		I		U
U		A			S	T	A	R	T	L	E
S	E	L	F	I	S	H		Y		E	S

1 Minute Number Crunch

Beginner
24 x 5 = 120, 120 ÷ 12 x 3 = 30, 30 + 8 = 38, 38 ÷ 2 = 19, 19 x 3 = 57, 57 + 6 = 63, 63 ÷ 9 x 5 = 35

Intermediate
59 x 3 = 177, 177 − 63 = 114, 114 ÷ 3 x 2 = 76, 76 ÷ 19 x 8 = 32, 32^2 = 1024, 1024 − 747 = 277, 277 x 2 = 554

Advanced
67 + 28 = 95, 95 ÷ 19 x 8 = 40, 90% of 40 = 36, 36 + 6 (square root of 36) = 42, 900% of 42 = 378, 378 ÷ 18 x 7 = 147, 147 + 98 (147 ÷ 3 x 2) = 245

Page 41

High-Speed Crossword

D	O	W	N	I	N	G	S	T	R	E	E	T
E		A		O		C			L		W
P	E	A	S		M		R	E	C	I	P	E
L		A	G	A	V	E		M		N
O	P	A	L		D		E	G	O	I	S	T
Y		D				C		N		Y
	H	O	U	R	S		H	E	M	A	N
O		R		P				T		A
F	I	A	S	C	O		B		K	E	E	L
F		T		N	A	O	M	I			C
E	D	I	C	T	S		M		R	E	D	O
N		O			O		B		O		V
D	I	N	N	E	R	S	E	R	V	I	C	E

IQ Workout

The hour hand gains 2, 4, 6 and 8 hours; and the minute hand loses 8, 6, 4 and 2 minutes each time.

1 Minute Number Crunch

Beginner
41 + 86 = 127, 127 x 2 = 254, 254 − 56 = 198, 50% of 198 = 99, 99 ÷ 9 = 11, 11 x 20 = 220, 220 + 73 = 293

Intermediate
Cube root of 343 = 7, 7 x 9 = 63, 63 + 69 = 132, 132 ÷ 3 = 44, 44 x 7 = 308, 308 ÷ 22 = 14, 14 x 4 = 56

Advanced
892 x 2.5 = 2230, 70% of 2230 = 1561, 1561 + 269 = 1830, 1830 ÷ 15 x 4 = 488, 488 + 427 (488 ÷ 8 x 7) = 915, 915 − 549 (915 ÷ 5 x 3) = 366, 366 x 7 = 2562

Wordsearch Workout

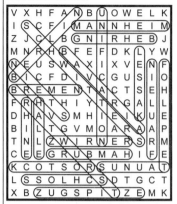

Double Fun Sudoku

Tasty Teaser

3	9	4	5	8	1	7	2	6
7	2	8	6	4	9	1	3	5
5	6	1	2	3	7	8	9	4
9	7	5	4	1	3	2	6	8
8	4	6	9	5	2	3	7	1
1	3	2	8	7	6	4	5	9
2	8	9	7	6	4	5	1	3
6	5	3	1	2	8	9	4	7
4	1	7	3	9	5	6	8	2

Brain Buster

2	9	5	3	4	6	1	8	7
4	3	8	7	1	5	6	2	9
1	7	6	2	8	9	4	5	3
8	2	1	4	9	3	5	7	6
9	6	4	1	5	7	8	3	2
3	5	7	6	2	8	9	1	4
6	8	9	5	3	2	7	4	1
7	4	3	8	6	1	2	9	5
5	1	2	9	7	4	3	6	8

Whatever Next?

39 – Working clockwise from the top, the figures represent the running total of numbers in preceding two points of the star, ending with the number in the centre.

Brain Teaser

€48

Page 42

Mind Over Matter

The value of the letter in the central square is the difference between the sum total of the values of the letters in the top left and bottom right squares and the sum total of the values of the letters in the top right and bottom left squares. Thus the missing value is 16, so the missing letter is P.

Double Fun Sudoku

Tasty Teaser

9	1	2	3	6	4	8	7	5
5	8	4	1	9	7	3	6	2
6	3	7	2	8	5	9	1	4
8	9	3	5	2	6	7	4	1
7	2	5	8	4	1	6	9	3
4	6	1	7	3	9	2	5	8
1	4	8	9	7	2	5	3	6
3	7	6	4	5	8	1	2	9
2	5	9	6	1	3	4	8	7

Brain Buster

9	8	4	5	3	1	6	7	2
2	5	7	6	9	8	1	3	4
6	3	1	4	7	2	8	9	5
5	7	9	1	2	4	3	6	8
3	1	8	7	5	6	4	2	9
4	6	2	9	8	3	5	1	7
8	2	5	3	1	9	7	4	6
1	9	6	8	4	7	2	5	3
7	4	3	2	6	5	9	8	1

Codeword Conundrum

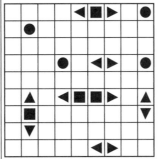

Futoshiki

3	1	4	2	5
5	3	2	4	1
1	4	5	3	2
2	5	3	1	4
4	2	1	5	3

High-Speed Crossword

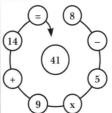

1 Minute Number Crunch

Beginner
61 + 17 = 78, 78 ÷ 6 = 13, 13 + 44 = 57, 57 ÷ 3 = 19, 19 + 43 = 62, 50% of 62 = 31, 31 + 193 = 224

Intermediate
83 x 2 = 166, 166 − 79 = 87, 87 ÷ 3 = 29, 29 x 5 = 145, 145 ÷ 5 x 4 = 116, 116 + 87 (116 ÷ 4 x 3) = 203, 203 + 68 = 271

Advanced
997 x 3 = 2991, 2991 + 509 = 3500, 32% of 3500 = 1120, 60% of 1120 = 672, 672 ÷ 3 x 2 = 448, 448 ÷ 16 x 5 = 140, 140 x 1.75 = 245

Page 43

Battleships

High-Speed Crossword

IQ Workout

B – The outer segment moves 90° anti-clockwise at each stage, the middle segment moves 180° and the inner segment moves 90° clockwise.

Wordwheel

The nine-letter word is: VANDALISE

Wordsearch Workout

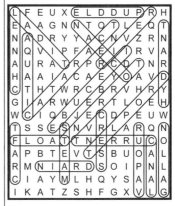

Double Fun Sudoku

Tasty Teaser

3	4	7	1	2	6	5	9	8
6	1	5	9	7	8	3	2	4
2	8	9	4	5	3	6	1	7
1	6	2	8	3	4	7	5	9
5	3	8	7	9	1	4	6	2
7	9	4	2	6	5	1	8	3
4	7	1	6	8	2	9	3	5
9	2	3	5	1	7	8	4	6
8	5	6	3	4	9	2	7	1

Brain Buster

9	4	8	1	2	5	7	3	6
5	1	6	3	7	8	4	9	2
7	2	3	9	6	4	8	1	5
6	5	4	8	9	7	3	2	1
3	8	7	2	5	1	9	6	4
2	9	1	4	3	6	5	7	8
8	6	5	7	1	9	2	4	3
4	7	2	6	8	3	1	5	9
1	3	9	5	4	2	6	8	7

Sum Circle

Page 44

1 Minute Number Crunch

Beginner
28 + 32 = 60, 60 x 4 = 240, 240 ÷ 2 = 120, 120 + 12 = 132, 132 ÷ 11 = 12, 12 x 7 = 84, 84 ÷ 4 = 21

Intermediate
515 ÷ 5 x 3 = 309, 309 + 206 (309 ÷ 3 x 2) = 515, 515 ÷ 5 = 103, 103 x 11 = 1133, 1133 x 2 = 2266, 2266 − 1278 = 988, 988 ÷ 4 = 247

Advanced
24^2 = 576, 576 ÷ 12 x 3 = 144, square root of 144 = 12, 12 x 1.25 = 15, 15 x 25 = 375, 375 ÷ 15 x 4 = 100, 100 ÷ 0.4 = 250

High-Speed Crossword

S	U	B	M	I	T	S		S	P	L	I	T
A		O		N		H		K		O		H
T	R	A	N	S	L	A	T	I	O	N		I
I			I		N			G				E
E	L	F	I	N		D	E	B	R	I	E	F
T		A		U		Y		O		T		
Y	E	S	M	A	N		A	N	N	U	A	L
	T		T		D		E		D		I	
R	O	E	D	E	E	R		C	R	E	A	M
I		N			Y		H			Y		I
N		I	M	P	E	R	T	I	N	E	N	T
G		N		A		O		N		O		E
S	A	G	G	Y		T	R	A	I	N	E	D

IQ Workout

8 – Add the numbers in the corresponding segments of the right and left squares to obtain the numbers in the middle square.

Codeword Conundrum

S	E	P	T	E	M	B	E	R		R	H	O	M	B
U		O		A		O		I		A		U		I
B	A	L	E	S		L	E	N	G	T	H	I	E	R
T		K		E		U		K		I		J		T
R	E	A	S	S	E	S	S		P	O	T	A	S	H
A		C		M		I		R		A			A	
C		O		B	I	N	G	O			B		R	
T	R	A	U	M	A		G		F	I	L	L	I	P
	U		R		S	A	L	V	E		E		A	
	S		G		S		E		S		A		R	
W	H	E	E	Z	Y		D	I	S	Q	U	I	E	T
H		Y		O		A		O		U		D		I
A	D	R	E	N	A	L	I	N		A	X	L	E	S
C		I		A		A		I		S		E		A
K	N	E	L	L		S	A	C	C	H	A	R	I	N

Tasty Teaser

3	7	1	2	4	9	6	5	8
9	5	4	8	3	6	2	7	1
2	6	8	7	5	1	9	3	4
4	9	3	1	6	7	5	8	2
7	1	2	5	9	8	4	6	3
6	8	5	3	2	4	7	1	9
1	4	6	9	7	3	8	2	5
8	2	7	4	1	5	3	9	6
5	3	9	6	8	2	1	4	7

Brain Buster

4	2	6	3	5	1	7	8	9
9	5	7	6	8	2	4	1	3
8	3	1	4	7	9	2	5	6
6	9	5	2	1	3	8	4	7
1	8	3	7	4	6	5	9	2
7	4	2	8	9	5	6	3	1
2	1	9	5	6	4	3	7	8
5	6	8	1	3	7	9	2	4
3	7	4	9	2	8	1	6	5

Spidoku

Page 45

Logi-Six

E	D	F	C	B	A
B	C	A	E	F	D
A	E	B	F	D	C
D	F	E	A	C	B
F	B	C	D	A	E
C	A	D	B	E	F

High-Speed Crossword

U	N	S	E	T	T	L	E	D		S	E	T
N		T		R		U		C		A		
T	E	A	B	A	G		E	M	B	O	S	S
O		P		C		O		P		R		T
	G	L	U	T		B	E	S	I	E	G	E
C		E		O		V				D		B
A			T	R	A	I	P	S	E			U
U		D			A		P		P		D	
T	H	O	U	G	H	T		I	D	L	Y	
I		T		L		E		N		A		F
O	P	T	I	O	N		F	A	J	I	T	A
U		E		S				C		T		N
S	A	D		S	Y	N	T	H	E	S	I	S

Brain Buster

7	8	4	1	5	3	2	9	6
9	3	5	2	8	6	4	1	7
6	2	1	9	4	7	8	3	5
1	5	3	7	2	4	9	6	8
8	6	9	3	1	5	7	4	2
2	4	7	8	6	9	3	5	1
5	9	6	4	7	2	1	8	3
4	1	2	5	3	8	6	7	9
3	7	8	6	9	1	5	2	4

Wordsearch Workout

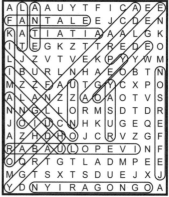

Double Fun Sudoku

Tasty Teaser

6	2	7	4	1	9	5	8	3
1	4	5	7	3	8	2	9	6
9	8	3	2	5	6	4	7	1
2	5	6	3	8	4	9	1	7
4	3	8	9	7	1	6	5	2
7	1	9	6	2	5	8	3	4
8	7	2	5	6	3	1	4	9
5	6	4	1	9	7	3	2	8
3	9	1	8	4	2	7	6	5

Matchstick Magic

The matchstick which has been removed is outlined.

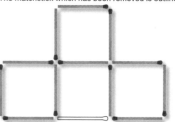

Brain Teaser

P – Jump one letter then two letters, etc: AbCdeFgHijKlMnoP

1 Minute Number Crunch

Beginner
55 x 3 = 165, 165 ÷ 15 = 11, 11 x 2 = 22, 22 + 8 = 30, 50% of 30 = 15, 15 x 9 = 135, 135 − 60 = 75

Intermediate
567 ÷ 9 = 63, 63 x 5 = 315, 315 + 15 x 8 = 168, 168 ÷ 3 = 56, 56 + 297 = 353, 353 + 353 = 706, 706 − 49 = 657

Advanced
97 x 3 = 291, 291 + 857 = 1148, 1148 x 2 = 2296, 2296 x 0.375 = 861, 861 + 228 = 1089, square root of 1089 = 33, 33 x 111 = 3663

Page 46

Codeword Conundrum

Double Fun Sudoku

Tasty Teaser

2	9	6	5	8	7	4	3	1
7	5	8	3	4	1	9	2	6
4	1	3	2	9	6	5	8	7
8	3	1	4	2	9	6	7	5
6	2	4	7	5	3	8	1	9
5	7	9	6	1	8	3	4	2
3	4	2	1	6	5	7	9	8
1	8	5	9	7	4	2	6	3
9	6	7	8	3	2	1	5	4

Brain Buster

8	6	2	1	7	5	9	3	4
5	4	1	3	9	8	7	6	2
9	7	3	2	4	6	8	1	5
4	2	8	7	3	9	1	5	6
3	1	7	6	5	4	2	8	9
6	9	5	8	1	2	3	4	7
2	5	9	4	8	1	6	7	3
7	8	4	9	6	3	5	2	1
1	3	6	5	2	7	4	9	8

Pyramid Plus

A=47, B=18, C=12, D=139, E=73, F=65, G=30, H=151, I=212, J=95, K=181, L=363, M=276, N=544, O=820.

Work it Out

4 – The numbers in each horizontal row total 42, 44, 46, 48, 50, 52 and 54.

High-Speed Crossword

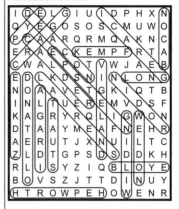

1 Minute Number Crunch

Beginner
76 + 44 = 120, 25% of 120 = 30, 30 + 12 = 42, 42 ÷ 6 = 7, 7 + 55 = 62, 62 ÷ 2 = 31, 31 + 42 = 73

Intermediate
1231 − 693 = 538, 538 ÷ 2 = 269, 269 + 37 = 306, 306 ÷ 18 x 5 = 85, 85 x 4 = 340, 340 − 34 (10% of 340) = 306, 306 ÷ 9 = 34

Advanced
91 x 11 = 1001, 1001 − 869 = 132, 132 ÷ 6 x 5 = 110, 110 + 33 (30% of 110) = 143, 143 ÷ 0.25 = 572, 572 + 38 = 610, 80% of 610 = 488

Page 47

High-Speed Crossword

I	L	L	D	I	S	P	O	S	E	D		A
N		O		E		W		E	N	D		D
S	P	E	C	T	A	C	L	E		L		D
E			S		P		T		R			
T	U	I	T	I	O	N		T	R	A	C	E
		R		N		T		U		S		
C	E	R	I	S	E		I	N	L	A	W	S
O		T		D		M		E				
U	L	C	E	R		B	E	T	R	A	Y	S
R		L		O		L			N
I		I		M	I	S	E	R	A	B	L	E
E	L	M		E			S		R			E
R		B	L	O	O	D	S	U	C	K	E	R

Summing Up

32	16	**20**	25	38	32
34	**27**	29	15	28	30
40	32	27	**21**	12	31
9	48	28	33	17	28
15	21	32	33	32	**30**
33	19	27	36	**36**	12

Domino Placement

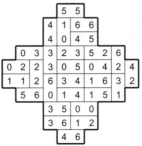

Wordsearch Workout

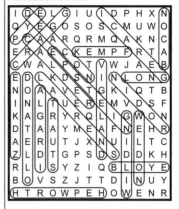

Double Fun Sudoku

Tasty Teaser

4	3	9	1	5	2	8	7	6
1	6	8	4	7	9	2	5	3
5	7	2	3	8	6	1	4	9
6	5	3	2	1	8	7	9	4
8	9	4	6	3	7	5	2	1
7	2	1	9	4	5	3	6	8
2	4	7	8	6	3	9	1	5
3	1	5	7	9	4	6	8	2
9	8	6	5	2	1	4	3	7

Brain Buster

2	5	3	9	4	8	6	1	7
4	7	8	6	1	3	5	9	2
9	1	6	2	5	7	3	8	4
8	3	4	7	9	2	1	5	6
1	2	9	3	6	5	4	7	8
7	6	5	1	8	4	2	3	9
6	8	7	4	3	1	9	2	5
5	4	1	8	2	9	7	6	3
3	9	2	5	7	6	8	4	1

Whatever Next?

N – Start from the top and move clockwise, first 2 places forwards, then 3 back, 4 forwards, 5 back, 6 forwards (N), then 7 back, to G.

Brain Teaser

5
4
6
There are three sequences:
1,2,3,4,5 alternating top row/second row;
0,1,2,3,4 alternating second row/third row; and
2,3,4,5,6 alternating third row/first row.

Page 48

Mind Over Matter

The value of the letter in the bottom right square is the sum total of the values in the top squares minus that of the values in the bottom left and centre. Thus the missing value is 5, so the missing letter is E.

Double Fun Sudoku

Tasty Teaser

4	5	7	1	6	2	9	3	8
3	1	8	5	9	7	2	4	6
6	9	2	4	3	8	7	1	5
1	4	9	3	8	6	5	2	7
2	6	5	7	1	4	3	8	9
7	8	3	9	2	5	4	6	1
8	3	1	2	5	9	6	7	4
9	7	6	8	4	3	1	5	2
5	2	4	6	7	1	8	9	3

Brain Buster

5	2	9	8	1	7	6	3	4
7	8	3	9	4	6	5	1	2
4	1	6	5	3	2	8	7	9
1	6	5	2	7	8	4	9	3
8	3	7	4	9	5	2	6	1
2	9	4	3	6	1	7	8	5
3	5	1	7	8	4	9	2	6
6	7	2	1	5	9	3	4	8
9	4	8	6	2	3	1	5	7

Codeword Conundrum

P	A	R	S	N	I	P		C	H	A	F	E	D
I		O		E		L	A	V	A		X		I
P	I	V	O	T		U		P		L		S	
E		E		W	I	C	K		S	I	E	S	T	A
R	O	D	E	O		K	I	W	I		Q		P
	I		R		N		Z		U		U		P
F	L	U	N	K		A	D	J	E	C	T	I	V	E
I		N		E		I		O		O		R		A
G	U	A	R	D	E	D	L	Y		M	O	T	O	R
U		G		M		A		B			W		
R		E		P	R	I	M		A	N	N	E	X
I	N	D	I	G	O		R	U	N	T		E		Y
N		D		W		F		A	N	V	I	L	
E		O		E	M	I	T		N		E		E	
S	C	A	L	A	R			I	N	T	E	R	I	M

Futoshiki

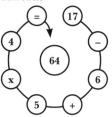

1	2	3	5	4
2	3	5	4	1
4	5	1	3	2
5	4	2	1	3
3	1	4	2	5

High-Speed Crossword

L	A	D	S		W	A	I	T	R	E	S	S
I		W		H		D		E		P		
A	L	O	E	V	E	R	A		S	T	E	P
I		A		R		H		I		C		
S	U	B	T	L	E		O	U	T	F	I	T
E		E		A		P		F				
	C	A	R	D	S		A	S	S	A	Y	
	H		E		B		T			R		
C	A	S	I	N	G		S	P	O	N	G	E
	R		N		U		C		M			C
W	A	S	P		A	D	O	R	A	B	L	E
	D		U		V		N		N		C	D
W	E	S	T	W	A	R	D		H	O	M	E

1 Minute Number Crunch

Beginner
62 + 44 = 106, 106 ÷ 2 = 53, 53 + 7 = 60, 60 ÷ 4 = 15, 15 x 5 = 75, 75 ÷ 3 x 2 = 50, 50 + 178 = 228

Intermediate
5321 − 2696 = 2625, 2625 ÷ 15 = 175, 175 ÷ 5 x 4 = 140, 140 + 28 (20% of 140) = 168, 168 ÷ 3 = 56, 56 x 1.25 = 70, 70 + 21 (30% of 70) = 91

Advanced
468 x 2 = 936, 936 ÷ 24 = 39, 39 x 11 = 429, 429 ÷ 3 = 143, 143 x 6 = 858, 858 + 1144 = 2002, 2002 ÷ 11 x 7 = 1274

Page 49

1 Minute Number Crunch

Beginner
193 + 27 = 220, 10% of 220 = 22, 22 + 27 = 49, 49 ÷ 7 = 7, 7 + 16 = 23, 23 x 2 = 46, 46 + 8 = 54

Intermediate
414 ÷ 9 x 2 = 92, 92 x 5 = 460, 460 x 0.7 = 322, 322 ÷ 2 = 161, 161 + 122 = 283, 283 x 2 = 566, 566 − 127 = 439

Advanced
72 x 18 = 1296, 1296 ÷ 8 x 3 = 486, 486 ÷ 18 x 7 = 189, 189 + 83 = 272, 272 ÷ 17 x 14 = 224, 12.5% of 224 = 28, 28 ÷ 0.2 = 140

High-Speed Crossword

S	I	G	N		A	R	T	I	S	T	I	C
T		H		V		A		N		R		A
A	D	A	M	A	N	T		C	H	I	L	L
L		N		R		I		O		V		V
K	H	A	K	I		F	E	R	T	I	L	E
E		C		Y		P		A		U		
R	E	T	O	O	K		D	O	G	L	E	G
	H		S		S		R				O	
H	A	R	V	E	S	T		A	S	K	E	D
O		O		R		T		O		D		
M	A	N	G	E		A	C	E	T	A	T	E
E		G		I		I		D		L		S
R	E	S	O	N	A	T	E		E	A	T	S

Partitions

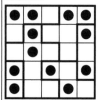

Wordwheel

The nine-letter word is: PHRENETIC

Wordsearch Workout

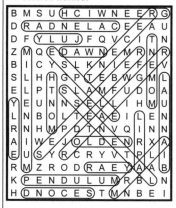

Double Fun Sudoku

Tasty Teaser

5	1	3	6	4	9	8	7	2
2	7	4	8	5	3	1	9	6
8	9	6	1	2	7	3	5	4
3	8	5	7	6	2	9	4	1
1	4	9	3	8	5	2	6	7
7	6	2	4	9	1	5	8	3
9	5	1	2	7	6	4	3	8
4	3	7	9	1	8	6	2	5
6	2	8	5	3	4	7	1	9

Brain Buster

8	5	4	7	6	3	9	1	2
2	1	9	4	5	8	6	7	3
7	3	6	2	9	1	8	5	4
6	4	5	8	7	9	2	3	1
3	8	1	5	2	4	7	6	9
9	7	2	3	1	6	4	8	5
4	2	7	6	3	5	1	9	8
5	9	8	1	4	7	3	2	6
1	6	3	9	8	2	5	4	7

Sum Circle

Circle with values: = , 17, 4, −, x, 6, 5, +, centre 64

Page 50

1 Minute Number Crunch

Beginner
67 + 83 = 150, 150 x 2 = 300, 20% of 300 = 60, 60 ÷ 4 = 15, 15 + 23 = 38, 38 ÷ 19 = 2, 2 x 44 = 88

Intermediate
62 – 37 = 25, 25 x 13 = 325, 325 ÷ 5 x 3 = 195, 195 ÷ 15 x 4 = 52, 52 ÷ 4 = 13, 13 x 7 = 91, 91 – 19 = 72

Advanced
149 x 5 = 745, 40% of 745 = 298, 298 + 2 = 300, 58% of 300 = 174, 174 + 58 (174 ÷ 3) = 232, 232 ÷ 8 x 5 = 145, 145 ÷ 5 x 4 = 116

High-Speed Crossword

I	S	O	L	D	E		F		B			P
	N		Y		E	L	G	R	E	C	O	
F	A	M	I	N	E		U		O		N	
	R		A		R	E	L	A	T	E	D	
U	L	T	I	M	O			D			E	
P		N	O	V	I	C	E	S			R	
H	E	M	S		I		L		I	N	T	O
O		A	N	D	R	O	I	D			U	
L		T			G	N	E	I	S	S		
S	L	E	I	G	H	T		M		M		
T		A		U		B	A	R	R	E	L	
E	G	O	T	I	S	M		T		L		
R		E		H		A	E	R	A	T	E	

IQ Workout

The pentagon which has only 5 sides (odd number). The others have an even number of sides.

Codeword Conundrum

P	E	R	M	E	A	B	L	E		D		J		C
E		U		C		O		D	E	T	A	C	H	
P	R	E	S	C	R	I	B	E		N		C		E
S		H		I		Q	U	I	C	K	E	N		
I	M	P	R	O	M	P	T	U		Z		D		I
N		O		O		A	G	E		A		A		L
	S	C	O	R	N	F	U	L		N	E	W	E	L
S		M		Y		R		V		N				E
E	X	I	S	T		I	N	T	E	R	C	O	M	
R		N		R	U	N		H		H			A	
V		V		A		S	O	M	E	T	I	M	E	S
I	M	A	G	I	N	E		M		L			P	
N		L		L		T	O	L	E	R	A	N	C	E
G	L	I	D	E	R		D		N		D		C	
S		D		R		R	E	S	T	R	A	I	N	T

Tasty Teaser

4	8	6	9	7	2	3	5	1
9	5	1	4	6	3	7	2	8
2	3	7	1	5	8	4	6	9
7	2	3	5	8	6	1	9	4
5	4	8	3	9	1	6	7	2
6	1	9	7	2	4	5	8	3
8	9	4	6	1	7	2	3	5
1	7	2	8	3	5	9	4	6
3	6	5	2	4	9	8	1	7

Brain Buster

7	5	6	4	8	9	2	1	3
4	1	9	3	2	7	5	8	6
2	3	8	6	5	1	7	4	9
3	6	4	1	7	5	9	2	8
1	7	2	9	6	8	3	5	4
8	9	5	2	3	4	1	6	7
5	2	7	8	4	3	6	9	1
6	8	1	7	9	2	4	3	5
9	4	3	5	1	6	8	7	2

Spidoku

Page 51

Logi-Six

F	D	C	E	B	A
A	C	E	F	D	B
E	A	B	D	C	F
B	E	A	C	F	D
D	B	F	A	E	C
C	F	D	B	A	E

High-Speed Crossword

P	O	S	T	P	O	N	E		B	E	T	S
U		H		A		O		A				P
F		I		S	T	E	R	R	I	N	E	
F	I	N	E	S	S	E		N				E
		E			E	D	U	C	A	T	E	D
F	A	R	R	O	W		N		C			W
O			I		I		E		L			A
R		S		N		A	G	E	N	C	Y	
M	A	R	S	H	G	A	S		E			
E		O		R	E	S	T	A	R	T		
R	O	U	L	E	A	U		U		T		O
L		E		B		C		E		E		M
Y	A	M	S		W	A	R	H	O	R	S	E

Brain Buster (Page 50)

7	5	6	4	8	9	2	1	3

Wordsearch Workout

Double Fun Sudoku

Tasty Teaser

2	3	7	6	4	8	9	1	5
4	8	5	1	9	7	2	6	3
1	6	9	3	2	5	8	7	4
6	2	1	4	8	3	7	5	9
7	9	3	5	6	1	4	8	2
5	4	8	9	7	2	6	3	1
8	1	4	7	5	9	3	2	6
3	7	6	2	1	4	5	9	8
9	5	2	8	3	6	1	4	7

Brain Buster

2	3	6	8	1	7	9	5	4
7	9	4	2	6	5	8	1	3
1	8	5	4	3	9	2	6	7
8	4	2	7	5	1	3	9	6
5	6	7	9	8	3	4	2	1
9	1	3	6	2	4	5	7	8
4	2	9	1	7	8	6	3	5
3	7	8	5	9	6	1	4	2
6	5	1	3	4	2	7	8	9

Matchstick Magic

The matchsticks which have been moved are outlined.

Brain Teaser

35 (5 x 7)

Simple as A, B, C

A	B	B	C	C	A
A	C	A	B	B	C
C	A	B	C	A	B
C	B	A	B	C	A
B	C	C	A	A	B
B	A	C	A	B	C

Page 52

Codeword Conundrum

N	E	B	U	L	A	R		M	E	A	S	L	E	S
I		E		O		I		G						L
G	L	A	M	O	R	O	U	S		L	L	A	M	A
H		U		C		F		E		O		B		N
T	A	X	I	E	D		D	R	A	W	L	I	N	G
C			A		W		I		L					
L		J	I	N	G	O	I	S	M		D	I	S	C
U		U		S		V		K		L		T		H
B	O	M	B		S	E	N	I	L	I	T	Y		A
		P		K		N		Q						M
J	O	I	N	T	I	N	G		M	U	Z	Z	L	E
U		N		I		E		M		I		I		L
R	I	G	H	T		A	V	O	I	D	A	N	C	E
O				H		R		T				G		O
R	E	G	R	E	S	S		H	A	L	C	Y	O	N

Double Fun Sudoku

Tasty Teaser

7	5	1	9	2	3	4	6	8
6	9	4	7	8	1	5	3	2
8	3	2	6	4	5	1	7	9
5	4	9	2	3	6	7	8	1
1	8	7	5	9	4	6	2	3
3	2	6	1	7	8	9	4	5
9	1	8	3	6	7	2	5	4
4	6	5	8	1	2	3	9	7
2	7	3	4	5	9	8	1	6

Brain Buster

6	2	3	1	8	5	4	9	7
1	8	4	3	7	9	6	2	5
9	5	7	4	6	2	1	8	3
5	9	8	7	4	6	3	1	2
4	3	1	2	9	8	5	7	6
7	6	2	5	1	3	8	4	9
3	1	5	8	2	7	9	6	4
8	7	6	9	3	4	2	5	1
2	4	9	6	5	1	7	3	8

Pyramid Plus

A=78, B=85, C=145, D=144, E=138, F=163, G=230, H=289, I=282, J=393, K=519, L=571, M=912, N=1090, O=2002.

Work it Out

22 – Reading down each column, the sequence of numbers is the first number minus 1 equals the second number plus 2 equals the third number minus 3 equals the fourth number plus 4 equals the fifth number minus 5 equals the sixth number plus 6 equals the seventh number.

High-Speed Crossword

1 Minute Number Crunch

Beginner
140 ÷ 7 = 147, 147 x 2 = 294, 294 − 4 = 290, 290 ÷ 5 = 58, 58 x 2 = 116, 116 + 5 = 121, 121 ÷ 11 = 11

Intermediate
66 x 3 = 198, 198 + 426 = 624, 624 ÷ 6 x 5 = 520, 520 ÷ 20 x 17 = 442, 442 x 2 = 884, 75% of 884 = 663, 663 − 129 = 534

Advanced
38 x 16 = 608, 608 ÷ 8 x 3 = 228, 228 ÷ 19 x 5 = 60, 60 + 45% = 87, 87 + 58 (87 ÷ 3 x 2) = 145, 145 ÷ 29 x 27 = 135, 135 ÷ 15 x 11 =·99

Page 53

High-Speed Crossword

Summing Up

44	18	30	26	52	**44**
60	35	18	25	39	37
21	**59**	35	51	25	23
57	43	39	**19**	17	39
18	27	**50**	51	39	29
14	32	42	42	**42**	42

1 Minute Number Crunch

Beginner
142 + 38 = 180, 180 ÷ 3 = 60, 60 ÷ 6 = 10, 10 x 17 = 170, 170 ÷ 2 = 85, 85 ÷ 5 = 17, 17 + 37 = 54

Intermediate
307 x 2 = 614, 614 + 828 = 1442, 1442 ÷ 2 = 721, 721 − 135 = 586, 586 x 2 = 1172, 75% of 1172 = 879, 879 − 83 = 796

Advanced
3 to the power of 4 = 81, 81 x 5 = 405, 405 + 270 (405 ÷ 3 x 2) = 675, 675 + 375 (675 ÷ 9 x 5) = 1050, 1050 + 39 = 1089, square root of 1089 = 33, 33 x 15 = 495

Wordsearch Workout

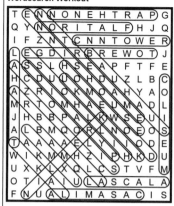

Double Fun Sudoku

Tasty Teaser

1	3	4	9	5	2	8	7	6
9	7	5	8	6	1	3	4	2
8	2	6	3	4	7	1	9	5
5	9	2	4	7	8	6	3	1
7	1	8	6	3	5	4	2	9
4	6	3	1	2	9	7	5	8
6	5	9	7	8	3	2	1	4
3	4	1	2	9	6	5	8	7
2	8	7	5	1	4	9	6	3

Brain Buster

5	2	4	3	1	9	6	8	7
7	6	8	5	2	4	3	1	9
9	3	1	7	6	8	5	2	4
2	4	5	1	9	3	8	7	6
6	8	7	2	4	5	1	9	3
3	1	9	6	8	7	2	4	5
4	5	2	9	3	1	7	6	8
8	7	6	4	5	2	9	3	1
1	9	3	8	7	6	4	5	2

Whatever Next?

91 – Working clockwise from the top, 127−49=78+23=101−10=91.

Brain Teaser

14

Page 54

Mind Over Matter

The value of the letter in the central square is the value of the letter in each top square minus the value of the letter in the bottom square diagonally opposite. Thus the missing value is 14, so the missing letter is N.

Double Fun Sudoku

Tasty Teaser

8	9	2	7	4	6	5	1	3
3	7	1	9	5	2	6	8	4
5	4	6	1	8	3	7	2	9
6	8	5	4	2	7	9	3	1
2	1	4	6	3	9	8	7	5
7	3	9	5	1	8	4	6	2
4	2	3	8	7	5	1	9	6
1	6	8	2	9	4	3	5	7
9	5	7	3	6	1	2	4	8

Brain Buster

3	7	5	4	6	9	8	1	2
8	9	1	3	2	5	4	7	6
6	4	2	8	7	1	9	5	3
5	2	9	7	3	6	1	8	4
4	6	3	1	5	8	2	9	7
1	8	7	2	9	4	3	6	5
7	1	8	5	4	2	6	3	9
9	3	4	6	1	7	5	2	8
2	5	6	9	8	3	7	4	1

Codeword Conundrum

E	M	P	O	R	I	U	M		A		T		J
I		A		E		P		S	L	E	A	Z	E
C	H	I	L	D	L	E	S	S		G	B		W
H		P		I			W	H	E	E	L	I	E
O	B	E	I	S	A	N	C	E		B	E		L
R		T		B		E	R	R		A	L		L
	H	E	A	D	L	A	M	P		A	M	U	S	E
Q		T		Y		O	P		U		R		R
U	M	B	E	L		P	A	N	E	L	L	E	D
I		E		E	K	E		R		T			W
P		H		G		R	E	M	I	N	I	S	C	E
S	E	A	S	I	C	K		N		P			I
T		V		B		Y	O	D	E	L	L	I	N	G
E	V	E	N	L	Y		W		A		E		H
R		D		E		R	E	F	L	E	X	E	S

Futoshiki

5	1 <	4	3 >	2
1	4	2	5	3
4	5	3 >	2	1
3	2	5	1	4
2	3	1	4	5

High-Speed Crossword

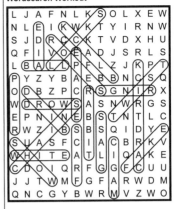

D	R	A	M		M	E	D	I	O	C	R	E
I		P		S		L		R		O		Z
S	P	A	T	I	A	L		R	A	R	E	R
H		R		M		E		S		A		
E	N	T	H	U	S	I	A	S	T	I	C	
V			L		N		I		C		C	
E	R	G		T	O	G	A	S		A	S	H
L		R		A		O		T				A
	M	A	L	N	U	T	R	I	T	I	O	N
A		N		E			B		D		C	
R	E	T	R	O		B	E	L	I	E	V	E
E		E		U		O		E		A		R
S	I	D	E	S	H	O	W		A	L	L	Y

1 Minute Number Crunch

Beginner
85 x 3 = 255, 255 – 165 = 90, 50% of 90 = 45, 45 ÷ 9 x 2 = 10,
10 + 130 = 140, 140 ÷ 2 = 70, 70 + 15 = 85

Intermediate
19 x 4 = 76, 76 + 38 = 114, 114 ÷ 3 = 38, 38 + 116 = 154, 50%
of 154 = 77, 77 x 7 = 539, 539 ÷ 11 x 4 = 196

Advanced
332 x 4 = 1328, 1328 – 415 (1328 ÷ 16 x 5) = 913, 913 – 586
= 327, 327 ÷ 3 x 2 = 218, 218 + 694 = 912, 912 ÷ 8 x 5 = 570,
570 ÷ 19 x 17 = 510

Page 55

Domino Placement

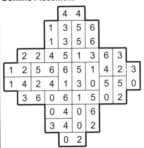

			4	4			
	1	3	5	6			
	1	3	5	6			
2	2	4	5	1	3	6	3
1	2	5	6	6	5	1	4	2	3
1	4	2	4	1	3	0	5	5	0
3	6	0	6	1	5	0	2
		0	4	0	6		
		3	4	0	2		
			0	2			

High-Speed Crossword

C	U	P	I	D		B	U	S	H	I	N	G
A		O		I	D	O		E		C		A
S	E	L	L	S		B		A	L	E	R	T
T		Y		R	B		T		D			E
A		P	R	O	P	E	N	S	I	T	Y	
W			B		D			E			E	J
A	B	I	D	E	D		E	S	C	A	P	E
Y		N			A		W					T
	D	R	U	G	A	D	D	I	C	T		T
U		O		U		V		F		E		I
R	E	A	L	M		E		T	I	T	U	S
A		D		B		N	I	L		R		O
L	O	S	E	O	U	T		Y	E	A	R	N

IQ Workout
F – It is the only one with a circle at the end of a line leading
from the shortest side.

Wordwheel
The nine-letter word is: BANDWAGON

Wordsearch Workout

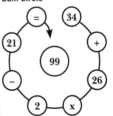

L J A F N L K S O L X E W
N L E I K W K T Y I R N W
S J D R C C K T V D X H U
Q F I V O E A D J S R L S
L B A L L P F L Z J K P T
P Y Z Y B A E B B N C S Q
O D B Z P C R S G N I R X
W D R O W S A S N W R G S
E P N I N E B S T N T L C
R W Z I B S B S Q I D Y E
S U A S F C I A C B R K V
W H I T E A T L I Q A E U
C D O I Q R F G G F C U U
J J T W M F G F A R W D M
Q N C G Y B W R M V Z W O

Double Fun Sudoku

Tasty Teaser

3	8	4	5	2	6	7	9	1
1	2	6	7	4	9	8	3	5
9	5	7	3	8	1	6	2	4
5	6	8	2	3	7	1	4	9
2	4	9	1	6	5	3	8	7
7	1	3	4	9	8	2	5	6
6	7	2	8	5	4	9	1	3
8	9	5	6	1	3	4	7	2
4	3	1	9	7	2	5	6	8

Brain Buster

9	7	5	1	2	8	3	4	6
1	4	6	3	5	7	9	2	8
3	8	2	6	9	4	5	1	7
4	3	7	9	6	1	2	8	5
6	2	1	8	4	5	7	9	3
8	5	9	7	3	2	1	6	4
7	9	4	5	1	6	8	3	2
5	6	3	2	8	9	4	7	1
2	1	8	4	7	3	6	5	9

Sum Circle

$=$ 34
21   **99** $+$
$-$ 26
2   x

Page 56

1 Minute Number Crunch

Beginner
29 + 43 = 72, 72 ÷ 12 = 6, 6 + 8 = 14, 14 x 4 = 56, 56 – 11 = 45, 45 ÷ 9 x 2 = 10, 10 x 56 = 560

Intermediate
526 + 88 = 614, 614 ÷ 2 = 307, 307 – 58 = 249, 249 ÷ 3 x 2 = 166, 166 x 2 = 332, 332 ÷ 4 = 83, 83 x 6 = 498

Advanced
357 + 753 = 1110, 1110 ÷ 10 x 7 = 777, 777 + 518 (777 ÷ 3 x 2) = 1295, 1295 ÷ 5 = 259, 259 – 193 = 66, 66 + 86 = 152, 152 ÷ 19 x 17 = 136

High-Speed Crossword

S	C	R	I	M	P	■	P	■	G	■	L	■
Y	■	O	■	■	S	T	A	L	L	I	O	N
N	E	A	P	■	A	■	R	■	E	■	O	■
O	■	M	A	L	L	E	T	■	N	E	S	T
P	■	■	T	■	M	■	N	■	E	■	■	■
S	H	E	E	P	■	P	E	R	T	U	R	B
I	■	N	■	R	■	R	■	O	■	■	■	E
S	C	A	T	T	E	R	■	W	I	V	E	S
■	R	■	■	F	■	V	■	L	■	■	■	O
G	A	G	A	■	E	N	A	M	E	L	■	T
■	T	■	W	■	R	■	L	■	T	O	U	T
R	E	T	R	I	E	V	E	■	■	F	■	E
■	R	■	Y	■	E	■	T	E	S	T	E	D

IQ Workout

29 – Prime numbers 6th to 13th.

Codeword Conundrum

O	B	J	E	C	T	■	E	L	O	Q	U	E	N	T
U	■	U	■	A	■	M	■	U	■	V	■	E	■	■
I	G	N	O	R	A	M	U	S	■	A	M	A	Z	E
J	■	I	■	T	■	I	■	A	■	K	■	S	■	N
A	S	P	I	R	I	N	■	B	R	E	V	I	T	Y
■	■	E	■	I	■	U	■	R	■	■	■	O	■	■
S	H	R	E	D	■	S	W	E	E	T	E	N	E	R
U	■	■	G	■	■	O	■	A	■	■	■	■	■	O
P	O	S	S	E	S	S	E	D	■	N	O	M	A	D
■	■	E	■	■	W	■	R	■	G	■	■	O	■	■
M	I	X	T	U	R	E	■	O	N	E	R	O	U	S
I	■	T	■	N	■	A	■	S	■	R	■	N	■	I
S	C	A	R	F	■	T	E	S	T	I	F	I	E	D
E	■	N	■	I	■	O	■	■	■	N	■	N	■	L
R	O	T	A	T	I	O	N	■	B	E	A	G	L	E

Tasty Teaser

7	8	9	3	1	2	4	6	5
5	4	2	8	6	9	7	3	1
6	3	1	5	7	4	8	2	9
3	6	7	2	8	1	5	9	4
8	1	4	9	5	3	2	7	6
2	9	5	7	4	6	3	1	8
1	5	8	6	2	7	9	4	3
4	7	3	1	9	8	6	5	2
9	2	6	4	3	5	1	8	7

Brain Buster

1	7	8	3	9	5	2	6	4
3	9	4	2	7	6	8	1	5
6	5	2	4	8	1	9	7	3
7	2	6	1	3	9	5	4	8
9	3	1	8	5	4	6	2	7
8	4	5	7	6	2	1	3	9
4	8	9	6	1	3	7	5	2
5	6	3	9	2	7	4	8	1
2	1	7	5	4	8	3	9	6

Spidoku

Page 57

Logi-Six

E	D	F	C	B	A
A	C	B	F	E	D
B	F	A	E	D	C
C	B	E	D	A	F
D	A	C	B	F	E
F	E	D	A	C	B

High-Speed Crossword

■	S	T	A	T	U	S	S	Y	M	B	O	L
P	■	A	■	A	■	C	■	A	■	U	■	U
H	I	L	L	S	■	A	■	C	O	R	D	S
Y	■	O	■	T	O	M	■	H	■	N	■	T
S	U	N	N	I	■	P	E	T	R	I	F	Y
I	■	■	I	■	N	■	■	I	■	S	■	■
C	L	E	R	G	Y	■	G	R	A	H	A	M
■	■	Y	■	■	T	■	E	■	■	■	■	A
O	V	E	R	S	E	E	■	D	O	L	L	Y
U	■	W	■	T	■	H	E	R	■	H	■	S
I	T	A	L	Y	■	R	■	E	R	A	S	E
J	■	S	■	L	■	A	■	S	■	S	■	M
A	S	H	W	E	D	N	E	S	D	A	Y	■

Wordsearch Workout

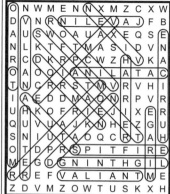

Double Fun Sudoku

Tasty Teaser

1	8	7	2	5	6	3	9	4
2	6	9	3	4	8	7	1	5
5	4	3	1	9	7	8	6	2
7	5	8	9	2	4	1	3	6
9	2	1	7	6	3	4	5	8
4	3	6	8	1	5	9	2	7
6	9	2	4	8	1	5	7	3
3	1	5	7	2	6	8	9	9
8	7	5	6	3	9	2	4	1

Brain Buster

8	1	2	4	3	6	5	7	9
9	5	6	8	1	7	4	2	3
3	4	7	2	5	9	8	1	6
6	7	4	5	9	2	1	3	8
2	9	5	3	8	1	6	4	7
1	3	8	7	6	4	2	9	5
5	8	1	9	2	3	7	6	4
4	6	3	1	7	8	9	5	2
7	2	9	6	4	5	3	8	1

Matchstick Magic

The matchsticks which have been moved are outlined.

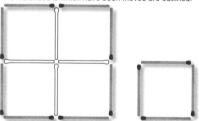

Brain Teaser

4 – The numbers are the number of letters in the question.

Domino Placement

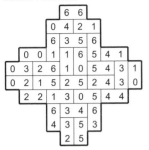

Page 58

Codeword Conundrum

P	A	S	S	I	V	E		T	R	A	P	E	Z	E
I		K		A		E		L			L			A
Q	U	I	C	K	S	T	E	P		I	N	F	E	R
U		D		E		S		I		B		L		L
A	B	S	E	N	T		A	D	V	I	S	O	R	Y
N			N		N		O		E			R		
T		G	R	E	E	N	E	S	T		J	I	B	E
L		R		L		Y		L		R		S		P
Y	E	A	R		E	X	H	A	L	A	N	T		H
		N		L		B		V		E				E
E	P	I	D	E	M	I	C		W	I	G	W	A	M
L		T		M		S		P		N		A		E
I	L	E	U	M		S	L	A	U	G	H	T	E	R
D			E		U		W			E		E		A
E	P	I	S	T	L	E		N	O	S	T	R	I	L

Double Fun Sudoku

Tasty Teaser

2	5	1	9	6	8	4	3	7
6	3	8	4	7	5	9	1	2
9	7	4	2	3	1	5	8	6
5	9	6	3	1	2	7	4	8
8	4	7	6	5	9	3	2	1
1	2	3	8	4	7	6	9	5
4	1	5	7	2	3	8	6	9
3	8	2	5	9	6	1	7	4
7	6	9	1	8	4	2	5	3

Brain Buster

4	9	2	6	7	5	3	1	8
6	8	3	2	9	1	4	7	5
1	7	5	4	3	8	2	6	9
8	6	4	1	2	9	5	3	7
9	2	1	7	5	3	6	8	4
5	3	7	8	4	6	9	2	1
2	1	6	9	8	4	7	5	3
7	5	9	3	1	2	8	4	6
3	4	8	5	6	7	1	9	2

Pyramid Plus

A=29, B=72, C=69, D=138, E=110, F=101, G=141, H=207, I=248, J=242, K=348, L=455, M=590, N=803, O=1393.

Work it Out

4320 – Reading across each row, multiply the first number by 6, then multiply the number which results by 5, then multiply the number which results by 4, then multiply the number which results by 3, then multiply the number which results by 2.

High-Speed Crossword

C	A	P	T	O	R		S	L	I	C	E	R
L		I		H		H		M			M	A
A	P	L	O	M	B		O	P			S	
N		A		A	I	R	B	R	U	S	H	
S	C	U	D		T		T	E		H		
	R		E	N	T	I	C	E	S		A	
B	A	R	S		L		H		S	I	R	E
	V		I	T	E	R	A	T	E		K	
	A		G		F		N		D	O	S	S
S	T	A	N	D	I	N	G		H			P
A			I		E		E	R	R	A	T	A
Y		N			L			I		R		T
S	T	A	G	E	D		I	M	P	E	D	E

1 Minute Number Crunch

Beginner
86 ÷ 2 = 43, 43 + 19 = 62, 62 ÷ 2 = 31, 31 x 3 = 93, 93 + 27 = 120, 120 ÷ 6 = 20, 20 + 37 = 57

Intermediate
17 x 9 = 153, 153 ÷ 3 x 2 = 102, 102 + 586 = 688, 688 ÷ 8 x 3 = 258, 258 + 86 (258 ÷ 3) = 344, 344 ÷ 2 = 172, 172 ÷ 4 = 43

Advanced
62 x 9 = 558, 558 ÷ 6 x 5 = 465, 465 ÷ 15 x 8 = 248, 248 ÷ 8 x 5 = 155, 155 + 124 (155 ÷ 5 x 4) = 279, 279 + 62 (279 ÷ 9 x 2) = 341, 341 − 192 = 149

Page 59

High-Speed Crossword

D	W	A	R	F	E	D		C		F		D
E		I		L		R	E	L	I	E	V	E
P	E	R	V	A	D	E		O		A		A
T		R		P		W		V		S		L
H	O	A	R	S	E		M	E	T	T	L	E
S		I		J		O		E				R
	A	D	O	L	E	S	C	E	N	C	E	
B		N		C		H		H		H		R
O	D	D	E	S	T		A	L	L	E	G	E
T		R		C		A		A		M		L
H	A	O		C	E	N	T	I	M	E		
E	M	P	O	W	E	R		A		S		
R		E		L		E	M	I	N	E	N	T

IQ Workout

Clocks gain 3 hours 33 minutes, 2 hours 33 minutes, 1 hour 33 minutes and finally 33 minutes each time.

1 Minute Number Crunch

Beginner
69 + 33 = 102, 102 ÷ 2 = 51, 51 ÷ 3 = 17, 17 x 5 = 85, 85 + 9 = 94, 94 ÷ 2 = 47, 47 + 18 = 65

Intermediate
255 ÷ 3 = 85, 85 ÷ 5 x 3 = 51, 51 ÷ 17 x 8 = 24, 24 x 5 = 120, 40% of 120 = 48, 48 x 8 = 384, 384 ÷ 2 = 192

Advanced

74 x 8 = 592, 592 ÷ 16 x 11 = 407, 407 + 704 = 1111, 1111 − 777 = 334, 334 x 8 = 2672, 2672 ÷ 16 x 3 = 501, 501 + 835 = 1336

Wordsearch Workout

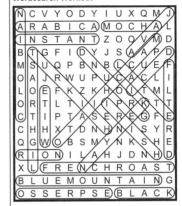

Double Fun Sudoku

Tasty Teaser

9	3	5	4	6	2	8	1	7
4	7	8	9	1	5	2	6	3
1	2	6	8	3	7	9	4	5
2	5	4	6	8	3	1	7	9
7	1	3	5	4	9	6	8	2
6	8	9	7	2	1	3	5	4
5	9	2	1	7	8	4	3	6
3	4	1	2	5	6	7	9	8
8	6	7	3	9	4	5	2	1

Brain Buster

1	6	7	5	8	3	9	2	4
4	2	5	6	1	9	3	8	7
9	3	8	7	4	2	6	1	5
8	5	6	3	7	4	1	9	2
3	9	4	2	5	1	8	7	6
2	7	1	9	6	8	4	5	3
7	4	3	8	9	5	2	6	1
5	8	2	1	3	6	7	4	9
6	1	9	4	2	7	5	3	8

Whatever Next?

J – Assign a number to each letter according to its place in the alphabet, so W=23, M=13, L=12, B=2, Q=17 and G=7. Subtract each of the lower value from that in the opposite point of the star, thus 10 each time: J=10.

Brain Teaser

1.75 – There are two alternate sequences, +1.25 and -2.75.

Page 60

Mind Over Matter

The value of the letter in the central square is the square root of the sum total of the values of the letters in the outer squares. Thus the missing value is 6, so the missing letter is F.

Double Fun Sudoku

Tasty Teaser

4	1	5	8	7	3	6	9	2
6	8	7	2	9	5	4	1	3
2	3	9	1	6	4	7	8	5
7	4	8	3	1	6	2	5	9
1	6	3	9	5	2	8	4	7
9	5	2	7	4	8	3	6	1
5	7	4	6	2	9	1	3	8
8	2	6	5	3	1	9	7	4
3	9	1	4	8	7	5	2	6

Brain Buster

3	8	6	5	7	1	4	9	2
5	2	1	4	8	9	3	7	6
4	7	9	3	2	6	8	1	5
1	3	7	8	6	4	2	5	9
8	5	2	7	9	3	6	4	1
9	6	4	2	1	5	7	3	8
7	9	5	6	3	8	1	2	4
2	4	8	1	5	7	9	6	3
6	1	3	9	4	2	5	8	7

Codeword Conundrum

P	U	R	I	S	T		E		S	A	F	E	S	T
R		A			W	O	M	A	N		U		I	
O	R	N	A	T	E		P		O		S		G	
B		K		A		T	H	O	U	S	A	N	D	
E	L		O	K	A	Y		D		R		O		
	L	E	S	S		E		J		Q	U	E	L	L
V			P	U	R	L	I	E	U		N		L	
A	M	B	E	R		I		L		I	M	A	G	O
U		R		E	L	A	S	T	I	C				P
L	E	A	F	Y		L		E		H	E	R	D	
T		V		M		E	D	G	E		U		E	
S	N	O	W	B	A	L	L		L		M		S	
	O		A		Y		F		A	F	L	O	A	T
	U		X		B	L	I	T	Z		U		O	
E	N	Z	Y	M	E		N		E	N	T	R	A	P

Futoshiki

2	5	4	3	1
5	3	2	1	4
4	1	5	2	3
3	4	1	5	2
1	2	3	4	5

High-Speed Crossword

S		P		B		S	U	B	V	E	R	T
N	O	R	M	A		H		R		L		I
O		O		L	E	A	V	E	N	I	N	G
W	O	R	K	S		V		A		T		H
M		A		A	M	E	N	D	M	E	N	T
A		T		D		T		A				
N	E	A	R	B	Y		C	H	A	R	G	E
	T		R		P			E		E		X
S	C	A	P	A	F	L	O	W		C		P
T		T		V		E		A	D	O	R	E
O	I	L	P	A	I	N	T	S		U		N
I		A		D		T		T	U	N	I	S
C	U	S	T	O	D	Y		E		T		E

1 Minute Number Crunch

Beginner
77 x 2 = 154, 154 + 20 = 174, 174 ÷ 3 = 58, 50% of 58 = 29, 29 + 5 = 34, 34 ÷ 2 = 17, 17 − 4 = 13

Intermediate
76 ÷ 2 = 38, 250% of 38 = 95, 95 ÷ 5 x 4 = 76, 76 + 88 = 164, 164 ÷ 4 = 41, 41 x 9 = 369, 369 + 246 (369 ÷ 3 x 2) = 615

Advanced
38 x 22 = 836, 836 − 212 = 624, 624 ÷ 12 x 9 = 468, 468 ÷ 6 = 78, 350% of 78 = 273, 273 ÷ 13 x 5 = 105, 105 ÷ 21 x 5 = 25

Page 61

Battleships

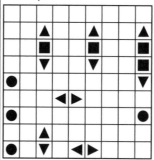

High-Speed Crossword

S	C	A	L	P	E	L		V	E	N	U	S
E		F		I		U		N				P
L	A	G		C	I	R	C	U	L	A	T	E
E		H		K		K		I				L
C	L	A	R	E	T		B		V	E	A	L
T		N		T	I	R	A	D	E			
S	N	I	P		G		S		N	A	P	E
		A	D	O	N	I	S		N			P
C	A	L	L		N		S	W	E	E	T	S
R		E		B		E		M				I
A	U	S	T	R	A	L	I	A		O	I	L
S		T		E		T		N				O
S	H	R	E	W		W	E	S	T	E	R	N

IQ Workout
6

(5 x 6 x 7) ÷ (3 + 7)
= 21
(4 x 9 x 2) ÷ (4 + 4)
= 9
(6 x 1 x 9) ÷ (4 + 5)
= 6

Wordwheel
The nine-letter word is: VERBALISM

Wordsearch Workout

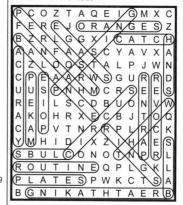

Double Fun Sudoku

Tasty Teaser

1	5	7	8	4	3	2	9	6
9	3	4	6	2	7	5	8	1
6	8	2	5	9	1	3	7	4
3	1	8	4	5	9	7	6	2
5	2	9	7	6	8	4	1	3
4	7	6	1	3	2	9	5	8
7	4	5	3	8	6	1	2	9
8	9	3	2	1	5	6	4	7
2	6	1	9	7	4	8	3	5

Brain Buster

4	8	7	1	5	3	9	2	6
9	5	3	8	2	6	4	1	7
1	6	2	9	4	7	8	3	5
2	9	4	3	8	5	6	7	1
7	3	6	4	1	2	5	8	9
5	1	8	6	7	9	2	4	3
6	4	1	7	9	8	3	5	2
8	2	9	5	3	1	7	6	4
3	7	5	2	6	4	1	9	8

Sum Circle

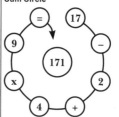

Page 62

1 Minute Number Crunch

Beginner
$80 \div 16 = 5$, $5 \times 19 = 95$, $95 - 32 = 63$, $63 \div 9 \times 4 = 28$, $28 \div 2 = 14$, $14 + 18 = 32$, 25% of $32 = 8$

Intermediate
$29 + 92 = 121$, $121 \div 11 \times 3 = 33$, $33 \times 7 = 231$, $231 \div 3 = 77$, $77 + 148 = 225$, square root of $225 = 15$, $15 \times 6 = 90$

Advanced
$657 \div 9 \times 5 = 365$, $365 \times 4 = 1460$, $1460 + 1314$ (90% of 1460) $= 2774$, $2774 - 397 = 2377$, $2377 \times 2 = 4754$, $4754 \times 2.5 = 11885$, $11885 \div 5 \times 4 = 9508$

High-Speed Crossword

S	I	M	P	L	E		B	A	R	R	O	W
A		O		F		B		R				A
D	I	S	P	L	E	A	S	U	R	E		R
D		H		L		C		T		X		R
E	X	A	M	I	N	E	R		A	P	S	E
N		P		P		T		S		L		N
	D	E	P	O	T		A	C	T	E	D	
F		L		P		E		I		T		D
O	V	E	N		P	A	R	A	S	I	T	E
L		S		B		S		T		V		B
L		S	E	L	F	E	V	I	D	E	N	T
O				U		L		C				O
W	E	A	K	E	N		B	A	N	N	E	R

IQ Workout

5

$(7 + 2 + 4) - (6 + 5) = 2$
$(9 + 1 + 7) - (2 + 2) = 13$
$(11 + 4 + 2) - (5 + 2) = 10$

Codeword Conundrum

I	N	T	E	R	J	E	C	T		W	H	O	R	L
N		Y		A		V		U		I		N		E
T	O	P	A	Z		A	M	B	U	S	H	I	N	G
R		E		O		D		E		P		O		A
A	D	S	O	R	B	E	D		H	Y	M	N	A	L
N				D		R		E		A		A		F
E		D	U	L	C	E	R		R		A			
T	R	U	M	P	S		L		V	O	T	E	R	S
	I		E		Q	U	I	R	E		I		A	
	D	N	U		N		S	N		S	N		R	
K	E	T	T	L	E		E	N	T	W	I	N	E	D
A		A		I		K		I		O		A		O
P	I	C	K	E	T	I	N	G		R	O	B	I	N
U		I		G		L		H		S		O		Y
T	I	T	H	E		L	E	T	T	E	R	B	O	X

Tasty Teaser

1	8	2	5	4	9	7	6	3
9	6	4	7	2	3	8	1	5
5	7	3	8	6	1	4	2	9
7	1	6	3	5	8	9	4	2
3	2	9	6	1	4	5	8	7
8	4	5	9	7	2	6	3	1
6	3	8	1	9	5	2	7	4
2	5	1	4	8	7	3	9	6
4	9	7	2	3	6	1	5	8

Brain Buster

7	9	4	8	1	5	2	6	3
1	8	6	3	2	4	9	7	5
3	5	2	6	9	7	1	8	4
9	6	3	4	5	1	8	2	7
8	7	1	9	3	2	5	4	6
2	4	5	7	8	6	3	1	9
4	2	9	1	7	3	6	5	8
6	1	8	5	4	9	7	3	2
5	3	7	2	6	8	4	9	1

Spidoku

Page 63

Logi-Six

D	E	C	F	B	A
E	F	A	B	D	C
A	B	F	C	E	D
F	A	E	D	C	B
B	C	D	A	F	E
C	D	B	E	A	F

High-Speed Crossword

C	H	A	R	I	S	M	A		F	R	O	G
O		U		N		E			I		R	
S	P	R	O	C	K	E	T		P		A	
T		E		U		T	R	I	S	E	C	T
A	D	V	E	R	B		U				I	
R		O		S	A	N	C	T	I	O	N	S
		I		R		K		L				
F	O	R	G	E	R	I	E	S		D		R
R			I		R	A	F	F	L	E	
A	B	D	O	M	E	N		R		L		P
C		U		R	A	G	T	R	A	D	E	
A		K		M		R		M				A
S	T	E	W		R	E	V	E	R	E	N	T

Wordsearch Workout

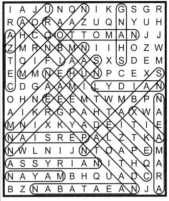

Double Fun Sudoku

Tasty Teaser

6	7	2	3	8	1	4	5	9
3	9	4	6	7	5	1	2	8
5	1	8	2	9	4	7	3	6
7	5	6	9	1	2	8	4	3
1	8	9	4	3	7	5	6	2
4	2	3	8	5	6	9	1	7
9	4	5	7	6	3	2	8	1
8	6	1	5	2	9	3	7	4
2	3	7	1	4	8	6	9	5

Brain Buster

4	9	1	6	8	5	3	2	7
8	6	2	7	3	1	5	9	4
3	5	7	9	4	2	8	1	6
7	1	4	2	5	8	6	3	9
5	8	3	1	9	6	7	4	2
9	2	6	3	7	4	1	8	5
2	7	8	4	6	3	9	5	1
1	3	9	5	2	7	4	6	8
6	4	5	8	1	9	2	7	3

Matchstick Magic

The matchsticks which have been removed are outlined.

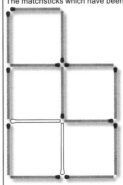

Brain Teaser

1000

The left circle contains the squares of 6-7-8-9-10
(36-49-64-81-100)

The right circle contains the cubes of 6-7-8-9-10
(216-343-512-729-1000)

1 Minute Number Crunch

Beginner

$168 - 72 = 96$, $96 \div 4 = 24$, $24 \times 3 = 72$, $72 \div 2 = 36$, $36 \div 6 = 6$, $6 \times 19 = 114$, $114 \div 2 = 57$

Intermediate

$84 \div 14 \times 3 = 18$, $18^2 = 324$, $324 \div 9 \times 5 = 180$, 160% of 180 = 288, $288 \div 18 \times 5 = 80$, $80 - 27 = 53$, $53 \times 5 = 265$

Advanced

$39 \times 14 = 546$, $546 \times 2 = 1092$, $1092 \div 13 \times 5 = 420$, $420 + 160$ $(420 \div 21 \times 8) = 580$, $580 \div 29 \times 13 = 260$, $260 - 78$ $(260 \div 10 \times 3) = 182$, $182 \div 0.2 = 910$

Page 64

Codeword Conundrum

P		M		C	H	E	Q	U	E	B	O	O	K	S
R	O	Y	A	L		R		P		P		N		
O		X		E	L	A	P	S	E		I	R	I	S
V	I	O	L	A		S			L		N			F
E		M		R			J	U	D	D	E	R	E	D
		A		I	O	T	A		E			E		R
T	I	T	A	N		C		S		B	A	B	Y	
I		O		G	A	S	K	E	T	S		C		L
R	U	S	K		Z		D			E	N	T	R	Y
E		I		A		A	K	I	N		I			
D	I	S	A	L	L	O	W			S	O		D	
	N		I	E			K		U	L	N	A	R	
B	A	R	S		A	L	B	I	N	O		A		E
	N		L		I		L		R			N		
R	E	P	E	T	I	T	I	O	U	S			Y	S

Double Fun Sudoku

Tasty Teaser

8	6	2	5	1	3	4	7	9
3	9	1	7	4	6	5	2	8
4	5	7	8	9	2	1	6	3
1	3	5	9	2	4	6	8	7
7	8	4	6	3	5	9	1	2
6	2	9	1	7	8	3	5	4
9	1	8	3	6	7	2	4	5
2	7	6	4	5	9	8	3	1
5	4	3	2	8	1	7	9	6

Brain Buster

9	7	4	2	1	3	8	5	6
6	8	5	4	9	7	3	2	1
1	3	2	5	6	8	7	4	9
3	5	1	6	8	4	2	9	7
7	2	9	1	3	5	4	6	8
8	4	6	9	7	2	5	1	3
4	9	8	7	2	1	6	3	5
5	6	3	8	4	9	1	7	2
2	1	7	3	5	6	9	8	4

Pyramid Plus

A=99, B=30, C=102, D=128, E=25, F=129, G=132, H=230, I=153, J=261, K=362, L=383, M=623, N=745, O=1368.

Work it Out

24 – Reading down each column, take 6 from each preceding number until the central number, after which add 7 to each preceding number.

High-Speed Crossword

C	O	R	A	C	L	E		B		S		A
R		E		H		L	A	W	Y	E	R	
U		D		I		E		Y		R		M
C	O	F	F	E	R	S		O	P	I	N	E
I		L		F		T		N		A		D
A	Y	A	H		T	A	P	E	R			
L		G		C		B		T		P		F
			M	A	P	L	E		B	A	K	E
P		A		D		I		R		S		R
U	V	U	L	A		S	M	E	L	T	E	R
T		G		V		H		F		I		O
T	I	E	R	E	D			I		M		U
Y		R		R		W	I	T	N	E	S	S

1 Minute Number Crunch

Beginner

$6 \div 3 = 2$, $2^2 = 4$, $4 \times 8 = 32$, $32 \div 8 \times 3 = 12$, $12 + 98 = 110$, 10% of 110 = 11, $11 \times 12 = 132$

Intermediate

250% of 14 = 35, $35 \times 7 = 245$, $245 - 66 = 179$, $179 \times 2 = 358$, $358 + 47 = 405$, $405 \div 15 = 27$, $27 \times 3 = 81$

Advanced

$309 + 206$ $(309 \div 3 \times 2) = 515$, $515 \times 7 = 3605$, $3605 - 2163$ $(3605 \div 5 \times 3) = 1442$, $1442 \div 2 = 721$, $721 + 7 \times 4 = 412$, $412 \div 0.4 = 1030$, $1030 + 824$ $(1030 \div 5 \times 4) = 1854$

Page 65

High-Speed Crossword

S	P	I	N	A	L		G	L	I	D	E	R
C		C		M		L		I		E		E
O	P	E	R	A	T	E		B		A		V
F		H		S		G	I	R	A	F	F	E
F	L	O	S	S		A		A				L
S		U			G	L	O	R	I	O	U	S
		S		O		T		Y		V		
P	R	E	A	C	H	E	R			E		P
O				T		N		C	A	R	V	E
O	R	C	H	A	R	D		H		R		S
R		U		G		E	L	I	T	I	S	T
E		S		O		R		L		D		E
R	E	P	E	N	T		M	E	T	E	O	R

Summing Up

37	52	**10**	77	51	37
69	66	39	28	20	42
54	20	38	**56**	61	35
35	19	84	12	46	**68**
32	30	57	26	**74**	45
37	**77**	36	65	12	37

Domino Placement

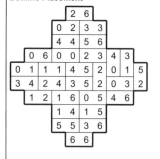

Wordsearch Workout

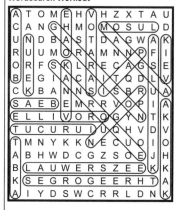

Double Fun Sudoku

Tasty Teaser

3	5	1	8	9	4	7	2	6
7	2	4	5	6	3	8	1	9
6	9	8	1	2	7	3	5	4
1	4	2	7	8	9	6	3	5
5	3	6	2	4	1	9	7	8
8	7	9	6	3	5	2	4	1
4	6	5	3	7	8	1	9	2
2	1	7	9	5	6	4	8	3
9	8	3	4	1	2	5	6	7

Brain Buster

7	6	2	5	3	4	8	9	1
1	3	9	2	8	7	4	6	5
4	8	5	9	6	1	7	2	3
9	4	6	7	5	8	3	1	2
8	1	3	4	2	6	5	7	9
2	5	7	1	9	3	6	4	8
5	9	4	3	7	2	1	8	6
3	7	8	6	1	9	2	5	4
6	2	1	8	4	5	9	3	7

Whatever Next?

P – Assign a number to each letter according to its place in the alphabet. Each letter is divisible by 4 and the missing letter is thus P (16).

Brain Teaser

28

Page 66

Mind Over Matter

The value of the central letter is the sum total of the letters in the left squares minus the sum total of the letters in the right squares. Thus the missing value is 18, so the missing letter is R.

Double Fun Sudoku

Tasty Teaser

6	9	2	8	1	4	7	5	3
5	1	4	3	7	6	9	8	2
3	7	8	5	2	9	4	6	1
4	8	5	2	6	3	1	9	7
9	2	1	4	5	7	6	3	8
7	6	3	1	9	8	2	4	5
8	5	7	9	4	2	3	1	6
2	3	9	6	8	1	5	7	4
1	4	6	7	3	5	8	2	9

Brain Buster

8	2	7	9	1	4	5	3	6
1	9	4	6	3	5	8	2	7
6	3	5	7	2	8	9	4	1
7	5	6	3	8	9	2	1	4
2	8	3	4	5	1	7	6	9
9	4	1	2	6	7	3	5	8
4	1	8	5	9	3	6	7	2
3	6	9	1	7	2	4	8	5
5	7	2	8	4	6	1	9	3

Codeword Conundrum

F	R	E	C	K	L	E		C	H	E	R	U	B
L		L		E		D	I	V	A		P		R
I	R	O	N	Y		I		D		I		U
R		P		S	E	C	T		E	X	C	E	S	S
T	H	E	F	T			T	H	I	N		Q		Q
	U		R		E		Z		U		U
C	E	L	L	O		I	M	P	A	S	S	I	V	E
O		A		K		C		U		O		N		L
M	I	N	C	E	M	E	A	T		C	H	E	W	Y
M		C			I		J		I		H
U		E		L	O	A	F		A	R	S	O	N
T	A	R	S	A	L		R	A	I	L		P		Y
I		E		I		M		I	D	E	A	L
N		A		O	B	O	E		T		C		O
G	A	L	L	O	N		D	O	E	S	K	I	N

Futoshiki

1	2	5	4	3
3	1	2	5	4
5	3	4	1	2
2	4	1	3	5
4	5	3	2	1

High-Speed Crossword

D	U	C	A	L		A	P	R	I	C	O	T
U		O		E		T		E		O		H
C	U	R	R	A	N	T		S	I	N	A	I
K		R		R		A		I		C		S
S	T	E	R	N		C	O	N	G	E	S	T
		S		E		K		N		L
C	A	P	E	R	S		W	R	I	T	H	E
A		O			A		E		R
R	U	N	D	O	W	N		S	N	A	I	L
R		D		M		O		C		T		I
O	B	E	S	E		R	A	I	L	I	N	G
T		N		G		A		N		O		E
S	E	T	B	A	C	K		D	O	N	O	R

1 Minute Number Crunch

Beginner
$35 ÷ 5 = 7$, $7 + 27 = 34$, $34 × 2 = 68$, $68 ÷ 4 = 17$, $17 − 8 = 9$, square root of $9 = 3$, $3 × 15 = 45$

Intermediate
$41 × 4 = 164$, 125% of $164 = 205$, $205 − 87 = 118$, $118 × 2 = 236$, $236 ÷ 4 × 3 = 177$, $177 ÷ 3 × 2 = 118$, $118 ÷ 2 = 59$

Advanced
$22² = 484$, $484 × 1.25 = 605$, 40% of $605 = 242$, $242 + 254 = 496$, $496 × .375 = 186$, $186 + 62 (186 ÷ 3) = 248$, $248 ÷ 8 × 5 = 155$

Page 67

1 Minute Number Crunch

Beginner
$187 − 16 = 171$, $171 ÷ 9 = 19$, $19 − 4 = 15$, $15² = 225$, $225 ÷ 25 = 9$, $9 + 5 = 14$, $14 + 73 = 87$

Intermediate
$95 × 2 = 190$, 40% of $190 = 76$, $76 × 1.75 = 133$, $133 × 4 = 532$, $532 ÷ 2 = 266$, $266 + 96 = 362$, $362 × 3 = 1086$

Advanced
$338 × 7 = 2366$, $2366 + 14 × 9 = 1521$, $1521 ÷ 9 × 2 = 338$, $338 × 3.5 = 1183$, $1183 ÷ 7 × 2 = 338$, $338 × 8 = 2704$, $2704 ÷ 16 × 13 = 2197$

High-Speed Crossword

W	O	L	F	W	H	I	S	T	L	E	
U		V		I		E		E		E	C
P	E		S	K	I	E	R		M	A	O
T	O	R	A	H		G		U		U	N
O		D		N		H		M	A	R	E	S
S	T	I	L	E	T	T	O			D
C		D		T			H		D		D
R			C	L	E	A	V	A	G	E
A	L	L	O	T		A		M		M	R
T		I		R		M		S	W	A	M	I
C	A	M		E	D	I	C	T		G	N
H		B		E		N		E		E	G
	H	O	U	S	E	A	R	R	E	S	T

Partitions

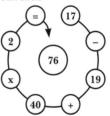

Wordwheel

The nine-letter word is: MINEFIELD

Wordsearch Workout

Double Fun Sudoku

Tasty Teaser

3	4	2	6	1	5	8	7	9
7	8	6	9	2	4	5	3	1
5	1	9	8	3	7	4	2	6
6	5	3	4	9	8	2	1	7
1	9	7	2	5	6	3	8	4
4	2	8	1	7	3	9	6	5
2	6	1	5	8	9	7	4	3
9	7	4	3	6	2	1	5	8
8	3	5	7	4	1	6	9	2

Brain Buster

8	9	7	1	5	3	6	2	4
3	4	6	9	2	7	1	5	8
2	5	1	4	8	6	3	7	9
9	6	8	2	7	4	5	3	1
1	7	2	5	3	9	8	4	6
5	3	4	8	6	1	2	9	7
7	2	3	6	4	8	9	1	5
6	1	5	7	9	2	4	8	3
4	8	9	3	1	5	7	6	2

Sum Circle

Page 68

1 Minute Number Crunch

Beginner
19 − 11 = 8, 8 x 4 = 32, 32 x 3 = 96, 96 − 18 = 78, 78 + 3 = 81, 81 ÷ 9 = 9, square root of 9 = 3

Intermediate
258 + 852 = 1110, 1110 ÷ 37 = 30, 550% of 30 = 165, 165 ÷ 5 x 2 = 66, 66 + 22 (66 ÷ 3) = 88, 88 + 33 (88 ÷ 8 x 3) = 121, 121 ÷ 11 x 9 = 99

Advanced
631 x 5 = 3155, 3155 + 60% = 5048, 5048 ÷ 2 = 2524, 2524 x 3.75 = 9465, 9465 ÷ 15 x 6 = 3786, 3786 + 214 = 4000, 73% of 4000 = 2920

High-Speed Crossword

L	A	W	L	E	S	S		L		D	I	G
	U		M		K	R	O	N	E		E	
G	R	A	P	P	L	E		T		B	N	
	E		L		W		S	T	A	K	E	
B	O	R	R	O	W	E	D		T		R	
	L		Y		R	R	E	A			A	
D	E	C	R	E	E		V	E	S	S	E	L
E		L		E		F	A		A			
S		E		M	O	I	S	T	U	R	E	
P	L	A	N	T		R		S		N		
I		N		R		C	L	I	P	P	E	R
T		S	C	O	N	E		G		S		
E	W	E		Y		S	I	N	U	A	T	E

IQ Workout

S – They are the first letters of the numbers 1-2-3-4-5-6.

Codeword Conundrum

Q	U	A	L	I	F	I	E	D		D	E	C	O	R
U		I		G		L		U		R		O		O
A	U	R	A	L		I	M	P	R	O	M	P	T	U
D		S		O		A		E		V		R		T
R	E	P	R	O	A	C	H		S	E	S	A	M	E
A		E		Z		E		I		W		U		
N		E		I	N	D	E	X		I		T		
T	E	D	I	U	M		G		T	I	G	H	T	S
	A		D		U	N	I	T	E		I		E	
	S		E		T		N		E		J		T	
A	T	T	A	C	H		G	A	N	G	W	A	Y	S
T		R		A		W		R		A		C		C
T	R	A	N	S	L	A	T	E		B	A	K	E	R
A		D		T		Y		N		L		E		E
R	E	E	V	E		S	C	A	R	E	C	R	O	W

Tasty Teaser

5	4	9	2	7	1	3	8	6
8	7	1	3	6	4	5	2	9
2	6	3	5	9	8	4	1	7
7	8	4	1	2	6	9	5	3
6	1	5	9	4	3	8	7	2
9	3	2	8	5	7	6	4	1
4	9	7	6	1	5	2	3	8
1	2	8	4	3	9	7	6	5
3	5	6	7	8	2	1	9	4

Brain Buster

9	2	3	5	7	1	8	6	4
1	5	8	4	2	6	3	7	9
7	4	6	9	3	8	2	1	5
3	7	1	8	5	9	4	2	6
8	9	4	1	6	2	5	3	7
5	6	2	3	4	7	9	8	1
6	3	7	2	9	4	1	5	8
2	8	9	6	1	5	7	4	3
4	1	5	7	8	3	6	9	2

Spidoku

Page 69

Logi-Six

E	C	D	B	F	A
C	A	F	D	B	E
B	D	E	F	A	C
F	E	B	A	C	D
D	B	A	C	E	F
A	F	C	E	D	B

High-Speed Crossword

O	P	I	N	I	O	N	S		A	C	H	E
K		N		N		I		H		O		L
A	N	T	I	G	E	N		A	G	R	E	E
Y		E		R		E		I		P		P
	B	R	E	A	K	T	H	R	O	U	G	H
M		N		T		Y		R		S		A
A	R	A	B	I	A		B	E	A	C	O	N
R		T		A		P		S		H		T
J	O	I	N	T	V	E	N	T	U	R	E	
O		O		I		O		O		I		A
R	U	N	I	N		P	E	R	U	S	A	L
A		A		G		L		E		T		M
M	O	L	E		N	E	A	R	M	I	S	S

Wordsearch Workout

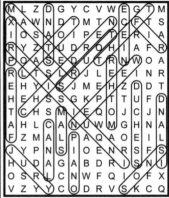

Double Fun Sudoku

Tasty Teaser

7	4	3	6	8	2	9	5	1
8	9	2	5	1	4	6	3	7
1	5	6	9	7	3	4	2	8
6	8	5	2	3	9	7	1	4
2	7	1	8	4	6	3	9	5
4	3	9	7	5	1	8	6	2
5	6	8	1	9	7	2	4	3
3	2	7	4	6	5	1	8	9
9	1	4	3	2	8	5	7	6

Brain Buster

9	3	6	1	4	7	8	5	2
7	4	5	2	8	9	3	6	1
1	2	8	3	5	6	9	4	7
5	9	3	8	7	1	4	2	6
2	6	4	5	9	3	1	7	8
8	1	7	4	6	2	5	9	3
6	8	9	7	1	5	2	3	4
3	5	1	6	2	4	7	8	9
4	7	2	9	3	8	6	1	5

Matchstick Magic

The matchsticks which have been moved are outlined.

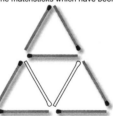

Brain Teaser

Blue – The numbered coloured shirts coincide with the colours of the rainbow; blue is the fifth colour of the rainbow.

Simple as A, B, C

B	C	C	B	A	A
A	A	B	C	B	C
B	C	A	A	C	B
C	A	C	B	A	B
A	B	B	C	C	A
C	B	A	A	B	C

Page 70

Codeword Conundrum

T	Y	P	I	S	T		B		C		L	A	C	E
H		A		T		P	A	G	O	D	A			X
R	A	N	D	O	M	L	Y		L		C	O	P	E
O		D		R		E		S	A	S	H			G
B	L	A	C	K	J	A	C	K			R	A	V	E
I			A			I	N	K	Y		T			T
N	E	T	I	Q	U	E	T	T	E		M	I	T	E
G		N		N		U	W	A		O				
B	E	E	F		T	A	B	L	E	C	L	O	T	H
E		O	N	Y	X			S						E
A	F	A	R		L	O	A	T	H	S	O	M	E	
T		M	A	Z	E		G		Y		U			A
N	O	V	A		E		G	O	V	E	R	N	O	R
I		N	O	S	I	N	G		N		C			L
K	E	P	T		T		U		L	A	M	E	L	Y

Double Fun Sudoku

Tasty Teaser

5	4	2	3	7	1	9	6	8
6	1	9	5	4	8	7	2	3
8	3	7	2	6	9	1	5	4
1	6	3	8	5	2	4	9	7
2	7	4	9	3	6	8	1	5
9	8	5	4	1	7	6	3	2
3	2	8	1	9	4	5	7	6
7	5	1	6	8	3	2	4	9
4	9	6	7	2	5	3	8	1

Brain Buster

2	3	4	7	6	9	1	5	8
6	1	7	3	8	5	4	2	9
8	9	5	1	4	2	7	6	3
4	5	8	2	1	3	6	9	7
7	6	9	8	5	4	3	1	2
3	2	1	9	7	6	5	8	4
9	7	3	6	2	1	8	4	5
1	4	2	5	3	8	9	7	6
5	8	6	4	9	7	2	3	1

Pyramid Plus

A=90, B=38, C=03, D=41, E=118, F=128, G=41, H=44, I=159, J=169, K=85, L=203, M=254, N=288, O=542.

Work it Out

6 – Reading along each row, deduct each number from the preceding number.

High-Speed Crossword

C	Y	C	L	O	P	S		M	O	O	D	S
H		E		U		Y		A		R		
A	L	L	O	T		S	Y	N	O	N	Y	M
N		S		L		T		O		N		
C	U	I	S	I	N	E		R	I	S	E	R
E			U		M					S		
L	I	S	T	E	N		A	L	M	O	S	T
	N			A		O		P				E
O	F	F	E	R		C	O	N	T	E	N	D
	L			O		C		G		N		I
T	A	D	P	O	L	E		B	R	A	V	O
	T			M		N		O		I		U
D	E	I	T	Y		T	O	W	A	R	D	S

1 Minute Number Crunch

Beginner

87 ÷ 3 = 29, 29 + 7 = 36, square root of 36 = 6, 6 x 9 = 54, 54 − 16 = 38, 38 ÷ 2 = 19, 19 + 15 = 34

Intermediate

253 − 68 = 185, 185 ÷ 5 = 37, 37 x 8 = 296, 296 x 2 = 592, 592 ÷ 8 x 3 = 222, 222 ÷ 3 = 74, 74 + 57 = 131

Advanced

46 x 7.5 = 345, 345 ÷ 15 x 13 = 299, 299 + 519 = 818, 818 x 2 = 1636, 1636 − 409 (25% of 1636) = 1227, 1227 − 989 = 238, 238 x 9 = 2142

Page 71

High-Speed Crossword

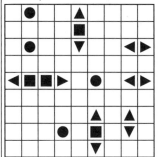

S	O	C	C	E	R		L	I	K	E	L	Y
I		A		E		I		O				O
C	H	O	R	U	S		N		W			R
K			V		E		G		R		A	
P	O	I	S	O	N		F	A	C	I	N	G
		L		B			M			D		
F	L	A	W	E	D		C	A	S	T	E	R
A		Y		Y		O		U		D		
C	R	O	S	S	B	A	R		F		D	
H		I		R		S	A	F	A	R	I	
I		Z		A		E		E			R	
P	O	T	E	N	T		T	H	R	I	C	E

Summing Up

38	**5**	33	31	68	48
47	37	**29**	30	38	42
43	56	37	**33**	27	27
37	58	38	41	**8**	41
35	43	53	37	30	25
23	24	33	51	52	**40**

Battleships

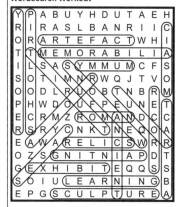

Wordsearch Workout

Double Fun Sudoku

Tasty Teaser

5	1	2	7	4	8	6	3	9
6	9	8	5	3	1	2	7	4
3	7	4	6	9	2	1	5	8
9	8	7	4	1	5	3	2	6
1	6	5	3	2	9	8	4	7
4	2	3	8	6	7	5	9	1
8	3	1	9	5	4	7	6	2
2	4	6	1	7	3	9	8	5
7	5	9	2	8	6	4	1	3

Brain Buster

1	4	7	8	2	9	3	6	5
2	9	8	3	6	5	1	4	7
5	3	6	7	4	1	8	2	9
4	5	9	2	7	3	6	8	1
6	1	3	9	8	4	5	7	2
7	8	2	5	1	6	4	9	3
8	2	5	4	3	7	9	1	6
9	6	4	1	5	2	7	3	8
3	7	1	6	9	8	2	5	4

Whatever Next?

96 – Assign a number to each letter according to its place in the alphabet. Each letter multiplied by that in the opposite point of the star equals 96.

Brain Teaser

1 2/5

7/11 ÷ 14/22 + 20/28 = x

7/11 x 22/14 x 28/20 = 28/20 = 7/5

7/5 = 1 2/5

Page 72

Mind Over Matter

The value of the letter in the bottom left square is equal to that in the top left multiplied by that in the central square. The value in the bottom right is equal to that in the top right multiplied by that in the central square. Thus the missing value is 18, so the missing letter is R.

Double Fun Sudoku

Tasty Teaser

7	8	3	1	2	6	9	4	5
4	6	5	3	9	7	8	1	2
9	1	2	4	8	5	3	7	6
3	5	7	6	4	2	1	8	9
6	9	8	5	3	1	4	2	7
1	2	4	9	7	8	6	5	3
8	3	6	2	5	4	7	9	1
5	7	1	8	6	9	2	3	4
2	4	9	7	1	3	5	6	8

Brain Buster

7	4	6	1	5	3	8	9	2
3	2	8	4	9	7	6	5	1
1	5	9	8	2	6	4	3	7
6	7	4	3	8	2	5	1	9
5	9	1	6	7	4	3	2	8
8	3	2	9	1	5	7	4	6
4	1	7	2	3	8	9	6	5
2	6	5	7	4	9	1	8	3
9	8	3	5	6	1	2	7	4

Codeword Conundrum

W	H	I	M	P	E	R	E	D		J		P		A
I		A		N		M		P	U	B	L	I	C	
Z	O	O	L	O	G	I	S	T		B		A		C
A		L		U		E	P	I	S	T	L	E		C
R	E	B	E	L	L	I	O	N		L		E		P
D		A		F		S	E	E		A		A		T
	A	M	B	I	E	N	C	E		E	L	U	D	E
L		L		D		O		I		O		D		D
U	D	D	E	R		C	L	I	N	I	C	A	L	
N		E		A	S	H		J		K			F	
C		A		V		E	X	Q	U	I	S	I	T	E
H	O	T	L	I	N	E		R		M			L	
E		H		N		R	E	G	I	C	I	D	A	L
O	B	L	I	G	E		G		E		T		E	
N		Y		S		H	O	U	S	E	H	O	L	D

Futoshiki

3	2	1	4	5
2	4	3	5	1
5	1	4	3	2
4	5	2	1	3
1	3	5	2	4

High-Speed Crossword

T	W	I	S	T		C	O	U	N	T	E	R
H		N		R		O		E		X		
E		S		U		L	O	P	I	U	M	
S	P	I	N	S	T	E	R		H		D	
A		P		T		U		R	E	N	E	W
U	N	I	V	E	R	S	E		W			H
R		D		E			S		R			O
U			A		B	A	S	E	B	A	L	L
S	T	O	L	E		M		N		T		E
	R		L		S	U	N	D	R	I	E	S
H	A	Z	E	L		S		S		O		A
	W		Y			E		U		N		L
B	L	A	S	T	E	D		P	I	S	T	E

1 Minute Number Crunch

Beginner
$10^2 = 100$, $100 - 14 = 86$, $86 \div 2 = 43$, $43 + 17 = 60$, 20% of 60 = 12, $12^2 = 144$, $144 + 56 = 200$

Intermediate
$109 \times 3 = 327$, $327 + 723 = 1050$, $1050 \div 21 \times 13 = 650$, $650 + 988 = 1638$, $1638 \div 9 = 182$, $182 \div 2 = 91$, $91 \times 11 = 1001$

Advanced
$133 \times 6 = 798$, $798 \div 19 \times 5 = 210$, $210 + 140$ ($210 \div 3 \times 2$) = 350, $350 + 210$ (60% of 350) = 560, $560 - 84$ (15% of 560) = 476, $476 \div 2 = 238$, $238 \times 11 = 2618$

Page 73

Domino Placement

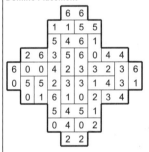

High-Speed Crossword

C	H	E	W	E	D		C	A	N	T	O	N
O		S		S		O		S		A		
U		P		T	R	U	S	S		U		P
N	Y	A	L	A		G		E	X	T	R	A
T		L		T		H	A	T				R
R	A	I	M	E	N	T		S	L	A	T	E
Y		E						M				N
S	H	R	U	B		D	E	S	S	E	R	T
I			U	S	E		N		E			H
D	R	A	W	N		C		L	E	A	V	E
E		V		G	L	O	B	E		B		S
		E		E		R		C		L		I
C	O	R	N	E	T		A	T	H	E	N	S

IQ Workout

10

$7 \times 6 = 42$

$-6 \times 3 = \underline{18}$

$ 24$

$8 \times 6 = 48$

$-4 \times 8 = \underline{32}$

$ 16$

$3 \times 10 = 30$

$-7 \times 3 = \underline{21}$

$ 9$

Wordwheel

The nine-letter word is: BIRTHMARK

Wordsearch Workout

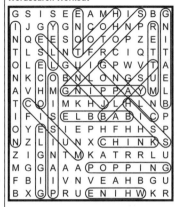

Double Fun Sudoku

Tasty Teaser

5	6	2	7	9	8	1	4	3
4	9	7	3	5	1	2	8	6
8	1	3	4	2	6	7	9	5
2	3	6	8	1	5	9	7	4
7	5	4	9	3	2	8	6	1
9	8	1	6	7	4	5	3	2
3	2	8	1	4	9	6	5	7
1	4	9	5	6	7	3	2	8
6	7	5	2	8	3	4	1	9

Brain Buster

6	9	7	8	3	1	4	2	5
5	2	8	9	4	7	3	6	1
4	3	1	6	2	5	7	8	9
7	8	3	5	6	2	9	1	4
2	5	6	1	9	4	8	3	7
1	4	9	7	8	3	2	5	6
8	1	5	2	7	9	6	4	3
9	6	4	3	5	8	1	7	2
3	7	2	4	1	6	5	9	8

Sum Circle

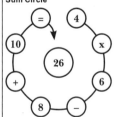

Page 74

1 Minute Number Crunch

Beginner
165 ÷ 3 = 55, 55 + 11 = 66, 66 ÷ 6 = 11, 11² = 121, 121 − 16 = 105, 105 ÷ 21 = 5, 5 + 62 = 67

Intermediate
690 + 345 (50% of 690) = 1035, 1035 ÷ 9 = 115, 115 ÷ 5 x 3 = 69, 69 x 3 = 207, 207 ÷ 9 x 5 = 115, 115 − 79 = 36, 36 x 3 = 108

Advanced
162 ÷ 18 x 4 = 36, 36² = 1296, 1296 ÷ 72 = 18, 18 x 5 = 90, 90 ÷ 0.6 = 150, 150 ÷ 0.75 = 200, 30.5% of 200 = 61

High-Speed Crossword

D	U	A	L		G	E	O	D	E	S	I	C
E		I		P		N		A		E		O
M	U	S	K	R	A	T		N	Y	L	O	N
E		L		E		O		I		V		T
R	E	E	D	S		M	A	S	C	A	R	A
A				E		B		H		G		C
R	E	F	I	N	E		U	P	B	E	A	T
A		U		T		B		A		L		L
S	A	L	S	I	F	Y		S	I	N	C	E
U		C		M		P		T		U		N
G	O	R	G	E		A	B	R	A	D	E	S
A		U		N		S		Y		G		E
R	E	M	O	T	E	S	T		H	E	N	S

IQ Workout

19 – Digits add up to 10, others add up to 11.

Codeword Conundrum

A		C		S	U	B	J	U	N	C	T	I	V	E
B	O	O	Z	E		L		U		O		E		
S		R		E	Q	U	I	D	I	S	T	A	N	T
T	I	R	E	S		R		S		E		I		
R		U		A		B	E	C	A	L	M	I	N	G
A		P	A	W	N		X		N			N		R
C	A	T		E		C		C		S	A	G	O	
T		N		D	O	O	R	M	E	N		N		U
I	T	E	M		M		E			E		I	O	N
O		S		E		T		R	O	A	M			D
N	O	S	E	B	L	E	E	D		P		A		S
	M		X		E		E		H	A	T	C	H	
D	E	C	E	I	T	F	U	L	L	Y		E		E
	G		R		T		T			T	I	L	D	E
R	A	T	T	L	E	S	N	A	K	E			Y	T

Tasty Teaser

1	9	7	2	8	4	5	6	3
6	2	5	7	1	3	9	8	4
3	4	8	6	5	9	2	7	1
9	8	4	3	2	1	6	5	7
7	1	3	5	9	6	4	2	8
2	5	6	4	7	8	1	3	9
4	6	1	8	3	2	7	9	5
8	7	2	9	4	5	3	1	6
5	3	9	1	6	7	8	4	2

Brain Buster

7	5	2	9	6	4	3	1	8
1	4	3	7	8	5	2	9	6
6	9	8	3	1	2	7	5	4
5	2	7	4	3	1	6	8	9
8	6	9	2	5	7	4	3	1
4	3	1	8	9	6	5	2	7
9	7	5	1	4	3	8	6	2
2	1	6	5	7	8	9	4	3
3	8	4	6	2	9	1	7	5

Spidoku

Page 75

Logi-Six

E	D	B	F	C	A
C	A	F	E	D	B
D	E	A	B	F	C
F	B	E	C	A	D
A	F	C	D	B	E
B	C	D	A	E	F

High-Speed Crossword

E	B	B	I	N	G		A		S		A
	I		R		A	N	N	O	T	A	T	E
O	B	T	A	I	N		O		E		O
	L		Q		G	E	N	D	A	R	M	E
G	E	N	I	U	S		M			I		
A						T	E	N	D	E	N	C	Y
I			R		E		O		R			A
T	R	I	A	L	R	U	N					L
	E		D			S	P	A	R	S	E
V	A	R	I	A	B	L	E		I		H
	S		A		E		N	U	M	B	E	R
F	O	R	T	R	E	S	S		E		D
	N		E		F		E	L	D	E	S	T

Wordsearch Workout

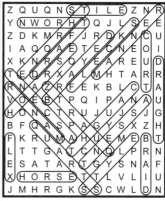

Double Fun Sudoku

Tasty Teaser

4	2	7	8	3	6	9	5	1
1	3	9	7	4	5	8	2	6
5	6	8	9	1	2	3	4	7
2	5	3	1	7	4	6	9	8
9	1	6	5	2	8	4	7	3
8	7	4	6	9	3	5	1	2
6	9	5	2	8	1	7	3	4
7	4	2	3	6	9	1	8	5
3	8	1	4	5	7	2	6	9

Brain Buster

9	8	7	1	2	6	4	3	5
5	4	3	8	9	7	2	1	6
1	6	2	4	5	3	7	8	9
2	5	1	6	4	9	3	7	8
7	3	6	2	8	1	5	9	4
8	9	4	3	7	5	6	2	1
3	7	5	9	6	8	1	4	2
4	1	8	5	3	2	9	6	7
6	2	9	7	1	4	8	5	3

Matchstick Magic

The matchsticks which have been moved are outlined.

Brain Teaser

18
8x8=64 Reversed = 46
5x5=25 Reversed = 52
4x4=16 Reversed = 61
7x7=49 Reversed = 94
6x6=36 Reversed = 63
9x9=81 Reversed = 18

Domino Placement

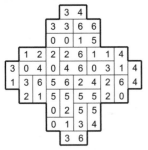

Page 76

Codeword Conundrum

L	A	S	S		R	E	M	A	P		Z	O	O	M
O		A	B	A		I		A		I	O			O
G	U	R	U		J	I	N	G	L	E		N		W
O			N		A		T			W	O	K	E	N
	S	A	S	H		Y	U	L	E			E		K
B	O	A		E		L		R		R	O	B	E	S
E		L		N	E	A	R	B	Y			E		Q
L	E	A	P	T		X		A		C	O	Y	P	U
O		M		F	I	A	N	C	E			O		I
W	A	I	V	E		T		E		D		N	U	B
		R			S	O	Y	A		V	E	N	D	
S	C	A	M	P		R		I		Y			Y	C
A		L		Y	O	K	E	L	S		M	Y	T	H
K		A		R		N		I	M	P			U	
E	C	R	U		B	R	A	C	T		H	E	L	M

Double Fun Sudoku

Tasty Teaser

8	7	2	6	1	3	5	4	9
6	4	9	2	5	7	8	3	1
3	5	1	8	9	4	6	7	2
5	1	6	7	4	9	3	2	8
9	3	8	5	2	1	4	6	7
4	2	7	3	6	8	1	9	5
1	8	3	4	7	2	9	5	6
7	6	4	9	8	5	2	1	3
2	9	5	1	3	6	7	8	4

Brain Buster

9	3	1	5	2	7	8	4	6
8	7	5	1	6	4	9	3	2
2	4	6	8	3	9	7	1	5
4	1	2	7	5	6	3	8	9
7	5	3	9	8	2	1	6	4
6	8	9	4	1	3	5	2	7
5	2	4	3	9	8	6	7	1
3	9	7	6	4	1	2	5	8
1	6	8	2	7	5	4	9	3

Pyramid Plus

A=84, B=58, C=31, D=97, E=136, F=142, G=89, H=128, I=233, J=231, K=217, L=361, M=448, N=578, O=1026.

Work it Out

7 – In the first column, deduct 16 then 17 from each successive number; in the second column, deduct 14 then 15; in the third, deduct 12 then 13; in the fourth, deduct 10 then 11; in the fifth, deduct 8 then 9; in the sixth, deduct 6 then 7; and in the seventh, deduct 4 then 5. Thus 70 – 10 = 60 – 11 = 49 – 10 = 39 – 11 = 28 – 10 = 18 – 11 = 7.

High-Speed Crossword

1 Minute Number Crunch

Beginner
75 x 7 = 525, 525 ÷ 25 = 21, 21 ÷ 7 = 3, 3 x 16 = 48, 48 ÷ 6 = 8, 8 + 4 = 2, 2 x 98 = 196

Intermediate
196 ÷ 4 = 49, 49 x 7 = 343, 343 x 2 = 686, 686 ÷ 14 = 49, square root of 49 = 7, 7 x 12 = 84, 84 + 108 = 192

Advanced
1017 ÷ 3 = 339, 339 ÷ 3 x 2 = 226, 226 + 124 = 350, 350 x 0.38 = 133, 133 + 77 = 210, 210 ÷ 14 x 5 = 75, 75 + 45 = 120

Page 77

High-Speed Crossword

IQ Workout

Clocks gain 2 hours 19 minutes, 2 hours 29 minutes, 2 hours 39 minutes and 2 hours 49 minutes.

1 Minute Number Crunch

Beginner
31 – 15 = 16, 16 + 4 = 20, 20 + 18 = 38, 38 ÷ 2 = 19, 19 – 11 = 8, 8² = 64, 64 + 146 = 210

Intermediate
945 ÷ 3 = 315, 315 + 146 = 461, 461 x 2 = 922, 922 – 34 = 888, 888 ÷ 8 x 3 = 333, 333 + 37 x 3 = 27, 27 + 18 (27 + 3 x 2) = 45

Advanced

1135 + 681 (1135 ÷ 5 x 3) = 1816, 1816 – 681 (1816 ÷ 8 x 3) = 1135, 1135 ÷ 5 = 227, 227 ÷ 0.25 = 908, 908 + 685 = 1593, 1593 ÷ 9 x 5 = 885, 885 ÷ 15 x 11 = 649

Wordsearch Workout

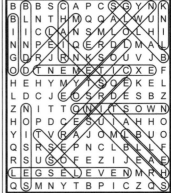

Double Fun Sudoku

Tasty Teaser

9	1	8	5	2	4	7	6	3
3	7	4	6	9	8	5	1	2
2	5	6	7	1	3	8	9	4
6	4	2	9	8	5	1	3	7
7	3	1	4	6	2	9	8	5
5	8	9	3	7	1	2	4	6
4	2	5	1	3	9	6	7	8
8	9	7	2	4	6	3	5	1
1	6	3	8	5	7	4	2	9

Brain Buster

6	2	3	8	9	5	1	7	4
7	8	4	1	2	6	9	3	5
5	1	9	7	4	3	8	6	2
1	7	2	6	8	9	5	4	3
3	9	6	5	1	4	7	2	8
8	4	5	3	7	2	6	9	1
2	5	1	4	6	7	3	8	9
4	3	7	9	5	8	2	1	6
9	6	8	2	3	1	4	5	7

Whatever Next?

88 – In opposite points of the star, the lower number is multiplied by the central number and the result is divided by two to equal the higher number, so 11x16 divided by two = 88.

Brain Teaser

€10
Ashtray €2, Chair €60, Table €240

Page 78

Mind Over Matter

The values of the letters in the top squares are multiplied together, as are those in the bottom squares. The value of the letter in the central square is the number of times the product of the lower squares divides into that of the upper squares. Thus the missing value is 6, so the missing letter is F.

Double Fun Sudoku

Tasty Teaser

8	2	6	7	9	1	4	5	3
7	4	9	3	2	5	8	6	1
1	3	5	8	4	6	7	9	2
4	8	3	6	1	9	2	7	5
2	9	7	4	5	3	1	8	6
5	6	1	2	8	7	9	3	4
6	5	4	9	7	2	3	1	8
3	7	8	1	6	4	5	2	9
9	1	2	5	3	8	6	4	7

Brain Buster

3	2	1	5	7	9	4	8	6
7	8	4	6	3	1	2	5	9
9	6	5	2	8	4	7	3	1
5	1	7	4	2	8	9	6	3
6	3	9	1	5	7	8	4	2
8	4	2	9	6	3	1	7	5
2	7	3	8	9	5	6	1	4
4	5	6	7	1	2	3	9	8
1	9	8	3	4	6	5	2	7

Codeword Conundrum

C	H	I	M	P		R	E	F	U	R	B	I	S	H
R		M		R		A		L		A				I
I	M	P	R	O	M	P	T	U		S	W	A	M	P
T		E		V		T		M		C		Z		P
I	N	L	A	I	D		I	M	P	A	R	I	T	Y
C				D		U		O		L		M		
I	M	A	G	E		N	E	X	T		J	U	T	E
S		G		R		R		I		C		T		N
M	A	R	K		V	E	I	N		A	B	H	O	R
		O		K		Q		G		R				A
S	P	U	R	I	O	U	S		T	O	E	C	A	P
U		N		M		I		F		U		R		T
R	O	D	E	O		T	R	O	U	S	S	E	A	U
G				N		E		U		A		P		R
E	M	B	R	O	I	D	E	R		L	I	T	R	E

Futoshiki

4	5	3	1	2
1	4	5	2	3
3	2	4	5	1
5	1	2	3	4
2	3	1	4	5

High-Speed Crossword

P	I	L	E	D		T		B			S
Y		O		A		A	T	H	L	E	T	E
R	U	N		N		X		O			V
A		D		C	R	I	T	I	C	I	S	E
M	O	O	S	E		H		K			N
I		N		S	W	E	E	T	E	S	T
D			G		E	R		D			S
	T	H	R	E	A	T	E	N		A	T
A		A		R			O	R	D	E	R
D	I	S	M	I	S	S	E	D		V		O
A		M			I			D		I	N	K
P	L	E	A	S	E	D		E		S		E
T		R			R			E		D	R	E	A	D

1 Minute Number Crunch

Beginner
Square root of 169 = 13, 13 x 4 = 52, 52 + 15 = 67, 67 − 27 = 40, 15% of 40 = 6, 6 + 17 = 23, 23 x 8 = 184

Intermediate
257 x 2 = 514, 514 − 85 = 429, 429 ÷ 3 x 2 = 286, 286 x 2 = 572, 572 ÷ 4 x 3 = 429, 429 ÷ 3 = 143, 143 + 119 = 262

Advanced
65 ÷ 13 x 7 = 35, 60% of 35 = 21, 21² = 441, 441 ÷ 9 x 4 = 196, 196 x 1.25 = 245, 40% of 245 = 98, 98 x 7 = 686

Page 79

Battleships

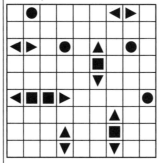

High-Speed Crossword

S	C	H	O	O	L		E		L		S
K		A			I	M	A	G	I	N	E	D
A		I		K		R		M		Q	
T	U	R	T	L	E		L	A	B	O	U	R
E			A	D		I			E	
S	M	O	K	E		D	E	S	C	E	N	T
	E		E	S		R		R		C	
E	C	O	N	O	M	Y		C	A	G	E	D
	H			A		S		B			I
F	A	B	R	I	C		P	A	S	S	E	S
	N		A	K		O			A		M
O	I	N	T	M	E	N	T			K		A
	C			S		D		S	A	F	E	T	Y

IQ Workout

1018 – Moving clockwise, double the previous number and add 6.

Wordwheel

The nine-letter word is: SAXIFRAGE

Wordsearch Workout

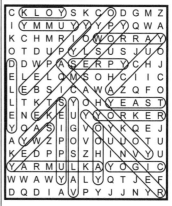

Double Fun Sudoku

Tasty Teaser

1	8	6	3	7	2	9	5	4
5	4	3	1	9	6	2	7	8
7	2	9	8	4	5	1	3	6
3	1	2	6	5	4	8	9	7
9	6	7	2	8	1	3	4	5
4	5	8	9	3	7	6	1	2
2	7	1	5	6	9	4	8	3
6	3	5	4	1	8	7	2	9
8	9	4	7	2	3	5	6	1

Brain Buster

5	7	4	8	2	9	6	1	3
1	2	9	3	6	4	7	8	5
8	3	6	7	5	1	9	4	2
6	5	7	2	9	8	4	3	1
3	4	1	6	7	5	8	2	9
9	8	2	1	4	3	5	7	6
2	9	8	5	1	7	3	6	4
7	6	5	4	3	2	1	9	8
4	1	3	9	8	6	2	5	7

Sum Circle

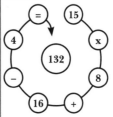

Page 80

1 Minute Number Crunch

Beginner
94 + 6 = 100, square root of 100 = 10, 10 + 25 = 35, 35 ÷ 7 = 5, 5^2 = 25, 25 x 7 = 175, 175 + 13 = 188

Intermediate
89 + 74 = 163, 163 x 2 = 326, 326 − 49 = 277, 277 x 3 = 831, 831 + 94 = 925, 925 ÷ 25 = 37, 37 x 11 = 407

Advanced
286 ÷ 22 x 19 = 247, 247 x 11 = 2717, 2717 x 2 = 5434, 5434 − 4945 = 489, 489 + 815 = 1304, 1304 ÷ 8 x 5 = 815, 815 − 652 (815 ÷ 5 x 4) = 163

High-Speed Crossword

C	O	W	B	O	Y	S		A		F		D
L		A			C	L	I	M	A	T	E	
E		R	E	F	E	R		M		D		N
A		R		I		E	A	S	I	E	S	T
N	O	I	S	E		W				I		I
		O		R	E	S	E	M	B	L	E	S
C		R		C			I		A			T
I	N	S	P	E	C	T	E	D		D		
R				A			D	R	E	S	S	
C	A	P	I	T	A	L		A		L		A
L		A		I		L	O	Y	A	L		D
E	X	T	R	E	M	E		E				L
D		H		D		R	A	P	I	D	L	Y

IQ Workout

16 – The first digit is larger than the second digit in all the other numbers.

Codeword Conundrum

U	N	S	A	V	O	U	R	Y		D	E	B	U	G
R		M		I		M	A		E		I			O
G	R	O	S	S		B	A	R	G	A	I	N		L
E		K		A		R		D		F		G		D
S	T	I	N	G	R	A	Y		H	E	R	E	O	F
		N		E			T		N			I		I
P	H	E	W		A	R	C	H	D	E	A	C	O	N
R		S		S		O		O		D		A		C
O	B	S	E	Q	U	I	O	U	S		A	N	K	H
J			U		L			C		D				
E	X	I	L	E	D		P	U	N	I	T	I	V	E
C		M		E		C	S		T		D		N	
T		B	A	Z	O	O	K	A		R	E	A	C	T
O		E		E		L		G		I		T		R
R	E	D	I	D		T	R	E	A	C	H	E	R	Y

Tasty Teaser

4	9	8	5	3	7	2	6	1
1	7	6	2	4	9	8	5	3
3	5	2	6	8	1	4	7	9
7	2	4	8	9	3	6	1	5
5	8	1	4	7	6	3	9	2
9	6	3	1	2	5	7	8	4
8	1	7	3	5	2	9	4	6
2	4	5	9	6	8	1	3	7
6	3	9	7	1	4	5	2	8

Brain Buster

3	5	2	6	1	7	4	8	9
1	6	8	3	4	9	2	5	7
9	4	7	8	2	5	1	3	6
7	1	5	4	3	8	9	6	2
6	9	4	2	5	1	3	7	8
8	2	3	7	9	6	5	1	4
4	7	9	1	8	3	6	2	5
5	3	6	9	7	2	8	4	1
2	8	1	5	6	4	7	9	3

Spidoku

Page 81

Logi-Six

D	F	E	C	B	A
F	A	B	D	C	E
A	D	F	B	E	C
E	C	A	F	D	B
B	E	C	A	F	D
C	B	D	E	A	F

High-Speed Crossword

B	E	F	A	L	L		D	I	S	O	W	N
	L		P		O		E		P			A
P	A	N	A	M	A		T	E	A	R	U	P
	B		C		F	U	R		N		S	
C	O	V	E	Y		I		I		I	P	
	R			C	A	T	H	E	T	E	R	
	A		B		H		U		L		R	
S	T	A	R	W	A	R	S				S	
	E		A		I			F	R	I	E	D
H			Z		N	I	B		I		V	
E	T	H	I	C	S		L	I	N	G	E	R
R			E		A		O		S		R	
B	U	R	R	O	W		T	H	E	M	E	D

Wordsearch Workout

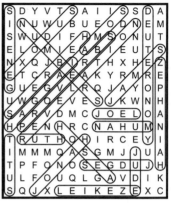

Double Fun Sudoku

Tasty Teaser

8	7	1	5	4	6	2	9	3
6	9	5	2	7	3	4	8	1
4	2	3	1	9	8	5	6	7
5	4	6	3	8	1	9	7	2
9	3	8	7	2	5	6	1	4
7	1	2	4	6	9	3	5	8
1	5	7	6	3	4	8	2	9
2	8	4	9	5	7	1	3	6
3	6	9	8	1	2	7	4	5

Brain Buster

2	1	8	5	4	6	9	3	7
9	4	3	1	7	2	6	5	8
7	6	5	3	8	9	2	1	4
5	8	7	4	2	1	3	9	6
3	2	6	7	9	5	4	8	1
1	9	4	8	6	3	7	2	5
6	5	9	2	1	7	8	4	3
8	7	1	9	3	4	5	6	2
4	3	2	6	5	8	1	7	9

Matchstick Magic

The matchsticks have been added as shown.

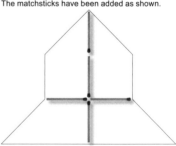

Brain Teaser

121
72 − 61 = 11; 11 x 11 = 121

1 Minute Number Crunch

Beginner
111 ÷ 3 = 37, 37 – 12 = 25, square root of 25 = 5, 5 x 15 = 75, 75 + 105 = 180, 5% of 180 = 9, square root of 9 = 3

Intermediate
192 ÷ 3 = 64, 64 x 5 = 320, 320 ÷ 16 x 11 = 220, 220 – 58 = 162, 162 ÷ 18 x 5 = 45, 45 + 66 = 111, 111 ÷ 3 x 2 = 74

Advanced
87.5% of 720 = 630, 630 ÷ 18 x 7 = 245, 245 x 2 = 490, 490 ÷ 14 x 9 = 315, 180% of 315 = 567, 567 ÷ 3 = 189, 189 + 105 (189 ÷ 9 x 5) = 294

Page 82

Codeword Conundrum

S	E	L	E	C	T		A		T		R	A	Z	E
A		O		A		E	X	C	U	S	E			C
B	O	O	T	L	A	C	E		N		I	N	T	O
O		S		V		H		V	A	I	N			N
T	H	E	R	E	F	O	R	E			V	E	T	O
	E				R			I	S	L	E			M
F	L	A	W	L	E	S	S	L	Y		N	A	V	Y
	L		A		S		K		R		T		A	
C	O	P	Y		C	L	I	Q	U	I	S	H	L	Y
H			F	L	O	E			P				E	
U	L	N	A			A	N	H	Y	D	R	I	T	E
C			R	O	A	N		A		R		N		J
K	I	W	I		G		S	I	N	E	C	U	R	E
E			N	E	U	T	E	R		A		R		C
D	R	U	G		E		T		A	R	D	E	N	T

Double Fun Sudoku

Tasty Teaser

3	9	5	4	8	7	1	6	2
4	7	6	1	2	9	5	8	3
8	1	2	6	5	3	7	9	4
1	4	9	8	7	2	6	3	5
7	5	8	9	3	6	2	4	1
2	6	3	5	1	4	8	7	9
9	8	1	7	4	5	3	2	6
5	3	4	2	6	8	9	1	7
6	2	7	3	9	1	4	5	8

Brain Buster

9	8	2	4	3	5	1	7	6
7	5	1	8	6	2	9	4	3
3	6	4	7	1	9	8	2	5
8	4	7	1	2	3	6	5	9
5	9	3	6	8	7	2	1	4
1	2	6	5	9	4	3	8	7
2	7	8	9	4	6	5	3	1
4	1	9	3	5	8	7	6	2
6	3	5	2	7	1	4	9	8

Pyramid Plus

A=25, B=114, C=43, D=45, E=127, F=139, G=157, H=88, I=172, J=296, K=245, L=260, M=541, N=505, O=1046.

Work it Out

339 – From the top left corner, follow a clockwise path around and spiral towards the centre, adding 7 to each number every time.

High-Speed Crossword

D	I	S	R	E	G	A	R	D		K		W
I		E		T		F		R	A	N	G	E
G	I	N		E		R		O		O		E
I		A		R	U	I	N	S		W		K
T	I	T	A	N		C		S	I	N	G	E
		O		A		A			R			N
S	U	R	E	L	Y		F	L	A	R	E	D
U			L			B		E		E		
C	U	F	F	S		E		T	U	D	O	R
C		L		W	H	I	S	T		D		E
E		E		I		N		E		E	E	N
S	P	E	A	R		G		R		E		E
S		T		L	A	S	T	S	T	R	A	W

1 Minute Number Crunch

Beginner
76 – 4 = 72, 72 ÷ 8 = 9, 9^2 = 81, 81 + 39 = 120, 120 ÷ 3 = 40, 40 – 4 = 36, 36 ÷ 4 = 9

Intermediate
55 x 11 = 605, 605 ÷ 5 x 4 = 484, 484 ÷ 4 x 3 = 363, 363 x 2 = 726, 726 ÷ 3 = 242, 242 + 782 = 1024, square root of 1024 = 32

Advanced
729 ÷ 9 x 3 = 243, 243 x 3 = 729, square root of 729 = 27, 27 + 773 = 800, 78% of 800 = 624, 624 ÷ 6 x 5 = 520, 62.5% of 520= 325

Page 83

High-Speed Crossword

C	R	A	W	L		L			D		W	
A		V		E		E	T	H	I	C	A	L
S	T	O	R	A	G	E			P		G	
H		W		D		S	C	A	L	L	O	P
C		E			C		I		O		N	
R	U	D	I	M	E	N	T		M	U	S	H
O			N		A		R		A			I
P	L	U	S		S	H	O	O	T	I	N	G
	O		O		E		N			N		H
E	N	D	L	E	S	S		C		V		N
	E		E			A	C	H	I	E	V	E
C	L	O	N	I	N	G		I		R		S
	Y		T			O		C	I	T	E	S

Summing Up

37	13	22	44	84	**39**
46	39	42	**24**	44	44
52	77	39	7	18	46
18	**50**	44	71	16	40
22	41	47	48	**32**	49
64	19	**45**	45	45	21

Domino Placement

				4	4				
			1	4	1	2			
			5	0	5	5			
	1	3	2	0	6	4	2	1	
2	1	6	0	6	3	1	3	0	4
2	4	5	4	5	6	1	0	3	3
	3	5	0	2	6	0	2	2	
			0	5	3	3			
			4	6	1	5			
				6	6				

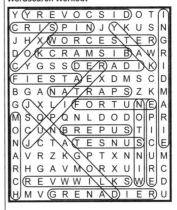

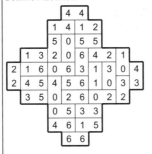

Wordsearch Workout

Y	Y	R	E	V	O	C	S	I	D	O	T	I
C	R	I	S	P	I	N	J	Y	K	U	S	N
J	H	X	W	O	R	C	E	S	T	E	R	G
D	O	K	C	R	A	M	S	I	B	A	W	R
C	Y	G	S	S	D	E	R	A	D	I	K	I
F	I	E	S	T	A	E	X	D	M	S	C	D
B	G	A	N	A	T	R	A	P	S	Z	K	M
G	J	X	L	I	F	O	R	T	U	N	E	A
M	S	O	P	Q	N	L	D	O	D	O	P	R
O	C	U	N	B	R	E	P	U	S	T	I	I
N	J	C	T	A	T	E	S	N	U	S	C	E
A	V	R	Z	K	G	P	T	X	N	N	U	M
R	H	G	A	V	M	O	R	X	U	I	R	C
C	R	E	V	W	W	I	L	K	S	W	E	D
H	M	V	G	R	E	N	A	D	I	E	R	U

Double Fun Sudoku

Tasty Teaser

1	3	8	7	6	4	2	5	9
5	4	6	2	9	8	1	7	3
9	2	7	3	1	5	6	4	8
6	5	2	4	8	7	3	9	1
4	9	3	6	5	1	8	2	7
7	8	1	9	3	2	4	6	5
3	6	4	8	7	9	5	1	2
8	1	9	5	2	6	7	3	4
2	7	5	1	4	3	9	8	6

Brain Buster

7	1	3	6	4	8	2	9	5
2	9	5	1	7	3	8	6	4
4	6	8	5	9	2	1	3	7
9	2	7	4	3	5	6	1	8
6	5	1	2	8	9	4	7	3
8	3	4	7	6	1	9	5	2
5	4	9	3	2	6	7	8	1
1	7	6	8	5	4	3	2	9
3	8	2	9	1	7	5	4	6

Whatever Next?

J – Assign a number to each letter according to its place in the alphabet (J=10), then divide the highest number by the lowest in opposite points to give the central number.

Brain Teaser

33.75 seconds

The train travels 80km in 60 minutes (or 3600 seconds).

Thus it travels 1km in $\frac{3600}{80} = 45$

Thus .75km = 45 x .75 = 33.75 seconds

Page 84

Mind Over Matter

The value of the letter in the central square is equal to the difference between the sum total of the values in the top squares and the sum total of the values in the bottom squares. Thus the missing value is 17, so the missing letter is Q.

Double Fun Sudoku

Tasty Teaser

7	3	4	1	8	9	6	2	5
9	6	8	7	5	2	4	3	1
5	1	2	3	4	6	7	9	8
1	4	3	2	9	5	8	7	6
6	2	7	8	1	4	9	5	3
8	5	9	6	7	3	2	1	4
4	7	5	9	3	8	1	6	2
3	9	6	4	2	1	5	8	7
2	8	1	5	6	7	3	4	9

Brain Buster

4	2	6	5	1	8	3	9	7
8	9	7	6	3	4	1	2	5
5	3	1	9	7	2	8	6	4
9	7	8	3	5	1	6	4	2
1	5	3	2	4	6	7	8	9
2	6	4	8	9	7	5	1	3
6	4	5	7	8	9	2	3	1
7	1	2	4	6	3	9	5	8
3	8	9	1	2	5	4	7	6

Codeword Conundrum

T	E	P	I	D		D	E	S	P	E	R	A	D	O
O		R		I		U		O		N				C
W	H	I	M	S	I	C	A	L		W	A	T	C	H
N		Z		K		I		R		A				R
S	E	E	K	E	R		S	C	R	A	M	B	L	E
F				N		J		I		P		L		
O	V	E	N	S		U	N	T	O		S	E	X	Y
L		X		E		V		O		Z		A		E
K	E	E	P		M	E	N	U		E	Q	U	A	L
		R		E	N		S		S			L		
M	E	T	A	L	L	I	C		S	T	U	C	C	O
I		E		I		L		S		I				W
R	E	D	U	X		I	M	P	R	E	C	A	T	E
E				I		T		E		S				S
D	E	S	T	R	O	Y	E	D		T	I	G	H	T

Futoshiki

3	1	5	2 <	4
1	5	2	4	3
5 >	4	3	1	2
4	2	1	3	5
2	3	4	5	1

High-Speed Crossword

D	O	L	L	O	P		S	U	R	F	E	R
A		O		V		T		L		A		
C	O	N	F	E	T	T	I		B	O	S	S
H		G		R		L		R		R		H
A	R	R	O	W		P	L	A	C	A	T	E
		U		H				R				R
C	A	N	C	E	L		A	M	U	S	E	S
A				L		I		P				
R	U	N	A	M	O	K		S	M	A	S	H
C		I			N		T		T			A
A	W	E	D		S	I	N	I	S	T	E	R
S		C		E		C		E		E		D
E	X	E	M	P	T		Y	E	A	R	L	Y

1 Minute Number Crunch

Beginner
95 + 18 = 113, 113 − 72 = 41, 41 x 2 = 82, 82 x 1.5 = 123, 123 − 16 = 107, 107 − 17 = 90, 90 x 4 = 360

Intermediate
530 + 53 (10% of 530) = 583, 583 x 2 = 1166, 1166 ÷ 11 = 106, 106 x 4 = 424, 424 ÷ 8 x 5 = 265, 265 ÷ 5 = 53, 53 x 12 = 636

Advanced
228 ÷ 12 x 9 = 171, 171 ÷ 9 x 5 = 95, 95 ÷ 19 x 6 = 30, 30^2 = 900, 27% of 900 = 243, 243 x 2 = 486, 486 ÷ 27 x 5 = 90

Page 85

1 Minute Number Crunch

Beginner
61 + 5 = 66, 66 ÷ 11 = 6, 6 x 13 = 78, 78 ÷ 3 x 2 = 52, 52 ÷ 2 = 26, 26 − 8 = 18, 18 x 3 = 54

Intermediate
98 − 69 = 29, 29 x 5 = 145, 145 x 2 = 290, 290 ÷ 29 x 4 = 40, 40 + 8 (20% of 40) = 48, 48 + 8 (48 ÷ 6) = 56, 56 ÷ 8 x 5 = 35

Advanced
175% of 212 = 371, 371 x 8 = 2968, 2968 − 1693 = 1275, 1275 ÷ 15 x 13 = 1105, 1105 + 884 (1105 ÷ 5 x 4) = 1989, 1989 ÷ 9 x 2 = 442, 442 x 13 = 5746

High-Speed Crossword

C	L	O	S	E	S		E	X	C	U	S	E
I		P		A		X		O		C		C
T	O	N	E		L		C		L		A	
Y		P		D		R		S		M		T
	G	R	A	S	S	Y		S	I	N	G	E	R
	I			I			N		R			
E	N	T	E	R	S		S	N	A	K	E	S
	C		N		T		E		N			D
D	I	S	G	R	A	C	E			C		N
	P		A		R		S		H	A	T	E
	L		G		E		A		O			T
L	E	G	E	N	D		W	O	R	L	D	S

Partitions

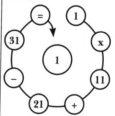

Wordwheel

The nine-letter word is: FOOTPRINT

Wordsearch Workout

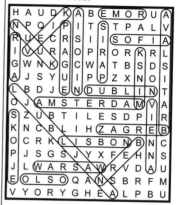

Double Fun Sudoku

Tasty Teaser

2	8	6	7	9	3	1	5	4
7	9	5	6	4	1	8	3	2
1	4	3	8	2	5	9	6	7
4	3	1	9	7	2	5	8	6
9	5	8	3	6	4	7	2	1
6	7	2	5	1	8	3	4	9
8	1	4	2	5	7	6	9	3
3	2	9	1	8	6	4	7	5
5	6	7	4	3	9	2	1	8

Brain Buster

4	8	6	1	5	7	2	9	3
9	2	7	6	4	3	1	5	8
5	3	1	8	9	2	4	7	6
2	7	5	3	6	9	8	1	4
8	9	3	4	7	1	6	2	5
1	6	4	2	8	5	7	3	9
7	4	2	9	3	8	5	6	1
3	1	8	5	2	6	9	4	7
6	5	9	7	1	4	3	8	2

Sum Circle

(= , 1, 31, x, 1, −, 11, 21, +)

Page 86

1 Minute Number Crunch

Beginner
51 ÷ 3 = 17, 17 + 18 = 35, 35 ÷ 5 x 4 = 28, 28 ÷ 4 x 3 = 21, 21 + 37 = 58, 58 − 49 = 9, 9 x 8 = 72

Intermediate
680 ÷ 17 = 40, 40 x 4.5 = 180, 60% of 180 = 108, 108 x 5 = 540, 540 + 54 (10% of 540) = 594, 594 ÷ 18 x 5 = 165, 165 x 2 = 330

Advanced
572 ÷ 11 x 7 = 364, 364 ÷ 52 x 9 = 63, 63 ÷ 9 x 5 = 35, 35^2 = 1225, 60% of 1225 = 735, 735 ÷ 15 x 4 = 196, square root of 196 = 14

High-Speed Crossword

D	A	L	L	Y		D	I	S	C	U	S	S
R		I		E		U		H		N		E
I		E		L	O	O	K	A	L	I	K	E
V	O	C	A	L				R		T		K
I		H		S	T	O	P	P	R	E	S	S
N		T		H		A		D				
G	R	E	E	N	E		T	I	C	K	E	T
		N		R		H		I		L		A
P	E	S	S	I	M	I	S	M		N		N
O		T		T				O	R	G	A	N
O	P	E	N	E	N	D	E	D		D		E
C		I		M		A		E		O		R
H	O	N	E	S	T	Y		L	U	M	P	Y

IQ Workout
12

Codeword Conundrum

L	A	V	I	S	H		H		Z		V	I	S	A
I		E		Q		J	O	C	O	S	E			B
M	U	R	M	U	R	E	D		O		N	E	W	S
B		G		A		R		S	M	O	G			I
O	V	E	R	T	A	K	E	N			E	A	R	N
	I			W			O	K	R	A				T
S	P	L	A	S	H	D	O	W	N		N	I	G	H
	E		N		I		W		O		C		R	
A	R	E	A		L	E	N	G	T	H	E	N	E	D
I			L	I	E	S		T			B			
R	U	N	G			P	O	L	Y	E	S	T	E	R
F		E	N	V	Y		A		A		W			I
A	X	I	S		A		S	M	A	S	H	I	N	G
R		I	N	S	T	E	P		E		E		L	
E	P	I	C		E		T		A	D	D	L	E	D

Tasty Teaser

5	3	4	2	1	7	9	6	8
7	9	8	5	6	3	1	4	2
6	1	2	8	4	9	3	5	7
3	2	6	9	7	1	5	8	4
9	8	7	4	3	5	2	1	6
4	5	1	6	8	2	7	9	3
8	7	5	1	2	6	4	3	9
1	6	3	7	9	4	8	2	5
2	4	9	3	5	8	6	7	1

Brain Buster

3	9	6	2	8	4	5	7	1
5	1	2	9	7	3	4	8	6
4	8	7	6	1	5	9	2	3
2	4	3	7	9	6	8	1	5
1	6	9	5	3	8	2	4	7
8	7	5	4	2	1	3	6	9
6	5	1	3	4	2	7	9	8
7	3	4	8	6	9	1	5	2
9	2	8	1	5	7	6	3	4

Spidoku

Page 87

Logi-Six

E	F	B	C	A	D
A	B	D	E	F	C
D	E	C	F	B	A
C	A	E	B	D	F
B	D	F	A	C	E
F	C	A	D	E	B

High-Speed Crossword

C	U	R	L		D	E	C	E	M	B	E	R
O		A		D		C		X		E		A
N	U	P	T	I	A	L		T	O	D	A	Y
T		I		S		A		R		T		S
E	I	D	E	R		I	T	A	L	I	C	
M			E		R		S		M		W	
P	O	P	U	P	S		R	E	D	E	Y	E
T		R		U		J		N			A	
	B	E	E	T	L	E		S	H	O	C	K
O		S		A		T		O		U		N
B	L	U	R	B		S	T	R	A	N	G	E
O		M		L		E		Y		C		S
E	L	E	V	E	N	T	H		L	E	S	S

Wordsearch Workout

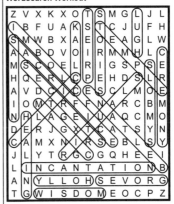

Double Fun Sudoku

Tasty Teaser

5	6	4	3	2	7	9	8	1
2	8	3	1	9	6	7	5	4
7	1	9	4	8	5	3	2	6
8	3	7	5	4	6	1	9	2
9	4	5	8	6	1	2	3	7
1	2	6	9	7	3	8	4	5
6	7	2	5	4	8	1	9	3
3	5	8	6	1	9	4	7	2
4	9	1	7	3	2	5	6	8

Brain Buster

1	5	4	9	8	7	3	2	6
8	9	3	5	2	6	4	7	1
2	6	7	4	3	1	8	9	5
6	4	5	3	7	9	1	8	2
7	2	9	8	1	5	6	3	4
3	1	8	6	4	2	7	5	9
5	8	2	7	6	4	9	1	3
9	3	6	1	5	8	2	4	7
4	7	1	2	9	3	5	6	8

Matchstick Magic
The matchsticks which have been removed are outlined.

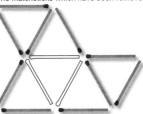

Brain Teaser
593,775

$$\frac{30 \times 29 \times 28 \times 27 \times 26 \times 25}{1 \times 2 \times 3 \times 4 \times 5 \times 6}$$

$$\frac{42751800}{720} = 593,775$$

Simple as A, B, C

A	A	B	C	B	C
A	B	C	C	A	B
C	C	A	B	B	A
C	A	A	B	C	B
B	C	B	A	C	A
B	B	C	A	A	C

Page 88

Codeword Conundrum

L	O	C	A	T	E	S		M	A	D	C	A	P
E		V		H	U	L	A		A		A		E
M	A	X	I	M		R		R	M	A	L	T	
M		D	E	B	U	T		A	B	E	T		U
I	T	S		A		B	U	L	B		S	T	U	N
N		T		S		R		O		E		I
G	R	O	W	L		P	N	E	U	M	O	N	I	A
	V		E		I		L		A		D
B	E	E	F	S	T	E	A	K		C	H	A	S	M
E		P		O		T		A		N		O
J	A	I	L		P	L	O	D		Q		T	E	N
E		P	A	S	S		P	R	O	U	D		T
W	H	E	Y		O		O		E	A	R	T	H
E		E		I	R	K	S		Z		L
L	A	U	R	E	L		S	E	V	E	N	T	Y

Double Fun Sudoku

Tasty Teaser

1	8	6	4	7	9	5	3	2
5	3	9	2	1	8	7	6	4
4	7	2	6	5	3	8	1	9
7	5	8	1	9	4	6	2	3
6	9	4	3	2	7	1	5	8
2	1	3	5	8	6	9	4	7
8	6	1	7	4	2	3	9	5
9	4	5	8	3	1	2	7	6
3	2	7	9	6	5	4	8	1

Brain Buster

9	2	7	3	8	6	4	1	5
6	3	8	5	4	1	7	9	2
1	5	4	2	7	9	8	6	3
5	7	9	8	6	2	1	3	4
3	4	1	7	9	5	6	2	8
2	8	6	4	1	3	9	5	7
8	1	3	9	5	4	2	7	6
4	9	5	6	2	7	3	8	1
7	6	2	1	3	8	5	4	9

Pyramid Plus

A=120, B=63, C=23, D=34, E=54, F=183, G=86, H=57, I=88, J=269, K=143, L=145, M=412, N=288, O=700.

Work it Out

11 – Reading across each row, multiply the first number by 3, then deduct 4, then multiply by 2, then deduct 3, then multiply by 2, then deduct 2.

High-Speed Crossword

B	E	S	T	I	R	S		M	I	M	I	C
A		E		N		T		A		O		R
T	O	A	S	T	M	A	S	T	E	R		U
H		E		I		T		I		S		S
T	A	P	I	R		R	U	B	B	I	S	H
U		O		V		S		A		C
B	O	W	M	E	N		T	R	U	I	S	M
	D		N		D		R		A		A
P	R	E	C	E	D	E		A	N	N	U	L
A		R		M		C		C		A
L		K	U	A	L	A	L	U	M	P	U	R
P		E		C		N		D		A		I
S	I	G	H	T		D	E	A	D	S	E	A

1 Minute Number Crunch

Beginner
476 ÷ 2 = 238, 238 + 32 = 270, 270 ÷ 3 = 90, 40% of 90 = 36, square root of 36 = 6, 6 + 15 = 21, 21 ÷ 7 = 3

Intermediate
22 x 25 = 550, 550 ÷ 11 x 3 = 150, 150 + 15 (10% of 150) = 165, 165 + 110 (165 ÷ 3 x 2) = 275, 275 + 55 (275 ÷ 5) = 330, 330 − 116 = 214, 214 x 3 = 642

Advanced
884 ÷ 17 x 3 = 156, 156 + 395 = 551, 551 ÷ 19 x 3 = 87, 87 + 58 (87 ÷ 3 x 2) = 145, 145 ÷ 29 x 5 = 25, 25 + 44 = 69, 69 ÷ 23 x 14 = 42

Page 89

High-Speed Crossword

L	A	Y	E	R	S		F	I	L	T	H
G		L		G		M		R		A		E
O	R	A	N	G	E	A	D	E		M		A
O		R			R		E	B	B	E	D
S	O	M	E	T	I	M	E	S		S		M
E		K			Y		I				I
P	R	I	E	S	T		H	A	B	I	T	S
I			E		D		U		U		T
M		G		A	L	A	B	A	S	T	E	R
P	L	O	D	S		P		R		R		E
L		U		I	M	P	E	R	I	O	U	S
E	G	G	C		E		I		V		S
S	L	E	E	K		R	A	P	I	E	R

Summing Up

56	8	**18**	72	84	24
61	43	36	**25**	47	50
64	55	43	21	27	52
12	67	47	65	**27**	44
17	**71**	54	61	11	48
52	18	64	18	66	**44**

1 Minute Number Crunch

Beginner
85 ÷ 5 = 17, 17 x 2 = 34, 34 + 8 = 42, 42 x 2 = 84, 84 ÷ 7 = 12, 12 + 88 = 100, 24% of 100 = 24

Intermediate
507 − 209 = 298, 298 x 2 = 596, 596 + 149 (25% of 596) = 745, 60% of 745 = 447, 447 + 27 = 474, 474 ÷ 6 = 79, 79 + 98 = 177

Advanced
502 x 9 = 4518, 4518 ÷ 6 = 753, 753 ÷ 3 = 251, 251 ÷ 0.25 = 1004, 1004 − 695 = 309, 309 + 206 (309 ÷ 3 x 2) = 515, 515 − 309 (515 ÷ 5 x 3) = 206

Wordsearch Workout

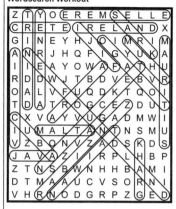

Double Fun Sudoku

Tasty Teaser

6	4	3	9	7	1	2	8	5
2	7	9	5	3	8	1	6	4
1	8	5	6	2	4	7	3	9
7	1	8	2	4	9	6	5	3
3	6	4	8	5	7	9	1	2
9	5	2	3	1	6	8	4	7
4	9	1	7	8	5	3	2	6
5	3	6	1	9	2	4	7	8
8	2	7	4	6	3	5	9	1

Brain Buster

2	3	6	4	9	7	5	1	8
9	7	8	5	1	6	4	3	2
4	5	1	3	2	8	7	9	6
3	8	9	1	7	4	2	6	5
5	4	2	9	6	3	1	8	7
1	6	7	2	8	5	9	4	3
8	2	5	6	4	1	3	7	9
7	9	4	8	3	2	6	5	1
6	1	3	7	5	9	8	2	4

Whatever Next?

74 – The number in the angles of the central hexagon is half of the total of the numbers in the adjacent points of the star, so 111+37=148 and half of 148 is 74.

Brain Teaser

€315

Page 90

Mind Over Matter

The value of the letter in the central square is half that of the sum total of the value of the letters in the other squares. Thus the missing value is 1, so the missing letters is A.

Double Fun Sudoku

Tasty Teaser

5	9	2	1	7	6	3	4	8
3	7	4	5	2	8	1	6	9
6	1	8	9	3	4	2	7	5
9	5	7	8	4	2	6	3	1
2	8	6	7	1	3	9	5	4
4	3	1	6	5	9	8	2	7
1	2	5	3	8	7	4	9	6
8	4	9	2	6	5	7	1	3
7	6	3	4	9	1	5	8	2

Brain Buster

8	1	7	9	4	2	3	6	5
6	4	5	8	7	3	1	2	9
9	2	3	6	1	5	8	7	4
4	9	8	3	6	7	5	1	2
1	5	6	4	2	9	7	8	3
7	3	2	5	8	1	9	4	6
5	8	4	7	9	6	2	3	1
2	6	9	1	3	8	4	5	7
3	7	1	2	5	4	6	9	8

Codeword Conundrum

P	A	R	G	E	T		C	A	R	B	O	L	I	C
L		O		L		Z		S		Y			H	
A	I	S	L	E		I	M	P	R	E	C	I	S	E
T		E		C	O	N		I		L		N		S
E	B	B		T		C	O	C	K	F	I	G	H	T
A		U		O		U		H		R		O		
U	N	D	E	R	C	U	T		A	B	A	C	U	S
	O		M		Y		W		K		T		R	
J	O	Y	O	U	S		E	P	I	D	E	M	I	C
	S		T		T		A		E		A		O	
N	E	C	E	S	S	A	R	Y		C		R	I	M
E		R		O		V		O	V	A		Q		P
E	V	E	R	Y	B	O	D	Y		G	R	U	E	L
D		E			I		O		O		I			E
Y	U	L	E	T	I	D	E		U	N	I	S	E	X

Futoshiki

5	3	4	1	2
4	5	2	3	1
2	1	5	4	3
3	4	1	2	5
1	2	3	5	4

High-Speed Crossword

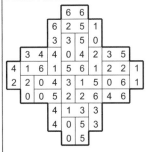

A		H		B		S	H	I	V	E	R	S
F	L	O	R	I	D	A			Q			E
E		O		R		I		T	R	U	S	T
W	A	V	E	D		L	E	A		I		A
		E		S		O		P	I	N	E	S
D	I	S	C	O	U	R	S	E		E		I
A				F			M					D
R		I		P	R	O	M	E	N	A	D	E
K	H	M	E	R		P	A	R		R		
A		P		E	A	T		S	H	A	F	T
G	R	A	V	Y		I		U		B		A
E		I			C	A	R	R	I	O	N	
S	E	R	I	O	U	S		E		C		S

1 Minute Number Crunch

Beginner
87 + 9 = 96, 96 ÷ 12 = 8, 8 + 12 = 20, 20 + 1 = 21, 21 ÷ 7 = 3, 3 x 19 = 57, 57 + 73 = 130

Intermediate
31 x 8 = 248, 248 + 842 = 1090, 1090 ÷ 10 x 3 = 327, 327 ÷ 3 = 109, 109 + 65 = 174, 174 + 116 (174 ÷ 3 x 2) = 290, 290 x 2 = 580

Advanced
24 ÷ 0.25 = 96, 96 ÷ 12 x 7 = 56, 56 x 1.875 = 105, 105 ÷ 21 x 19 = 95, 95 ÷ 19 x 7 = 35, 35 + 25 (35 ÷ 7 x 5) = 60, 60 ÷ 1.25 = 48

Page 91

Domino Placement

				6	6			
		6	2	5	1			
		3	3	5	0			
	3	4	4	0	4	2	3	5
4	1	6	1	5	6	1	2	2	1
2	2	0	4	3	1	5	0	6	1
	0	0	5	2	2	6	4	6
		4	1	3	3			
		4	0	5	3			
			0	5				

High-Speed Crossword

S	E	A	R	C	H	W	A	R	R	A	N	T
U		U		A		E		R		H		
P	E	N	S		R		R	A	F	T	E	R
P		T	E	M	P	O		I		A		
E	S	P	Y		S		S	K	I	L	L	S
R		O		O		O		L		H		
	Y	I	E	L	D		L	I	N	E	D	
I		S		R		R			R			S
S	H	O	D	D	Y		I		H	Y	P	E
L		N			N	U	R	S	E			V
A	P	O	G	E	E		A		R	A	K	E
N		U			S		Q		O			R
D	I	S	P	A	S	S	I	O	N	A	T	E

IQ Workout

8

(17 + 8 + 6) − (4 + 5 + 9) = 13
(16 + 1 + 5) − (8 + 7 + 2) = 5
(4 + 11 + 9) − (7 + 3 + 6) = 8

Wordwheel

The nine-letter word is: BRIEFCASE

Wordsearch Workout

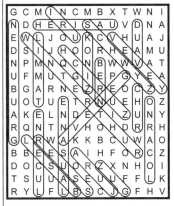

Double Fun Sudoku

Tasty Teaser

2	6	5	9	3	1	7	4	8
9	8	4	7	2	6	5	3	1
1	7	3	4	5	8	6	9	2
5	4	8	1	9	2	3	6	7
3	9	1	6	7	5	8	2	4
7	2	6	8	4	3	1	5	9
6	1	2	5	8	4	9	7	3
8	3	9	2	6	7	4	1	5
4	5	7	3	1	9	2	8	6

Brain Buster

8	4	1	5	7	6	2	3	9
9	3	7	2	4	1	6	8	5
5	6	2	8	3	9	1	7	4
1	8	4	3	9	7	5	6	2
3	7	9	6	5	2	8	4	1
2	5	6	4	1	8	3	9	7
7	1	8	9	2	3	4	5	6
6	9	5	1	8	4	7	2	3
4	2	3	7	6	5	9	1	8

Sum Circle

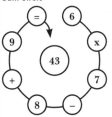

Page 92

1 Minute Number Crunch

Beginner
90 ÷ 5 = 18, 18 ÷ 3 x 2 = 12, 12 ÷ 4 x 3 = 9, 9 x 8 = 72, 72 + 28
= 100, 100 + 20 = 120, 120 ÷ 3 = 40

Intermediate
94 ÷ 2 = 47, 47 + 74 = 121, 121 ÷ 11 x 4 = 44, 44 + 33 (44 ÷ 4 x
3) = 77, 77 x 3 = 231, 231 − 69 = 162, 162 x 2 = 324

Advanced
52 x 3 = 156, 156 x 1.25 = 195, 195 ÷ 13 x 7 = 105, 105 ÷ 7
x 5 = 75, 75 x 13 = 975, 975 ÷ 39 x 28 = 700, 39% of 700 = 273

High-Speed Crossword

S	L	A	S	H		C		P	A	R	K
O		G		Y	E	M	E	N	I		E
C	O	R	E	S		L		R	G		G
K		E		S	C	H	E	M	A	T	I	C
E	V	E		O		R		T	M		
T		D		P	E	R	I	M	E	T	E	R
	L		N		N		A		S	N	
S	E	M	A	N	T	I	C	S		S		N
	B		U		H		E		P	E	A
M	A	R	G	A	R	I	T	A		L		M
	N		H		A			S	W	I	N	E
	O		T	O	L	E	D	O		C		L
O	N	L	Y		S			N	E	E	D	Y

IQ Workout

5

16 + 14 +10/4 = 10
37 + 15 + 8/10 = 6
29 + 3 + 18/10 = 5

Codeword Conundrum

D	E	P	U	T	Y		Z		E		A	L	A	R
E		A		U		W	A	R	P	E	D		E	
N	I	G	H	T	C	A	P		E		M	A	C	E
I		E		T		I		S	E	M	I		N	
M	E	S	S	I	A	N	I	C		S	O	F	T	
	L		M		A	S	K	S		R	
R	E	A	C	Q	U	A	I	N	T		I	D	L	Y
	C		O		S		L	A	O		O		I	
S	T	U	N		E	N	L	I	V	E	N	I	N	G
H		J	U	D	O		E		E		E		
E	C	R	U		N	E	W	S	A	G	E	N	T	
L		R	O	B	E		A		L		L		H	
T	A	X	I		R		A	D	H	E	S	I	V	E
E		N	U	A	N	C	E		R		T		F	
R	A	N	G		Y		E		A	T	T	E	S	T

Tasty Teaser

2	5	7	8	4	6	1	3	9
4	1	9	3	7	5	2	6	8
6	3	8	9	2	1	7	5	4
7	2	5	1	3	8	4	9	6
8	9	3	4	6	7	5	1	2
1	6	4	5	9	2	3	8	7
5	4	1	7	8	9	6	2	3
3	8	6	2	1	4	9	7	5
9	7	2	6	5	3	8	4	1

Brain Buster

6	2	3	8	1	9	5	7	4
9	7	4	6	2	5	3	1	8
5	1	8	7	3	4	6	2	9
3	4	5	2	9	7	1	8	6
8	9	2	5	6	1	7	4	3
7	6	1	4	8	3	9	5	2
1	3	7	9	4	2	8	6	5
2	8	9	1	5	6	4	3	7
4	5	6	3	7	8	2	9	1

Spidoku

Page 93

Logi-Six

B	E	A	D	F	C
E	F	C	A	D	B
D	C	B	F	A	E
A	B	F	C	E	D
F	D	E	B	C	A
C	A	D	E	B	F

High-Speed Crossword

R	U	N	U	P		D	I	S	P	O	S	E
I		A		O		O		O		V		N
D	O	T		T	H	U	M	B	N	A	I	L
E		U		E		B			T			I
S	I	R	E	N		L	O	I	T	E	R	S
		A		T		E		N			T	
W	A	L	K	I	N	G	S	T	I	C	K	S
A			A		L		E		O			
R	E	G	A	L	I	A		R	U	N	G	S
P		R			Z		C		T			T
A	L	O	N	G	S	I	D	E		A	W	E
T		A		A		N		P		I		E
H	A	N	D	B	A	G		T	U	N	E	R

Wordsearch Workout

Double Fun Sudoku
Tasty Teaser

2	4	8	3	6	9	7	5	1
6	1	3	2	5	7	4	9	8
9	7	5	8	4	1	6	2	3
3	2	1	9	8	6	5	4	7
4	8	9	7	2	5	3	1	6
5	6	7	4	1	3	2	8	9
8	3	6	5	9	2	1	7	4
1	9	2	6	7	4	8	3	5
7	5	4	1	3	8	9	6	2

Brain Buster

1	4	2	9	5	6	8	7	3
6	3	7	4	1	8	5	9	2
8	9	5	2	7	3	6	1	4
3	8	1	5	6	4	9	2	7
5	2	4	7	8	9	3	6	1
7	6	9	1	3	2	4	8	5
9	1	8	3	4	7	2	5	6
2	7	3	6	9	5	1	4	8
4	5	6	8	2	1	7	3	9

Matchstick Magic

One matchstick was removed and the rest were rearranged to
form six triangles of equal size.

Brain Teaser

5 people

Add 75 + 68 + 85 + 80 = 305.

This gives three items to all 100 people, and four items to five
of them.

Domino Placement

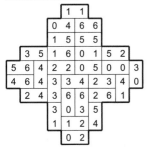

Page 94

Codeword Conundrum

Double Fun Sudoku

Tasty Teaser

7	9	6	4	1	3	5	2	8
4	3	5	2	9	8	7	6	1
8	2	1	6	7	5	3	4	9
9	4	2	3	6	1	8	7	5
6	5	7	9	8	2	4	1	3
1	8	3	5	4	7	6	9	2
3	7	9	1	5	6	2	8	4
2	6	4	8	3	9	1	5	7
5	1	8	7	2	4	9	3	6

Brain Buster

2	5	7	6	8	4	3	1	9
4	1	6	9	2	3	7	8	5
3	9	8	5	1	7	4	2	6
8	7	9	3	6	2	5	4	1
6	3	5	4	9	1	2	7	8
1	4	2	7	5	8	9	6	3
7	2	1	8	3	9	6	5	4
9	6	4	1	7	5	8	3	2
5	8	3	2	4	6	1	9	7

Pyramid Plus

A=21, B=33, C=07, D=100, E=46, F=54, G=40, H=107, I=146, J=94, K=147, L=253, M=241, N=400, O=641.

Work it Out

9 – Reading from left to right across each row, every number decreases by the same amount as the preceding number. In the bottom row, the numbers decrease by 8.

High-Speed Crossword

C	H	A	M	B	E	R		D	E	P	O	T
A		D		R		A		I		E		O
P	R	O	B	A	T	I	O	N	E	R		A
A		S		S		S		T		S		S
T	I	C	K	S		I	N	F	L	I	C	T
A		H		I		N		O		N		
N	I	E	C	E	S		B	R	E	E	C	H
	V		R		L		T		N			A
S	L	A	V	E	R	Y		U	N	T	I	L
A		L		R		N						B
V		I	M	A	G	I	N	A	T	I	V	E
E		E		G		C		T		M		R
S	C	R	A	M		S	T	E	E	P	E	D

1 Minute Number Crunch

Beginner

$36 \div 3 = 12$, $12 - 4 = 8$, $8^2 = 64$, $64 \times 2 = 128$, $128 \div 4 = 32$, $32 \div 2 = 16$, $16 - 11 = 5$

Intermediate

$503 \times 3 = 1509$, $1509 - 857 = 652$, $652 \times 2 = 1304$, $1304 \div 8 \times 5 = 815$, $815 \div 5 \times 4 = 652$, $652 \times 1.5 = 978$, $978 - 683 = 295$

Advanced

$15 \times 75 = 1125$, $1125 \div 3 \times 2 = 750$, $750 \div 25 = 30$, $30 \times 2.6 = 78$, $78 + 26 (78 \div 3) = 104$, 37.5% of $104 = 39$, $39 + 26 (39 \div 3 \times 2) = 65$

Page 95

High-Speed Crossword

I	M	P	E	T	U	O	U	S		C	O	S
D		E		E		K		L		E	
E	N	A	M	E	L		H	E	R	A	L	D
A		N		N		A		W		W		A
	A	U	R	A		D	I	S	S	E	C	T
P		T		G		M		D				I
A			B	E	W	I	T	C	H			O
R		C			R		O		S			N
T	R	A	C	H	E	A		P	A	I	D	
I		N		Y		L		I		L		D
S	U	C	K	E	R		D	O	M	I	N	O
A		E		N		U		C		V
N	O	R		A	E	R	O	S	P	A	C	E

IQ Workout

The clock moves back 4 hours 41 minutes, forwards 1 hour 44 minutes, back 4 hours 41 minutes and forwards 1 hour 44 minutes.

1 Minute Number Crunch

Beginner

$17 \times 2 = 34$, $34 + 28 = 62$, $62 - 14 = 48$, $48 \div 3 = 16$, $16 \times 5 = 80$, $80 \times 1.25 = 100$, 14% of $100 = 14$

Intermediate

175% of $24 = 42$, $42 \times 6 = 252$, $252 - 85 = 167$, $167 \times 2 = 334$, $334 + 116 = 450$, 90% of $450 = 405$, $405 \div 9 = 45$

Advanced

$15^2 = 225$, $225 \times 4 = 900$, 33% of $900 = 297$, $297 \div 9 \times 5 = 165$, 60% of $165 = 99$, $99 \times 8 = 792$, $792 \div 0.2 = 3960$

Wordsearch Workout

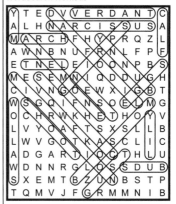

Double Fun Sudoku

Tasty Teaser

7	3	4	5	2	8	9	6	1
2	1	5	6	3	9	8	7	4
6	8	9	7	1	4	5	3	2
9	7	3	1	4	6	2	5	8
4	5	1	2	8	7	3	9	6
8	2	6	3	9	5	1	4	7
5	9	2	4	7	1	6	8	3
1	4	8	9	6	3	7	2	5
3	6	7	8	5	2	4	1	9

Brain Buster

4	8	2	9	6	1	5	3	7
7	5	9	2	4	3	1	8	6
3	6	1	5	8	7	9	2	4
6	1	5	4	3	8	2	7	9
8	2	7	6	5	9	3	4	1
9	3	4	7	1	2	6	5	8
2	7	6	3	9	4	8	1	5
5	4	8	1	2	6	7	9	3
1	9	3	8	7	5	4	6	2

Whatever Next?

50 – Think of the star as being made of two superimposed triangles, the numbers in the three angles of each totalling the number in the centre.

Brain Teaser
G

Page 96

Mind Over Matter

The values of the letters in the outer squares are added together and the individual digits of the sum are added together until a single digit (1-9) is produced: this is the value of the letter in the central square. Thus the missing value is 63 and 6+3=9, so the missing letter is I.

Double Fun Sudoku

Tasty Teaser

5	8	4	6	1	9	7	2	3
6	9	3	5	7	2	1	8	4
1	7	2	8	3	4	5	6	9
7	6	8	4	2	1	9	3	5
4	3	1	9	5	6	8	7	2
2	5	9	7	8	3	4	1	6
9	2	6	1	4	8	3	5	7
8	4	7	3	6	5	2	9	1
3	1	5	2	9	7	6	4	8

Brain Buster

8	3	4	5	6	9	2	1	7
9	6	7	1	3	2	8	4	5
1	5	2	7	4	8	9	6	3
2	7	1	9	5	4	6	3	8
5	9	3	8	2	6	4	7	1
6	4	8	3	1	7	5	9	2
3	1	6	2	9	5	7	8	4
4	8	5	6	7	1	3	2	9
7	2	9	4	8	3	1	5	6

Codeword Conundrum

A	L	B	I	N	O		S	O	J	O	U	R	N	S
R		R		E		A		M		A		E		
S	T	O	P	W	A	T	C	H		E	L	V	E	R
O		W		S		O		O		N		I		V
N	O	N	A	G	O	N		U	P	S	L	O	P	E
		E		R		I		R				L		
L	A	R	G	O		C	H	I	L	D	L	I	K	E
E			U		U			I		I			A	
U	N	E	X	P	O	S	E	D		S	A	F	E	R
		Q			T		I		B		A			
S	Q	U	A	S	H	Y		G	L	E	A	N	E	R
T		A		U		L		I		L		Z		I
O	A	T	H	S		E	N	T	A	I	L	I	N	G
W		O		H		I		E		N		E		I
S	U	R	V	I	V	A	L		A	F	I	E	L	D

Futoshiki

2	1	5	3	4
4	5	3	2	1
3	4	2	1	5
5	3	1	4	2
1	2	4	5	3

High-Speed Crossword

P	A	V	I	N	G		B	A	B	O	O	N
	N		N		R		R		L		P	
S	C	A	T		A	L	A	C	A	R	T	E
	H		R		B		C		S			
F	O	R	U	M		B	E	S	T	M	A	N
	R		D		H		L			T		
G	A	Z	E	B	O		E	R	S	A	T	Z
	G			T		C		R				
N	E	I	T	H	E	R		M	A	X	I	M
		L		M		R		T				
J	A	U	N	D	I	C	E		L	A	I	D
	S		E		R		E		O			
C	H	A	S	E	R		E	X	T	E	N	T

1 Minute Number Crunch

Beginner
$2^2 = 4$, $4 \times 9 = 36$, square root of 36 = 6, $6 \times 7 = 42$, $42 \div 3 = 14$, $14 + 8 = 22$, $22 + 38 = 60$

Intermediate
$484 \times 2 = 968$, $968 \div 8 \times 3 = 363$, $363 \div 3 \times 2 = 242$, $242 - 25 = 217$, $217 + 127 = 344$, 75% of 344 = 258, $258 \div 2 = 129$

Advanced
$89 \times 3 = 267$, $267 \div 0.3 = 890$, $890 + 60\% = 1424$, $1424 \div 8 \times 3 = 534$, $534 + 266 = 800$, 19% of 800 = 152, $152 \div 19 \times 5 = 40$

ARCTURUS

This edition published in 2013 by Arcturus Publishing Limited
26/27 Bickels Yard, 151–153 Bermondsey Street,
London SE1 3HA

Copyright © 2013 Arcturus Publishing Limited
Puzzles copyright © 2013 Puzzle Press Ltd

ISBN: 978-1-78212-127-5
AD002716EN

Printed in Malaysia